校园学徒制实施策略集

XIAOYUAN XUETUZHI
SHISHI CELUEJI

主　编　陈良华　骆永华

副主编　李　娟　罗　颖　卢　英

参　编　岑远红　李希梅　任小琼

熊传红　刘　贤　蒋　莉

钮长兴　胡　瑶　黄钧浩

主　审　雷静萍

重庆大学出版社

图书在版编目（CIP）数据

校园学徒制实施策略集 / 陈良华，骆永华主编. --

重庆 : 重庆大学出版社, 2022.6

ISBN 978-7-5689-3261-5

Ⅰ．①校… Ⅱ．①陈…②骆… Ⅲ．①职业教育－学

徒－教育制度－研究－中国 Ⅳ.①G719.2

中国版本图书馆CIP数据核字（2022）第074068号

校园学徒制实施策略集

主 编 陈良华 骆永华

策划编辑：章 可

责任编辑：张红梅 版式设计：章 可

责任校对：邹 忌 责任印制：赵 晟

*

重庆大学出版社出版发行

出版人：饶帮华

社址：重庆市沙坪坝区大学城西路21号

邮编：401331

电话：（023）88617190 88617185（中小学）

传真：（023）88617186 88617166

网址：http://www.cqup.com.cn

邮箱：fxk@cqup.com.cn（营销中心）

全国新华书店经销

POD：重庆新生代彩印技术有限公司

*

开本：787mm×1092mm 1/16 印张：16.5 字数：341千

2022年6月第1版 2022年6月第1次印刷

ISBN 978-7-5689-3261-5 定价：48.00元

前　言

在推动现代职业教育高质量发展，探索中国特色学徒制，大力培养技术技能人才的背景下，重庆市九龙坡职业教育中心在现代学徒制试点中创造性开展校园学徒制人才培养模式改革。本书从理论构建、课题研究、管理机制、校企合作、课程开发、教学实践、成果推广等方面对校园学徒制作详尽介绍和概括提炼。

2014年5月，国务院印发《关于加快发展现代职业教育的决定》（以下简称《决定》），《决定》提出"开展现代学徒制试点"。2014年9月，针对产教融合落地实践中的问题，学校立项校本课题"基于现代学徒制人才培养模式创新实践"，开展专项研究：2016年，电子商务专业申报了重庆市首批现代学徒制试点；2017年形成了校园学徒制人才培养创新模式。

校园学徒制人才培养模式是基于引企入校，整合学校、企业的优势资源构建"校中园育人平台"，建立"三活"生产实训标准体系，构建"小组半周双轮换"工学交替机制，建立"场域化网格型"文化管理体系，培育高技术技能人才的现代学徒制创新人才模式。校园学徒制人才培养模式破解了现代学徒制试点中"工"的企业难寻、"工"的训练难全、"工"的师傅难聘、"工"的管理难融等问题。

校园学徒制实践特色：一是以"校中园育人平台"建设为载体，引企入校，构建校企育人平台，建立教学与生产互通桥梁；二是学案与工案并重，以生产性实训项目为载体，构建工学结合中的"三活"实训体系；三是整合理论与实践学习，构建"小组＋半周双轮换"工学交替机制；四是校企同心，组建多元化双导师团队；五是文化与制度相融，以学校管理为主体，融入企业管理文化，形成"五点全时"场域化网格型管理。

本书由陈良华、骆永华担任主编，李娟、罗颖、卢英担任副主编，主要负责本书的理论构建，在管理机制、标准研制、教学实施、工学结合机制、双导师管理、班级管理、学生（学员）管理等内容方面做了大量工作；岑远红、李希梅、任小琼、熊传红、刘贤、蒋莉就本书中涉及的工作方案、岗位标准做了大量工作；钮长兴、胡瑶、黄钧浩为本书提供了丰富的案例。本书由陈良华统稿，由雷静萍担任主审。本书也得到了谭绍华、林克松等众多专家的指导和重庆大学出版社的支持，在此表示诚挚感谢。

由于编者水平有限，书中难免有不足之处，敬请广大读者批评指正。

编　者

2022 年 3 月

目 录

理论篇

校园学徒制：职业院校推进现代学徒制的校本探索

——以重庆市九龙坡职业教育中心的实践为例

骆永华，谭绍华，陈良华

摘　要：现代学徒制是现代职业教育制度的重要组成部分，是实现职业教育发展战略的必然要求。然而，在当前职业院校现代学徒制的实践场域中，现代学徒制却普遍陷入行动主体自由博弈、培养目标无的放矢、工学交替的空间障碍等企业边缘化以及校企分离等多重困境之中。"一平台、三定位、六位一体"校园学徒制的人才培养模式为推进现代学徒制提供了突破路向。通过企业参与全程化、校园文化企业化、教学过程项目化、教学评价绩效化、双创教育系列化等行动路径，有机统整教育链、生产链与价值链，实现政—校—企深度对接融合的育人格局。

关键词：现代学徒制；校园学徒制；职业院校；电商专业

现代学徒制由学徒培训与学校教育有机结合而成，本质上属于一种校企合作的职业教育模式，在我国现代职业教育制度中处于重要地位[1]。这一模式强调企业和学校地位同等，缺一不可，相互补充，相互推动，是职业教育人才培养的"双主体"，如车之双轮、鸟之双翼[2]。然而，现代学徒制的具体实践仍面临各种发展问题，其中尤为突出且亟待解决的是职业院校与企业合作"冷热不均"这一现象[3]，具体表现为企业介入现代学徒制的积极性较低、程度较浅，并且介入动机偏离育人方向，其目的在于赚取学徒培训费用和满足企业用工需求[4]，这一困境长期制约着现代学徒制的发展。基于此，本研究在厘清职业院校现代学徒制实践困境的基础之上，深入剖析重庆市九龙坡职业教育中心电子商务专业校园学徒制的人才培养模式，进而为有机统整教育链、生产链与价值链，实现政—校—企深度对接融合的育人格局提供突破的行动路向。

一、边缘参与：职业院校现代学徒制的多重实践困境

在社会建构的理论视域下，现代学徒制可看作一种特殊的社会制度，不同行动主体被自身利益需求所驱使，在受到整个社会结构（制度与环境）影响形成的场域规则的制约之下相互博弈、交织互动的活动建构过程[5]。具体而言，在现代学徒制的实践场域规则中，利益相关主体要素包括政府、行业企业、学校、师傅、学徒等，这些利益主体秉持不一样的行动逻辑。理想状态下，生态的现代学徒制场域有赖于行动主体的良性互动，然而在实

践场域中，校企的合作关系表层化，企业对现代学徒制的参与度不足，在人才培养的多个环节都处于边缘状态，使现代学徒制陷入多重矛盾的困境之中。

（一）迭绎循环：现代学徒制行动主体自由博弈

现代学徒制的校企合作是职业院校与企业两个不同目标、不同利益的组织间的合作，其合作双方意见达成及人才培养的实施都是双方博弈的结果。职业院校的根本性质是非营利性，属于服务型组织，之所以实施现代学徒制，目的在于落实立德树人，为国家和社会的发展培养优质的技术技能型人才。而企业的根本性质是营利，属于逐利型组织，企业在人才培养过程中凸显出经营性、投机性与偶然性特征。在现代学徒制实施过程中，时常出现学校人才培养目标与企业营利目标之间找不到共同承载点，从而出现企业缺乏"教育性"内涵，部分企业片面强调训练学徒的岗位操作技能，而忽视学徒职业精神与人格品性的养成，个别企业甚至产生"以工代学"的机会主义行为以降低企业的用工成本，导致现代学徒制实施效果大打折扣，进而影响校企双方的积极性，造成校企双方在合作育人的实践过程中渐行渐远，无法形成校企合作育人的长效局面。

此外，由于社会环境的影响，职业院校学生对学徒身份的认识存在误区，未能产生较强的共鸣，其主要原因在于，一方面，他们没有充分认识现代学徒制校企双主体育人的真正内涵，狭隘地认为学校才是学习成长的唯一场所，误以为深入企业生产现场进行岗位实践是充当免费劳动力，从而在思想上存在抵触情绪；另一方面，学生参与现代学徒制的根本诉求为通过企业师傅技能的传授，获得在行业生存和发展的本领。但企业师傅由于教育知识的匮乏，未能较好地将经验型技术知识、方法型技术知识以教学方式传授给学徒，学徒未能获得有效的职业生涯帮助，从而对学徒身份的认同感较低。

理想状态下，现代学徒制能够实现学校与企业双方的有效在场，凝聚二者的资源力量，通过共享合作利益和共担合作成本以实现互惠共赢。然而，在各行为主体所秉持的不同行为逻辑的综合作用下，产生了"学徒身份认同低—学徒流失常态化—企业用人利益无保障—企业不保障学徒权益—学徒流失"循环的结果，从而导致现代学徒制无法持续推进和良性发展。

（二）供需矛盾：现代学徒制培养目标无的放矢

我国产业转型升级要求职业教育深化结构性改革，在深入解析行业企业的人才需求的基础上重新定位人才培养目标，即由单岗独行转向多岗相容、体能竞争转向智能竞争、订单人才培养模式转向现代学徒制、专业技能转向综合素质，从而为各行各业创造更优质的人力资本价值[6]。然而，当前的现代学徒制并未实现这四重转变，普遍存在供需不匹配的情况。

一方面，学生职业生涯发展多样化与企业岗位单一性矛盾。受我国传统发展方式下技工培养模式的影响，一些职业院校在现代学徒制试点中采用了单一岗位、单一师傅、单一证书的培养模式，合作企业更是为了节约培养成本，提高生产效率，将学徒长期安排在一个工作岗位上。更有企业为了控制育人成本，往往倾向于给学生安排低技术含量的工作，很少安排技能性生产任务，以减少生产工作的失误，降低原材料的损耗量。这不仅与当前的教育理念相违背，更限制了学生的职业发展。另一方面，学校教学安排及教学环节与企业生产及岗位需求的时间错位矛盾。由于学校和企业缺乏有效的信息沟通与反馈机制，企业的生产过程难以有效对接学校的教学组织进程。企业的用工需求与生产计划挂钩，而生产计划又受制于市场的供求变动。当市场供求变动驱使企业扩大生产计划时，企业组织学生开展学徒式培训的接纳度增高，但是学校的教学计划不能跟进，导致学生无法到岗。当市场供求驱使企业收缩生产计划或企业处于特殊调整周期时，企业组织学生开展学徒式培训接纳度降低，而学校又批量输送学生入厂进行学徒式学习，无疑给企业增添了额外的人力管理成本。

（三）场域分离：现代学徒制工学交替的空间障碍

现代学徒制遵循"产教融合、工学结合"这一理念，以此为观照，演化出工学交替的教学模式，教学空间不断延伸和深化，教学主体外化趋势明显。学校空间和企业空间成为育人"双场所"，教师和师傅成为育人"双导师"，共同承担教学任务，共同负责教学进度与效果。在组织管理方面，职业院校管理校内教师，企业管理企业师傅，管理的内容和职责不存在交叉、冲突或推诿而导致管理混乱的问题。但是就学生管理而言，企业通常"置身事外"，仅由职业院校全权负责。而工学交替的教学模式要求学生奔走于学校与企业之间，交替轮转，学校的单头管理势必造成学校对学生管理的可控能力降低。尤其是当学生进入企业场域进行学习或实习时，学校管理往往鞭长莫及，致使学生管理走向"放羊式"。

除此之外，工学交替模式既是现代学徒制的显著特征，也是现代学徒制的必要环节。纵观西方现代学徒制的人才培养进程，学生的学校学习与企业实习是处于周期性的、不断交替之中的，学生在学校和企业之间来回奔走。然而，由于我国现实条件的制约，工学交替的本土化受到阻碍，学生入企学习会干扰企业常规的生产秩序，降低企业的生产效率。故而，大部分企业对工学交替的教学模式持消极态度，要么以各种借口推脱学生入企学习，要么要求学生入企学习之后长期驻扎，由此导致难以进阶式培养学生的职业能力。尤其是对于一些地处偏远位置的职业院校，其周边的企业基本上都是中小型制造企业，无法满足学生职业发展的需求。而要与条件较好的企业进行合作，则存在物理空间的转换矛盾，工学交替的教育方式根本无法实现，也不能做到学校技能的习得与工作过程的实践及时融合，既脱离了现代学徒制人才培养的初衷，也不符合技能形成的基本规律。

二、六化合一：基于现代学徒制的校园学徒制人才培养模式行动探索

基于上述对当前现代学徒制的人才培养实践困境分析，为解决中职学校现代学徒制企业边缘化以及校企分离的现状，重庆市九龙坡职业教育中心整合政府、行业、企业等多方资源，结合现代学徒制以及引企入校的指导思想，针对该校重点建设专业——电子商务专业创建了"一平台、三定位、六位一体"校园学徒制的人才培养模式。

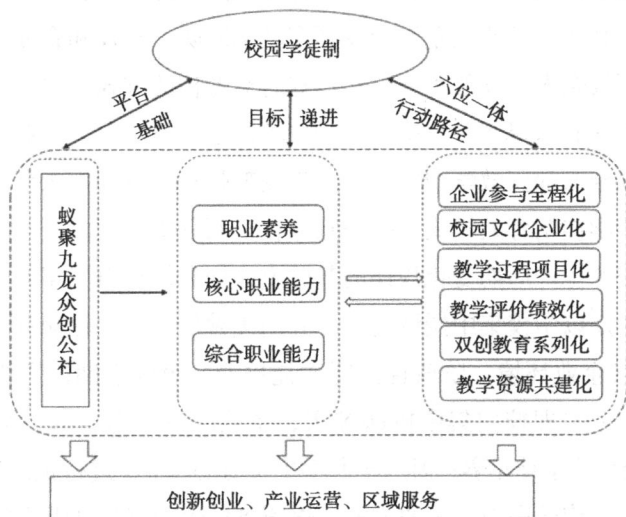

图1　校园学徒制人才培养模式

具体而言，学校与阿里巴巴（中国）网络技术有限公司合作，共同创建校内区域经济服务实体，即蚁聚九龙众创公社平台，并以此为依托打造电子商务专业的校内可持续发展产教融合基地，建立学校—企业—政府相互促进的"产教共同体"，搭建集创新创业、产业运营、区域服务三功能于一体的校园学徒制育人平台，以学生职业能力发展为逻辑主线，围绕培育学生职业素养、核心职业能力和综合职业能力的目标，通过企业参与全程化、校园文化企业化、教学过程项目化、教学评价绩效化、双创教育系列化等行动路径，有机统整教育链、生产链与价值链，实现政—校—企深度对接融合的育人格局。

（一）企业参与全程化

在校园学徒制教育模式中，企业与学校就是典型的合作关系，优势互补、资源共享、互利共赢、协同发展是企业与学校处理关系的原则，双方主体之间通过信息互换、资源共享、人员流动、物质交换等多种形式维系和推进合作关系，并在这种关系中谋求各自的利益[7]。在重庆市九龙坡职业教育中心所实施的校园学徒制人才培养模式正是以此为指导思想，秉持"共商、共建、共享、共赢"的原则将育人主体合二为一，校企双方共同参与人才培养，以蚁聚九龙众创公社平台为依托，打造校内真实的职业环境。

首先，建立校园学徒制的三级管理运行机制。为保障并明确校企双方在校园学徒制中的权力与职责，重庆市九龙坡职业教育中心建立了"校园学徒制领导小组—校园学徒制办公室—校园学徒制运营部"校园学徒制的三级管理运行机制，制订了相关的运行方法，并在校园学徒制运营部下设校企导师融合组、校企课程融合组、校企管理融合组和质量评价反馈组等工作小组。其次，打造校企混合双师型教学团队。学校和企业以蚁聚九龙众创公社平台为基础，采用校企人员互融互通、双岗双聘双考核的方式，组建以学校教师和企业师傅为成员的校园学徒制师资团队，采取"学校教师进企业岗位，企业师傅上学校讲台"的方式，打造校企混合双师型教学团队，实现学校教师和企业师傅角色融合。最后，深化工学结合，创建校园学徒制育人模式。校企双方在全面分析综合电子商务专业学生的学习特性、培养进程和企业生产周期变化规律的基础上，创新构建出三年制的校园学徒制人才培养模式。在第一学期以学校集中授课为主，并用优秀的企业文化涵育学生；第二、三学期逐步引导学生接触企业环境，阶段性进行学徒培养；第四学期以周为基本单位，开展"X+Y"模式学徒培养，即校内集中授课 X 天，企业岗位培训 Y 天；第五学期以企业集中培育为主，开展全程式学徒培养；第六学期学生全身心入企，进行顶岗实习，通过校内—校企—企校—企企的螺旋递进与交替的方式，逐渐将学生培育为高素质的职业人才。

（二）校园文化企业化

现代学徒制中，校企合作是前提，工学结合是核心，文化融合是本质[8]。校园文化在潜移默化中涵育学生素养，激发学生斗志，逐渐塑造学生的世界观、价值观与人生观。为促进学生养成正确的职业观和提高职业素养，重庆市九龙坡职业教育中心将优秀的企业文化渗透进校园文化之中，以促使学生接触并吸纳企业文化精髓。

首先，校园空间文化企业化。遵循企业的生产流程以及生产标准，建立产教融合地——蚁聚九龙众创公社，基地空间布局按照企业标准，基地环境建设融入企业文化，实训空间的构建模拟企业工作场景，同时借鉴企业的办公区域划分方法，按照功能类型建立校内办公区、生产区、物流区、休息区等区域。其次，校园制度文化企业化。在管理制度上，学校和企业在求同存异与充分沟通的基础上，制订出双方认可度较高且共同遵循的合作准则、标准与规范。在教学制度上，将企业独具特色的文化有机地嵌入学校的教学内容与课堂中，提升学生的综合素养，孕育学生的职业精神。例如，在学校的日常教学中引入"企业化晨会""企业特色复盘"等要素；建立学生晋级制，即建立团队拼比制度，采用表格的形式将绩效目标可视化，形成竞争机制，建立"SS、P1、P2、P3……"晋升序列，并定期开展晋级答辩，形成目标使命必达局面；引入企业视觉识别系统，建立学徒制班级文化，建立团结、协作、担当的文化氛围。最后，校园精神文化企业化。产教融合基地的办学理念和定位注入企业的优秀文化要素，营造有利于学生成长的基地人文环境，提升学生的可持续发展素养。

（三）教学过程项目化

校园学徒制是项目制与师徒制有机结合的新型模式，利用稳固紧密的师徒关系，师傅精准指导项目的开展与调整，学生及时反馈学习的疑难与成效，保障项目实施的科学性、系统性与完整性。这样的教学方法可以使学生达到在做中学、学中做的效果，既培养了学生的专业知识、动手能力，同时又能满足企业对人才的需求。

以阿里服务大市场的运行项目为依托，学校将电商客服、电商运营、视觉设计、淘宝直播等几类项目进行统整，创建出可供校企共同使用的教学资源项目库。企业参与现代学徒制人才培养的全过程，与学校共同研发项目课程，将电商实战、创新创业的要素融入课程之中。企业及岗位的分配以学生为中心，根据学生的兴趣、特长和职业生涯规划而定，通过选拔、培训、实训、生产等步骤，引导和帮助学生和企业岗位有效配对。此外，教学引入公司项目制管理模式，学生以蚁聚九龙众创公社提供的真实生产项目或岗位为基础，每4～5人组建为一个运营团队，以师傅为项目主管，在校企导师的指导下，在学校教育教学活动中，每个团队独立完成不同项目，从而在企业岗位实践与轮训中提升学生的职业基本技能和职业素养，实现学生与学徒身份的融合。

（四）教学评价绩效化

科学合理的评价制度与运行机制是现代学徒制成功的关键[9]。校园学徒制是传统育人模式的重构，育人目标、育人方法和育人内容等均进行全新的改造与设计。因此，必须改变传统教育的人才培养评价方式，探寻学校评价与企业评价的契合点，构建出科学合理、系统有效的校园学徒制教学评价体系。

首先，师徒联立，打造师徒命运共同体。成立将生产实践与教学学习相统一的项目运营团队，其中师傅是项目的管理主体，学徒是项目的执行主体。师傅的绩效与学生的项目学习成效挂钩，学生的学业成绩与学生项目业绩收入挂钩。一方面，以企业考核（50%）+学生评价（40%）+学校评价（10%）综合考查师傅教授徒弟的质量，考评结果作为师傅在企业的工作绩效评价指标，或者作为评定校企合作项目专业劳务报酬等级的重要依据。另一方面，采用以绩代考的方式评价学生的学习成效，并配套制订新型学分替换制度和晋级考核制度。在结业评价时，参照学生在校园学徒制中的运营业绩给定学业评价成绩，建立科学的换算标准，用业绩替换成绩。此外，以营业业绩为核心构建 SS-P3 晋级序列，定期面向学生开展晋级考核与答辩。以视觉营销项目为例，该项目主要实行 P 系列岗位进阶考核，在客服服务中实现企业盈利和学徒价值回报。如果电子商务专业的学生在校企考核中表现优异，企业则以创业基金作为奖励，支持学生能创业、敢创业、会创业、创好业。

（五）双创教育系列化

从企业的经济属性出发可知，利益获取是影响企业参与现代学徒制的本质因素[10]，如何将双创教育目标耦合至专业教育目标体系中，将双创教育活动渗透至各阶段专业教学过程中，是人才培养立体化的关键举措，也是校企合作关系可持续发展的根本路径。

电商是一个适合创业的行业，重庆市九龙坡职业教育中心抓住电子商务专业这一专业特色，以学生职业生涯发展为导向，与蚁聚九龙众创公社合作共同研建"多维联动"的创新创业体系，由优质的创新创业课程、讲座、竞赛、项目与社会实践活动构成。通过融合第一和第二课堂、成立创新创业社团与建立创新创业学分制等途径，构筑校园学徒制入企的创新创业优质平台，将创新创业教育理念渗透到人才培养的每个环节。同时，基于创新创业"理念渗透—知识授予—成果孕育—成果应用"的思维模式，完善创新创业教育与培训体系，选育和孵化创新创业项目。通过上述举措，学校师生在全国"未来科学家""校园创新发明大赛""宋庆龄少年儿童发明奖评选活动""青少年科技创新大赛"等各级各类创新大赛中斩获近 300 个奖项，并获得中华人民共和国国家知识产权局颁发的实用新型专利证书 50 余项，更有考核优秀的学生获得企业提供的创业基金，在校期间实现创业，至今还在运营。此外，该校结合电子商务专业的特殊性，组建项目运营团队，展现其社会服务功能，先后帮助企业开展视觉营销项目和电商运营，并在当地建立了益农信息社中心站，服务于周边区域农产品的线上推广经营。

（六）教学资源共建化

校园学徒制打破了企业和学校的场域隔阂，将先进企业文化（管理理念、企业精神等）等要素与学校文化进行了有机融合。教学资源是校园学徒制有效推行的必备条件和重要的"物"的要素[11]，因而还需要企业将实训基地、硬环境、运营经验等软性引入学校，形成优质的教学资源，这要求校企双方必须共建共享教学资源库。

一方面，企业全程参与构建和校园学徒制相匹配的工学一体化课程体系。从岗位中典型工作任务的调研到职业能力的评估分析再到课程标准的编写，均由校企双方共同完成，最终实现了学校的课程标准与企业的职业标准相对接、核心课程与生产流程相对接，学生职业能力面向工作世界。与此同时，校企双方共同挖掘教学资源，将企业高端技术融入学校教学内容，将典型的商业化案例转换为教学项目，以教学项目驱动课堂教学。同时围绕六大经典行业企业电子商务成功案例，开设 20 余项电子商务运营实践项目库，开发 10 门精品电子商务运营课程。另一方面，学校教师与企业师傅共同深入杭州、义乌、深圳等电子商务发达地区调研，深入电子商务企业了解工作岗位内容，以满足岗位需求为目标开发，同时与重庆市多所中职学校、大型企业合作开发《网店运营》等 7 本新型高质量教材，教材普及率较高，得到多所学校的认可与使用。

三、结语

在职业教育产教融合的大背景下，现代学徒制是对如何培养社会所需人才问题的回答，而校园学徒制则是对如何将现代学徒制落地的探索，更是深化校企合作关系的摸索。唯有校企深度融合、优势互补、互利共赢，才能促进现代学徒制扎根实践，进而稳定人才就业、催生人才红利、驱动创新创业。

然而，当前现代学徒制的实践仍然存在"真空地带"，正式规则和制约性规范的缺位，使我国现代学徒制推行受阻[12]。校企合作的协调管理机制和机构以及顶层设计的缺失导致现代学徒制陷入实践困境。譬如，如今主张的"招工即招生"的方法与企业现行的劳动用工政策相冲突[13]。因此，如何自上而下地系统设计现代学徒制，并在实践的反复跌宕中摸索出一条科学合理的现代学徒制成长路径，对促进现代学徒制的中国特色化、常态化与有效化极为重要。

参考文献

[1] 赵志群 . 建设现代学徒制的必要性与实现路径 [J]. 人民论坛，2020（9）：59–61.

[2] 桑雷 . 中国特色现代学徒制的三维透视：内涵、困境及突破 [J]. 现代教育管理，2016（6）：94–98.

[3] 欧阳忠明，韩晶晶 . 现代学徒制："冷热不均"背后的理论思考 [J]. 中国职业技术教育，2016（12）：5–11.

[4] 徐国庆 . 高职教育发展现代学徒制的策略：基于现代性的分析 [J]. 职教论坛，2017（10）：63.

[5] 贾文胜，潘建峰，梁宁森 . 高职院校现代学徒制构建的制度瓶颈及实践探索 [J]. 华东师范大学学报（教育科学版），2017，35（1）：47–53.

[6] 刘晓，徐珍珍 . 高等教育普及化进程中的职业教育：现实思考与发展定位 [J]. 江苏高教，2018（1）：99–103.

[7] 柴草，王志明 . 企业参与现代学徒制的影响因素、缺失成因与对策 [J]. 中国高校科技，2020（5）：83–87.

［8］董慧,薛伟业.基于现代学徒制模式下高职院校校企文化互动与融合研究［J］.职教论坛,2016（2）：34-38.

［9］肖学华.基于现代学徒制的校企合作模式探索与实践［J］.职教通讯,2017（8）：38-41.

［10］柴草,王志明.企业参与现代学徒制的影响因素、缺失成因与对策［J］.中国高校科技,2020（5）：83-87.

［11］杨青.现代学徒制立法的理念、路径和要素［J］.教育与职业,2016（22）：5-9.

［12］吴学峰,徐国庆.职业教育现代学徒制发展的路径选择：一个制度分析的视角［J］.江苏高教,2017（4）：94-98.

［13］赵志群.建设现代学徒制的必要性与实现路径［J］.人民论坛,2020（9）：59-61.

基金项目：重庆市教育科学"十三五"规划 2018 年度立项课题《基于"现代学徒制"的电子商务专业"SAC"人才培育模式改革实践研究》（课题号：2018-08-539），本文发表于中文核心期刊《中国职业技术教育》2021 年 19 期。

作者简介：骆永华,重庆市九龙坡职业教育中心高级讲师,副校长,主要从事职业教育管理研究。谭绍华,二级教授,重庆工程职业学院黄炎培教育研究院副院长,主要从事职业教育管理研究。陈良华,重庆市九龙坡职业教育中心高级讲师,专业部长,主要从事专业建设研究。

校园学徒制

——电子商务专业推进现代学徒制的新探索

骆永华，谭绍华，陈良华

摘　要：《国务院关于加快发展现代职业教育的决定》（国发〔2014〕19号）明确提出"推进人才培养模式创新"，具体要求"开展校企联合招生、联合培养的现代学徒制试点，完善支持政策，推进校企一体化育人。"然而，现代学徒制在校本实施中遇到了双主体育人机制合力不够、校企课程融合不够、企业对学徒（学生）管理力度不足等诸多困境。"校企一体，双元合一"校园学徒制的人才培养模式为推进现代学徒制提供了突破路向。通过引企入校和引校入企的实施路径，实现校企双元在学校育人需求、企业盈利与人才需求、学生发展与创业就业需求的目标下和谐共生，合二为一。

关键词：现代学徒制；校园学徒制；电商专业

2014年5月2日，《国务院关于加快发展现代职业教育的决定》（国发〔2014〕19号）明确指出"开展校企联合招生、联合培养的现代学徒制试点，完善支持政策，推进校企一体化育人"。为此，教育部在全国范围内先后分3批次开展了近600个现代学徒制试点，各省市也积极组织开展省市现代学徒制试点。我校有电子商务专业等4个教育部或重庆市现代学徒制试点专业，在校企协同育人机制、招生招工一体化、人才培养制度和标准、校企互聘共用的师资队伍等方面积极开展试点工作，并取得了不错的成效。同时，在试点过程中也遇到了不少难题。

一、现代学徒制在校本实施中的困境

（一）双主体育人机制合力不够

1. 理念差异

（1）校企目标理念差异

职业院校是非营利性、公益性机构，实施现代学徒制改革试点的目的就是更好地立德树人、培养高技术技能型人才。而合作企业是以营利为目的的经济主体，其营利的动机决定了参与人才培养的经营性、投机性和偶然性。在现代学徒制实施过程中，时常出现学校人才培养目标与企业营利目标之间找不到共同承载点，校企双方不能和谐推进现代学徒试点工作等问题，导致实施效果大打折扣，影响校企双方的积极性，最终影响现代学徒制试点改革的持续推进和良性发展。

（2）校企与学徒存在认识误区

现代学徒制是校企双主体育人机制，不仅为学生提供了更多实践练习和企业生产岗位学习职业技能的机会，更有利于学生成长成才。然而，部分职业院校学生在现代学徒制的认识上存在误区。他们狭隘地认为学校才是自己学习、成长的唯一场所，误以为深入企业生产现场进行岗位实践是充当免费劳动力，是在帮助企业节约人工成本，从而在思想上存在抵触情绪，没有充分认识到现代学徒制校企双主体育人的真正内涵。

2.校企育人转换矛盾

（1）时间节点需求矛盾

当市场需求和企业生产计划加大时，企业对学生的需求容易与学校教学计划发生冲突，从而造成学生不能到岗的情况；而当学校计划组织学生（学徒）到企业顶岗实践、开展学徒制教育时，又会出现因企业生产计划收缩无法提供足够实践工作岗位，学徒实践无疑增加了企业额外管理成本，从而无法满足学校需求的问题，最终导致学校教学安排及教学环节与企业生产及岗位需求的时间错位矛盾。

（2）物理空间的转换矛盾

学校与企业间一般存在地域空间距离，无论是校企双方的沟通、学校教师与企业师傅的相互派驻、管理，还是学生赴企业实习、实践都会存在一定的难度，形成校企育人物理空间的转换矛盾。

（二）校企课程融合不够

1.校企课程标准对接不够

在编制课程标准时，虽然学校前期进行了调研与岗位分析，也邀请了行业企业人员进行编写论证，但企业的参与度远远不够。学校现有的课程标准与企业职业标准对接不够，导致岗位实践教学指导作用不明显，学生的职业能力得不到有效提高，学生（学徒）的岗位适应能力较差。

2.校企课程内容融合不够

学校以文化基础和学科专业理论与技能实训为主，在教学内容的选择上主要以知识体系教学和学校实训条件为基础，与岗位技能训练和职业精神养成有一定程度的脱节。而企业以岗位实践训练为主，内容选择上以企业生产岗位实操或业务培训为主，与学徒专业理论体系和综合素养建构联系不多。校企教学内容"两张皮"现象严重，没有构建教学内容一体化，相互支撑力度不够。

3. 校企课程实施环节融合不够。

现代学徒制的校企课程都是按照培养计划分步、分阶段实施的，但由于学校和企业是不同性质的主体，客观上存在利益的不同和时空的间隔，校企课程实施中刚性强而融合度不够，不利于整时段、碎片时间对学生（学徒）整体岗位技能、职业素养等的训练与培养。

4. 学校教师与企业师傅合力不够

学校教师了解教育教学规律，有较丰富的课题教学与学生管理经验，但比较缺乏在企业的工作经验，对企业每一个具体岗位要求和技术应用熟悉程度不够。企业师傅动手操作经验丰富，技能水平高，但对学生（学徒）的培养缺乏育人的耐心与方式方法，加上企业有生产任务量，师傅们参与教学的意愿不强烈。客观上学校教师和企业师傅在时间和空间上研究教育教学与企业实践较少，单兵作战多，团队合力小。

（三）企业对学徒（学生）管理力度不足

学徒（学生）年龄一般在 16 ~ 18 岁，自我约束力较差，但在分阶段岗位学习实践阶段，面临岗位工作、人际交往、校企要求差异等问题，同时企业实践实习环境较为复杂，客观上增加了企业的管理难度，企业对学徒（学生）管理力度不足，容易在学生安全与心理方面形成管理漏洞。

二、校园学徒制的内涵

校园学徒制是基于现代学徒制和引企入校的前提下，学校教育与企业经营、学校课程教学与企业岗位培训深度融合的"校企一体，双元合一"人才培养模式。其基本特征为校企一体和双元合一。校企一体表现为引企入校和引校入企，校企双方共同搭建校企导师融合、校企课程融合、校企管理融合等实施平台，开展现代学徒制试点工作。双元合一表现为校企双方在学校育人需求、企业盈利与人才需求、学生发展与创业就业需求的目标下和谐共生，合二为一。

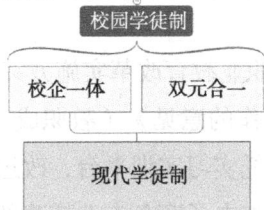

图 1　校园学徒制内涵模式图

三、校园学徒制实施策略

（一）引企入校，搭建平台

根据《国家职业教育改革实施方案》文件精神，学校结合自身特点和人才培养需要，选择具备一定条件的企业，引企入校，校企双方共同搭建校园学徒制实施平台，开展校园学徒制试点工作。

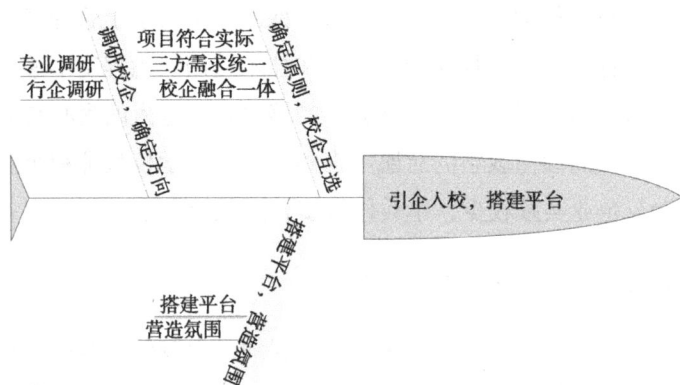

图2　引企入校路径图

1. 调研校企，确定方向

首先，调研学校各专业人才培养情况，弄清人才培养过程的优势与弱势，梳理校企合作中的优点与不足，规划校企合作优先方向或形式。

其次，开展企业或行业调研，明确企业需求人才规格、岗位标准、校企合作的优先方向与合作方式、企业对校企合作的诉求或条件。

最后，在专业调研和企业调研基础上，编制专业校企合作初步方案，找到校企专业合作的着力点，为引企入校提供价值支撑。如电子商务专业深化校企合作、产教融合的规划建议：一是引入市内外具有代表性的电子商务企业、商业广告拍摄企业、财务管理企业，建立校企合作关系；二是引入企业生产项目，建立校内实训资源，让产教融合落地；三是引入企业骨干专家，带领学生生产实践与创业创新。

2. 搭建平台，营造氛围

学校根据《国务院关于印发国家职业教育改革实施方案的通知》（国发〔2019〕4号）、《教育部关于开展现代学徒制试点工作的意见》（教职成〔2014〕9号）等文件精神，努力争取上级支持，积极筹措资金，依托实习实训平台，改进或新建适宜企业生产经营与学生实习实训设施设备及生产性平台。如电子商务专业搭建的蚁聚九龙众创公社平台，包括接待大厅、茶歇室、运营室、摄影室、会议室、办公室、物流室与总机房共1 050 m²，并接入 50 M/s 的专用网络光纤，生产运营有 216 个工位和 9 个直播间，同时，改建校内学生实训室 5 间。

利用国家职业教育改革的政策优势，守住学校育人底线，发挥学校人才优势，创设企业入驻环境，营造学校育人和企业盈利的和谐氛围。例如，牵头全市电子商务专业委员会和形成区域电子商务专业政校企联盟机制为企业提供拓展空间，积极争取国家对入驻企业的优惠政策，积极构建新型校企合作运营关系等。

3. 确定原则，校企互选

（1）项目符合实际原则

学校首先确定开展现代学徒制试点的专业，以及明确专业人才培养方向，然后确定一个或多个合作企业及进入市场生产经营项目。该项目易于分解，适合学徒实践，学徒在生产实践中能产生收益，利于学校课程与企业课程融合。例如，根据电子商务专业培养从事网络营销、网店美工、网店运营、电商客户服务等工作的德、智、体、美、劳全面发展的高素质劳动者和技术技能型人才的目标，选择浙江云客网络技术有限公司、重庆本酷科技发展有限公司、重庆泳洲科技有限公司入驻学校，提供视觉营销、图像处理、网络营销、电商直播、电商美工、电商客服等生产经营项目。

（2）校企融合一体原则

签订校企互驻协议，实现企业入驻学校，学校入驻企业，实现校企双主体融合。引入浙江云客网络技术有限公司等 3 家公司入驻学校蚁聚九龙众创公社，以学校出设施设备和电商人才为输出，以企业出电商生产项目资源和企业管理方法为交换，共同组建工学一体的电商项目运营平台，共同经营校园学徒制试点和企业项目，实现校企主体的融合。

（二）组建机构，创新机制

1. 组建校园学徒制组织机构

（1）组建领导小组

校企双方共同成立由学校校长和企业负责人任职组长，学校教导处、德育处、就业培训处、后勤处、财务处、招生办、专业部等部门负责人和企业人力资源、生产管理、财务部门等负责人为成员的校园学徒制领导小组，形成领导小组每月定期交流机制，下设由学校教学副校长和企业生产负责人任组长的校园学徒制办公室，负责牵头制订学校、企业的各项校园学徒制试点管理制度和校园学徒制试点统筹协调工作。

（2）组建工作小组

组建校企相关人员为成员的校企导师融合组、校企课程融合组、校企管理融合组和质量评价反馈组等校园学徒制试点工作小组，负责专项工作对接与实施工作，实现教学计划与生产实践计划对接、教学内容与生产项目内容对接、学校管理与企业管理对接等教学生产运营机制融合。

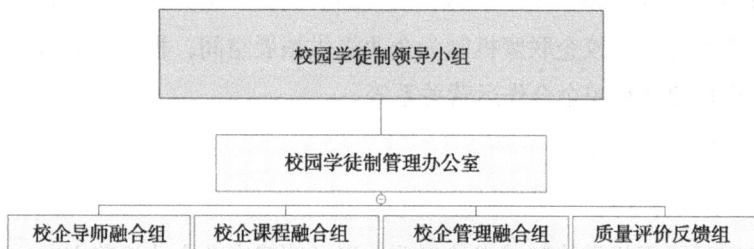

图3 校园学徒制组织机构图

2. 形成校园学徒制融合机制

（1）三方需求融合

在开展企业、学校、学生调研的基础上，找到学校育人、企业价值追求和学生（学徒）成长需求的结合点，校企共同制订人才培养方案，实现各方需求融合。例如，我校的育人目标为德技双全、身心两健，企业价值追求是营利和专业人才需求，而学生需要养成良好的职业素养与较高的专业技能。在电子商务生产经营项目、视觉营销项目实行P系列岗位进阶考核，实现企业对专业人才的培养，提高学徒的职业技能，养成学徒的职业素养，在客服服务中实现企业盈利和学徒价值回报，在学生发展成长中实现学校的育人目标，从而实现各方需求的和谐统一。

（2）校企课程标准融合

在课程专家指导下，校企双导师融合组牵头，分析对照学校课程标准和企业岗位能力标准以及"1+X"证书考核标准，找到它们之间的联系与区别，用易于操作的实施原则融合校企课程标准，形成课程教育标准、职业资格标准、企业岗位能力标准相互协调与印证的现代学徒制校企课程共同标准。我校与校企合作的多个企业共同制订课程标准，将企业岗位工作能力要求融入课程标准。学校电子商务专业与浙江云客网络技术有限公司共同制订视觉设计课程标准，将视觉设计的岗位职业能力要求融合到课程标准中。与重庆泳洲科技有限公司共同制订电子商务运营、店铺装修等课程标准，融入企业岗位职业能力需求。从而实现课程教学标准和岗位职业能力标准一体化。

（3）校企课程资源融合

由校企课程融合组牵头，找到专业技能与企业（"1+X"证书）技能共同点，挖掘学校育人目标与企业文化中的育人元素结合点，整合学校课程内容与企业生产项目和"1+X"证书内容，引入校园学徒制经营过程中涉及的各种项目内容和形成的经验与教训，形成校企课程内容项目化、活页化，实现课程资源一体化。

（4）校企管理机制融合

由校园学徒制领导小组牵头，从校企管理一体化的角度出发，把学校教学计划与企业业务进行有机对接，内容主要体现在目标协调统一、流程衔接有序、资源配置合理、信息沟通顺畅等方面，实现管理体系一体化。同时梳理学校管理制度与企业管理制度，有针对性地制订校园学徒制相关的教师、学生以及企业师傅的管理制度，增加教师在企业、学生在企业、师傅在学校的管理制度内容，把相关制度内容纳入学校和企业的管理制度体系，实现管理制度体系融合化。我校把电子商务专业教学计划与视觉营销、图像处理、电商直播、电商美工、电商客服等企业生产经营项目融为一体，设计出学校教师与企业师傅的相互转化和学生学校学习与企业实践的有机衔接，把学生、教师、企业师傅一起统一到校企共同管理平台，弥补企业对学生管理力度的不足，实现校企管理一体化。

（5）教师师傅、学生学徒角色融合

以校企共建生产性平台为基础，采用校企人员互聘的方式，组建学校教师和企业师傅为成员的校园学徒制师资团队，推行校企"双导师"制度，采取"学校教师进企业岗位，企业师傅上学校讲台"的方式，打造校企混合"双师型"教学团队，实现学校教师和企业师傅角色融合。

学生以驻校企业提供的真实生产项目或岗位为基础，组建班级小组和企业团队，在校企"双导师"指导下，在学校教育教学活动中，在企业岗位实践与轮训中，提升职业基本技能和职业素养，实现学生与学徒身份的融合。

（6）校企文化融合

明确学校文化和企业文化的价值所在，学校将企业文化精髓引入校园学徒制班级管理，企业将学校文化优势融进学徒生产实践，构建学校育人和企业经营融合的文化体系，形成培养学生敬业精神、合作意识、质量意识和效率意识的校企育人环境。一是团队建设文化，我校与浙江云客网络技术有限公司成立"政委制"，将项目团队建设的导师和项目团队管理的政委融合在一起，促进团队的凝聚力和战斗力。二是晋级制，建立团队拼比制度，采用表格将绩效目标可视化，形成竞争机制，建立"SS、P1、P2、P3……"晋升序列，并定期开展晋级答辩，形成目标使命必达局面。三是引入企业视觉识别系统，建立校园学徒制班级文化，形成团结、协作、担当的文化氛围。

（三）厘清校企课程本质，构建校园学徒制课程体系

1.厘清校企课程本质目标

学校课程本质属性主要表现为教育性、计划性和过程性。教育性是指在基础文化知识的传授与职业技能的训练过程中，树立学生社会主义核心价值观和职业道德，提升知识与技能水平。计划性表现为按照学生的成长规律和教育规律，有步骤、有计划地开展教学。过程性是指学校提供给学生课程学习、活动开展、文化浸润等全员、全过程、全方位的育人体系，学生通过经历和体验过程而不断成长和发展，是一种动态而非静态的过程性育人。学校的课程目标为立德树人，培养德、智、体、美、劳全面发展的社会主义建设者和接班人。

企业课程的本质属性主要是职业性、工作场所性和实践性。职业性是指课程蕴含着丰富的职业元素、职业分析、职业资格、职业能力、职业知识、职业发展阶段等。工作场所性是指课程的起点、过程和结果都在工作场所之中。实践性表现为课程内容主要是企业的生产实践经验，课程实施是与企业的工作实践过程相统一的过程。现代学徒制企业课程目标是让学徒能够掌握职业能力和胜任职业工作岗位。

2.构建校园学徒制课程体系

从校企双方两种课程本质目标中可以看出，校企课程在内容、场景、过程等方面有契合点和关联点。由此，在"校企一体，双元合一"的校园学徒制人才培养模式框架下，以学校教育教学与企业生产经营为平台，以学校课程与企业生产性实战项目为依托，以多岗位主线课程体系、工创联动实践体系为支撑，以保障学校育人需求、学生个性化发展需求、企业培养适用人才和盈利为目的，完善基础素质与职业素养课程、基础技能与岗位技能课程的协调性，构建校企课程相互关联与支撑的校园学徒制课程体系。

（四）注重成长，设计路径

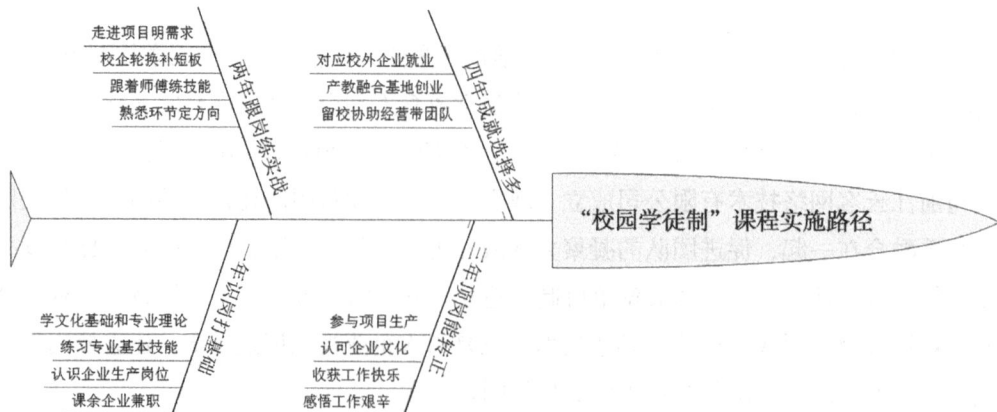

图4 校园学徒制课程实施路径图

校园学徒制实施基础是校企一体、双元合一，这为校企课程实施路径提供了最大的方便和多种选择。学校电子商务专业按照"1234"层层递进的人才成长规律，设计校园学徒制课程实施路径，即一年识岗打基础，两年跟岗练实战，三年顶岗能转正，四年成就多选择。

一年识岗打基础就是一年级学生以学习文化基础及专业理论和专业基本技能为主，同时在"双导师"的引导下了解校内电子商务企业的经营岗位和经营环境，还可以利用课余时间或寒暑假去企业做兼职，如清洁卫生、会议服务等。

两年跟岗练实战就是以企业项目运营为平台，以课程计划为基础，采用"1+5"师傅对学徒手把手教授职业技能，用少换、多轮方式熟悉岗位及操作流程，在真实实训＋真实业务＋真实产出跟岗中培养职业素养，熟练工作技能与流程。

三年顶岗能转正就是按企业岗位和项目运营实际需求，以准员工身份顶岗工作，让学徒真正参与企业生产，认可企业文化，收获工作快乐和感悟工作艰辛，完成准员工到员工的转变。

四年成就选择多就是在顶岗基础上，根据自己的选择进入对应企业就业、进入校企产教融合基地创业或者留校协助师傅（老师）经营项目，带领、指导学生（学徒）团队。

四、校园学徒制的保障机制

（一）制度保障

校企双方共建校园学徒制领导小组，形成领导定期交流机制，学校领导挂职企业生产管理副总，企业领导兼职学校校企合作副校长。组建企业师傅和学校教师为成员的现代学徒制"双导师"工作小组，制订工作机制，实现教学计划与生产实践计划对接、教学内容与生产项目内容对接、学校管理与企业管理对接等教学生产运营融合机制。学校与浙江云客网络技术有限公司开展电子商务专业校园学徒制试点，制订了《校企生产项目经营管办法》《校园学徒制教学与生产实践管理办法》《学生（学徒）KPI绩效考核管理办法》《校园学徒制试点班级双主体管理办法》等15项管理制度，保障了电子商务专业校园学徒制试点的有序开展。

（二）经费保障

根据重庆市教委和财政局对现代学徒制试点按4 000～6 000元/生标准专项财政补助的文件精神，学校和企业分别按4 000元/生标准预算现代学徒制试点经费，积极争取地方政府的政策或资金支持，形成校园学徒制试点经费保障。同时，制订现代学徒制项目资金使用与管理办法，保障校园学徒制设施设备和企业经营的正常运行，激励校企导师的积极性，保证校园学徒制开展的连续性。

（三）利益保障

学校通过引企入校和生产项目实施，深化了校企合作，改善了专业教学条件，创新了人才培养方案，丰富了课程资源，落实了教师到企业的实践制度，提升了双师型教师比例，提高了人才培养质量。

企业通过进入校园开展生产性项目，能保障持续性的人才需求，降低了生产成本，扩大了业务量，获得了盈利或补助。

学校教师在学校就能参加企业实践，提升职业技能，增加了评职晋级、评优评先的机会，同时增加了企业生产性部分收入。

企业师傅除得到企业原有收益外，还可以得到学校兼职教师工资，同时提升了自己的专业理论水平和管理能力。

学生能在学校和企业交替学习中学会专业技能与职业岗位技能，养成良好的职业素养和做人核心品德，为今后高质量就业或创业打下坚实的技能与素质基础。同时，也能在生产性项目中收获自己的劳动报酬。

参考文献

［1］赵文平.现代学徒制企业课程的属性、功能及建设策略探析［J］.职业技术教育，2020,41（16）：24-28.

［2］张建云.职业学校现代学徒制实施的维度与路径［J］.教育与职业，2019（18）：47-51.

［3］张伟罡，翁伟斌.远程企业导师制：推进现代学徒制的新探索［J］.职业技术教育，2019,40（35）：53-56.

［4］赵春来.论现代学徒制实践层面的困境及解决途径［J］.吉首大学学报：社会科学版，2019（A01）：124-125.

［5］郭玉华，肖文君，李珺.欠发达地区现代学徒制中的企业元素［J］.中国高校科技，2019（9）：65-67.

［6］潘芙.烹饪专业课程内容与岗位标准有效对接策略研究［J］.当代教育实践与教学研究，2018（5）：159-160.

［7］何文华，汤健雄，刑大成.基于"双实体"的生产性实训人才培养模式研究——以高职商贸类专业为例［J］.高校探索，2017（4）：92-96.

［8］张函.跨境电商新型"师傅、伙计、徒弟"实战教学模式的探索与实践——以金华职业技术学院为例［J］.经贸实践，2017（5）：158-159.

基金项目：重庆市教育科学"十三五"规划 2018 年度立项课题《基于"现代学徒制"的电子商务专业"SAC"人才培育模式改革实践研究》（课题号：2018-08-539）。本文发表于中文期刊《中国多媒体与网络教学学报》2021年2期。

作者简介：骆永华，重庆市九龙坡职业教育中心高级讲师，副校长，主要从事职业教育管理研究。谭绍华，二级教授，重庆工程职业学院黄炎培教育研究院副院长，主要从事职业教育管理研究。陈良华，重庆市九龙坡职业教育中心高级讲师，专业部长，主要从事专业建设研究。

基于现代学徒制的电子商务专业"1+N"人才培养模式探索

骆永华，林克松

摘　要：现代学徒制是职业院校电子商务专业人才培养的重要路径，然而在实践中却普遍遭遇协议中权责不明晰、招生招工体制不完善、课程设置不合理、师资队伍不健全的多重困境。构建职业院校电子商务专业"1+N"现代学徒制的人才培养模式，并使之得以高效运行，则需完善制度保障，提供现代学徒制政策依据，加强机制建设，推进现代学徒制有效运行，着力师资建设，建立现代学徒制师资管理办法。

关键词：现代学徒制；职业院校；电子商务专业；人才培养模式；"1+N"

现代学徒制双元育人优势明显，在德国、英国和日本等国家已经取得了成功。正是在这一背景之下，自2014年教育部启动现代学徒制试点以来，全国已开展了562个部级试点和数以千计的地方及学校试点[1]。2019年，《国务院关于印发国家职业教育改革实施方案的通知》（国发〔2019〕4号）要求借鉴"双元制"等模式，总结现代学徒制和企业新型学徒制试点经验。

电商行业在中国经过10多年的发展，尤其是在新冠肺炎疫情期间，凭借强大的电商和物流体系保障了数亿人在隔离状态下的生活，教育、医疗等传统线下行业都开始转向线上平台运行。新媒体营销如日中天，市场需求巨大，既给电子商务专业带来了机遇，也提出了很多挑战。正是如此，在政策和行业双重驱动下，职业院校为了提升电商专业人才培养质量，积极联系企业，在全国开展现代学徒制试点工作。然而，在职业院校电商专业现代学徒制的试行过程中，校企双主体协同育人模式下，各利益相关群体的利益诉求和责权利往往难以平衡协调，校企双方责权利分割既不明晰又缺少相关依据，因此出现了"冷热不均"[2]"企业冷、学生冷"[3]等现象，困扰着现代学徒制的发展。鉴于此，本研究深入剖析职业院校电子商务专业现代学徒制的实践困境，通过构建"1+N"的电子商务专业人才培养模式，实现学校与职场的无缝衔接，提升电子商务人才的素质与技能，有效保障电商人才培养的企业适用性。

一、职业院校电子商务专业现代学徒制的实践困境

在政府以及相关政策的大力支持下，电商专业的现代学徒制在摸索中前行，虽然取得

了不少成绩，但在改革的路上也遇到了种种困境，主要表现为学校"剃头挑子一头热"。虽然，职业院校和合作企业之间通过契约相互融合、紧密联结。但是，在实际运作过程中，学校与企业之间的合作关系仅仅停留在表层，共享教学资源、师资止步于理念，人才培养方案更像是订单式培养，职业技能的养成受到限制。

（一）协议中权责不明晰

电子商务专业现代学徒制实践离不开契约形式协议的保证，主要包括校企双方合作的协议、校企生三方现代学徒制培养协议和企业学生劳动合同三方面。首先，多数职业院校都有签订协议，但不完备，后期检查存在补签、完善的现象，有一定的法律漏洞。一些学校只有校企合作协议，而没有学校和学生之间的劳动合同，或校企协议并非学徒制内容，只是简单的校企合作协议，这为日后相关纠纷的处理埋下隐患。其次，协议中责权利不清晰，在三方协议的责权利中，学生权益保护条款缺失，如企业用工是否要与学生签订就业用工合同，学生薪酬如何发放与监管，学生与普通员工是否享有同等企业各项待遇及晋升通道等，协议中校企生三方责权利条款有待细化，监管仍需强化。最后，协议监管协调机制缺失，电商专业人才进入企业后，人才培养质量如何，协议中约定事项执行情况如何，其监督管理存在缺失现象。

（二）招生招工体制不完善

2014年8月，《教育部关于开展现代学徒制试点工作的意见》中明确指出现代学徒制的基础就是招生招工一体化，要妥善推进招生招工一体化工作开展。目前，招生招工一体化工作主要存在两个问题：一是现代学徒制招生与招工工作脱节，一些学校在正常招生时未提及现代学徒制，也没有完整的现代学徒制人才培养模式，入学后（多数为入学半年以后）才进行现代学徒制实践，存在招生与招工工作脱节现象。二是招生与招工方案不匹配，电商行业受市场环境变化影响较大，致使电商企业用工需求变化较大，新一代"90末"、"00后"学生择业观念更独立，其主观意愿左右现代学徒制人员数量，存在专业设置与产业需求协调机制缺失问题[4]。职业院校已将招生方案纳入学校年度招生计划进行统一管理，但部分企业未将招工方案纳入企业招工管理进行统一规划，根源在于现代学徒制学生（企业准员工）观念未转变。这也导致育人转换的矛盾发生，即当市场需求和企业生产计划加大时，企业对学生的需求容易与学校教学计划产生冲突，从而造成学生不能到岗的情况；而当学校计划组织学生（学徒）到企业顶岗实践，开展现代学徒制教育时，又会出现因企业生产计划收缩无法提供足够的实践工作岗位，学徒实践无疑增加了企业额外管理成本，从而无法满足学校需求的问题，最终导致学校教学安排及教学环节与企业生产及岗位需求的时间错位矛盾。

（三）课程设置不合理

课程设置合理与否直接关系到人才培养质量的优劣，因此，对于任一专业而言，科学地制订相应的人才培养方案，合理地衔接课程体系就显得非常重要。当前，电子商务专业课程设置上主要存在3个问题：首先，人才培养方案对接不够。多数院校有了针对现代学徒制的人才培养方案，但方案中存在企业课程与学校课程之间重复度较大、关联性较差、衔接不顺畅等诸多问题，为学生的学徒生涯展开造成了一定程度的困扰。其次，课程实施环节融合不够。现代学徒制校企课程都是按照培养计划分步、分阶段实施的，但由于学校和企业是不同性质的主体，客观上存在利益不同和时空的间隔，校企课程存在实施中刚性强而融合度不够，不利于整时段、碎片时间段对学生（学徒）整体学生岗位技能、职业素养等的训练与培养。最后，课程内容分配不恰当。学校课程任务量较大，学生学习疲惫现象明显。为了完成专业课时量、公共基础课及保障学生企业上岗时长要求，职业院校普遍存在在校课程多、突击上课等问题，很难保障人才综合培养质量。而企业课程设置不全面、不系统，企业由于受到利润和自身业务影响，倾向于培养学生单个电商方面技能，比如客服岗位实践较多，而运营、美工、策划等岗位实践较少，涉及广度不够。企业师傅缺乏统一规范化教育教学培训，师徒制实施效果欠佳。

（四）师资队伍不健全

校企共建师资团队是现代学徒制顺利开展的重要保障。如何遴选企业导师，如何培养校内专任教师以及对两者的管理与激励，目前没有相应的政策、制度作为执行参考依据[5]。一方面，相关专业教师没有企业实践经验，多数是纸上谈兵。由于缺乏校企合作的机会，很多职业院校电子商务专业的教师都没有企业顶岗实习或是实践的经验，只能按照书本进行教学，对行业企业的专业技能需求不了解，而电子商务行业恰恰对技能型、操作型要求很高。教师本身缺乏对学生有利的教学指导和经验传授，学生所学知识自然不能很好地运用到工作岗位。除此之外，校内专任教师要在工作之余花大量时间来提升专业实践水平，由于没有相应的工作量补贴，他们对这种教学改革没有积极性。另一方面，企业导师虽然是企业推选的具有较高技能水平和丰富实践经验的优秀师傅，但懂技术并不意味着会教技术，他们没有接受过教育教学技能方面的培训，会在一定程度上影响现代学徒制的实践教学效果。客观上学校教师和企业师傅在时间和空间上研究教育教学与企业实践较少，单兵作战多，团队合力小。

二、电子商务专业基于现代学徒制的"1+N"人才培养模式构建

基于上述对职业院校电子商务专业现代学徒制的人才培养实践困境分析，从与电子商务专业现代学徒制相关的主体、校园文化、课程内容、师资团队、评价方式4个方面出发，在将清影响电子商务专业现代学徒制的人才培养效果主要因素的基础上，首先分析各影响因素的所有影响因子，进而厘清彼此之间的内在联系。通过整合，形成更加有利于提升电子商务专业现代学徒制的人才培养效果的力量，从而构建出"1+N"校企联合办学、联合培养、一体化育人的模式，实现工学交替的有序进行。其中，"1"是主导因子，即对人才培养起关键性作用的因素；"N"是辅助因子，即在电子商务专业现代学徒制的人才培养过程中，与主导因子关联并对主导因子起积极促进作用的其他因素。

（一）联合：重构"1+N"办学模式

对职业教育而言，其特殊的办学性质导致其与企业有着不可分割的联系，而校企深度合作更是保证职业教育发展以及现代学徒制有效运转的重要条件。因此，在保障和平衡学校、企业、学生等多方利益的前提下，探索一种有效且高效的办学模式尤为重要。

重构"1+N"办学模式是为了解决电子商务专业现代学徒制的主要困局，也是为校企导师融合、校企课程融合、校企管理融合提供根本路径。"1"是指学校，"N"是指多家企业，即学校整合政府、行业、企业多方资源，把企业引进学校，将校企双元在学校育人需求、企业盈利与人才需求、学生发展与创业就业需求的目标下合二为一，和谐共生，实现校企共同制订人才培养方案，构建"知识＋技能＋就业"的培养模式；共建名师工作室和实训基地，打造"学生→准学徒→学徒→员工"的人才成长路径[6]。通过"定岗→认岗→仿岗→跟岗→顶岗"[7]，实现电子商务综合职业技能人才的培养，从而共同构建集人才培育、产业运营、标准研发、区域服务于一体的校内现代学徒制育人平台，最终实现学校教育链、企业生产链、政校企价值链的有机联合，以命运共同体的理论为指导，打造校企命运共同体，协同培养技术技能型人才[8]，达到人员共建、效益共谋、发展共赢的效果。

（二）融合：营造"1+N"校园文化

现代学徒制的目的是在保证学生理论知识掌握的前提下，与企业深度合作，为学生提供真实岗位场景下的技能学习和经验累积，帮助学生在毕业进入社会前，提前完成从学生到职业人的转变。而校园文化是学校精神的反映，也是社会价值观的体现。校园文化具有陶冶情操、激励斗志的功能，能够潜移默化地影响学生的世界观、价值观和人生观。

职业院校校园文化作为中国特色社会主义文化的重要组成部分，应紧紧把握时代脉搏，传承中华传统文化，对接企业先进文化，挖掘创新创业文化，构建新时代校园文化，肩负起立德树人的神圣使命。故"1"为教育文化，"N"为中华传统文化、企业先进文化、创新创业文化。只有这样，才能将综合素养、职业精神与教学高度融合，营造学生职业素养形成的"社会"环境，职业院校也才能由原先单一的教育属性转变为技术属性、职业属性和实践属性，职业院校学生也从单一的学生身份转型为兼顾学生和职业人的准职业人身份[9]。因此，职业院校校园文化建设必须从顶层设计着手，明确准职场化校园文化发展方向，将职场文化融入校园文化建设中，突出学校、企业、行业三者紧密融合的特点和职业价值取向，编织立体化准职场校园文化。

（三）整合：设置"1+N"课程内容

精准、有效的课程内容是确保人才培养效果的基础，因此，必须综合学生发展特点、职业能力形成过程以及岗位职业能力需求等多个方面，以学校、企业为依托，共同制订人才培养方案，依据人才培养方案开发和重构课程体系，适应现代学徒制双主体育人的模式。

设置"1+N"融合的课程内容，提高课程内容的系统性、科学性、针对性与实效性。"1"为专业课（专业基础课＋专业技能课），"N"主要为与"1"相关的其他知识和技能，以及职业素养课、学徒技能操作课、企业文化课、职业生涯规划课等内容。学校与企业共同设计、研发适合学徒培养的校企一体化课程体系，将岗位标准融入课程体系，核心课程对接企业生产流程，进一步建立学校、企业衔接顺畅的能力培养体系。除此之外，需保证企业课程与学校课程协调一致，即课程设置要考虑专业理论与学徒岗位操作的有机结合，例如，学生学习了"图形图像处理"课程，则学徒实践对应的岗位操作就是"美工操作"；学生学习了"职业生涯规划"的理论课程，则企业需要依据电子商务专业就业岗位群，有针对性地进行职业技能培养，达到全方位育人的目的。课程的时间安排应是学校课程与学徒实践穿插进行，可以每一到两个月进行一次轮换。课程的内容安排应保证专业理论课与企业实践课的针对性、统一性，理论课内容来自企业实际工作任务，实践课的操作在理论课的指导下进行。

（四）联合：打造"1+N"师资队伍

现代学徒制的实施需要一支高素质的"三师"复合型师资团队，他们是人才培养的质量源泉和主要保障。"三师"由专业教师、企业兼职教师、心理及思想辅导教师3种不同类型的师资跨界融合而成，形成"1+N"三导师教学团队。

专业教师主要负责专业基础课的教授，而企业兼职教师则负责学生的专业技能课教学，心理及思想辅导教师则负责学生的心理健康教育。多导师制有利于为学生制订个性化、针对性的培养方案。除此之外，"1+N"教师队伍的打造还有利于教师的成长及提升。企业兼职教师带来行业和企业的最新趋势和技术，帮助校内专业教师转变职业教育理念，校内专业教师通过与企业骨干或精英共同承担实践教学任务、开发实践教学课程内容、负责学生技能训练的指导，更新了对相关商务知识与技能的认识和了解；通过与企业兼职教师互动和交流、到企业跟岗实习、以指导教师和教师下企业双重身份参加集中顶岗实习等，提升了实习实践指导能力，成为名副其实的"双师型"高职专业教师。

（五）复合：形成"1+N"评价方式

人才培养的效果评价，既是考量人才培养实现预期目标的程度和绩效的重要手段，也是改进培养内容和培养方式的主要依据。科学、有效的评价结果需要"1+N"人才培养评价准则的支持。

其中，"1"为学生，"N"为职业院校、企业、地方政府以及第三方评价机构。将学生自我评价、教师评价、师傅评价、企业评价、社会评价相结合，积极构建第三方评价机制，由行业、企业和中介机构对实习生岗位技能进行达标考核。在学习评价上，校企双方充分沟通合作，理清学习评价思路，吃透指标，建立机制，选择方法，确立双方认可的能够促进学徒技能提升的学习评价体系。最终实现从单主体评价转向双主体评价，从结果评价转向过程动态评价，从知识评价转向能力技能态度评价。此外，现代学徒制育人过程的评价方式中还应渗透证书考核内容。2019年，"1+X"证书制度在我国职业院校普遍推广，电子商务专业可以要求学生在取得学历证书的同时，再获取多类职业技能登记证书，在拓展就业、创业本领的同时，缓解结构性就业矛盾。

三、电子商务专业基于现代学徒制的"1+N"人才培养模式保障机制

建立和发展现代学徒制度，是职业院校电子商务专业实现产教融合、校企合作理念的必由之路。现代学徒制涉及诸多部门机构和利益群体，运行复杂，需要相应的运行机制和保障制度，使电子商务专业现代学徒制的"1+N"人才培养模式得以高效运行。

（一）完善制度保障，提供现代学徒制政策依据

完备的法律保障体系是职业教育现代学徒制顺利实施的重要保证。当前，我国职业教育现代学徒制相关法律法规还不健全，对职业教育现代学徒制的指导多是以政策文本的形式出现，未对职业教育现代学徒制进行明确定位，对参与现代学徒制人才培养的各方责权利界定不清，缺乏激励与约束机制。首先，增设现代学徒制相关的法律条款，使现代学徒

制在运行过程中能够有法可依，明确现代学徒制在职业教育领域中的法律地位，为现代学徒制的深入推进提供法律保障。其次，相关行业部门制订协调统一的法律法规体系，确定具有准员工和学生双重法律地位的学徒身份。同时，设定统一标准，通过签订学生、学校和企业三方协议，保障企业的权益和义务，保障学徒的受教育权和劳动保护权，确保满足标准要求的学徒能够获得国家认可的职业资格（等级）证书，并给予合格学员进入高一级别学校继续深造的机会。再次，在法律层面应赋予行业组织沟通协调政府、企业和学校的权利，以及配合政府做好职业资格标准制订和职业能力鉴定的权利。

（二）加强机制建设，推进现代学徒制有效运行

加快推进职业教育现代学徒制体制机制的建设，从制度供给、经费投入以及合作机制等方面为职业教育现代学徒制的长远发展奠定坚实基础。一是加强制度供给。政府应在统筹院校、行业、企业和学生等多方利益的基础上，推进职业教育校企合作保障制度建设，出台现代学徒制校企合作的制度性文件，支持、鼓励行业企业参与职业教育办学，规范并监督校企合作行为，促进现代学徒制校企合作长效、稳定发展。二是优化经费分配机制。对职业院校现代学徒制试点单位，在经费投入上可以采用基础经费与奖励经费相结合的方式。基础经费实行定额供给制度，主要依据职业院校的学生人数；奖励经费的拨付则综合考核学生职业资格证书通过率、技能等级考核情况、就业率以及企业满意度等指标，实行分级、分档奖励。除此之外，制订现代学徒制项目资金使用与管理办法，保障校园学徒制设施设备和企业经营正常运行，激励校企导师的积极性，保持校园学徒制开展的连续性。三是共建校园学徒制领导小组，形成领导定期交流机制，学校领导挂职企业生产管理副总，企业领导兼职学校校企合作副校长。组建以企业师傅和学校教师为成员的现代学徒制双导师工作小组，制订工作机制，实现教学计划与生产实践计划对接、教学内容与生产项目内容对接、学校管理与企业管理对接等教学生产运营融合机制。

（三）着力师资建设，建立现代学徒制师资管理办法

建立企业指导师傅任职资格和管理制度。明确学校导师与企业师傅的聘任条件、工作流程、考核评价等，对其工作经历、学历水平、技能和职称级别以及绩效评价作出规定，建立学校导师和企业师傅的互融互通机制。学校可聘请企业负责人为学校中层领导，聘请企业人员为企业师傅、专业带头人、专业骨干兼职教师，使其能够走进课堂、走进专业学科活动。企业将员工在学校的表现纳入员工绩效考评，学校申请专项向企业师傅发放带徒津贴，并对优秀的企业师傅进行奖励。企业聘请学校教师承担企业管理岗、技术岗、生产岗，聘请专业骨干教师为企业讲师，使学校教师走进企业生产一线。学校将教师在企业的

表现纳入教师的绩效考核，企业对参与企业生产与管理的优秀教师给予一定的资金奖励。除此之外，建立指导师傅的培养培训制度，对任职培训的基本内容、形式、期限和考核要求作出规定，并鼓励其参加各种形式的继续教育。

参考文献

［1］关晶，田诗晴．高质量现代学徒制：国际倡议与我国反思——基于国际组织倡议的文本分析［J］.教育发展研究，2020，40（13）：67-74.

［2］欧阳忠明，韩晶晶．现代学徒制："冷热不均"背后的理论思考［J］.中国职业技术教育，2016（12）：5-11.

［3］王彪，龚慧娥，湛佳．新形势下现代学徒制人才培养课程体系改革与实践思考［J］.教育现代化，2019（71）：39-41.

［4］袁修月，何义朋，贾真，等.高职电子商务专业现代学徒制人才培养的体制机制研究［J］.河北职业教育，2019，3（5）：18-20.

［5］代锋，罗美霞.现代学徒制实施中"虚"过于"实"的原因及对策［J］.职业技术教育，2019，40（27）：32-36.

［6］贾广敏．校企协同创新高职实践教学体系探索［J］.中国职业技术教育，2016（14）：76-79.

［7］潘永惠，周亚娟，朱永林．基于区域职教联盟的中高职衔接探索——以江苏省江阴中等专业学校为例［J］.江苏教育，2019（3）：50-53.

［8］彭明成.中国特色现代学徒制：理论意蕴、实践路径与未来走向［J］.中国职业技术教育，2020（21）：10-14.

［9］张箴．现代学徒制视阈下立体化准职场校园文化的建设研究［J］.高等职业教育（天津职业大学学报），2019，28（5）：92-96.

基金项目：重庆市教育科学"十三五"规划2018年度立项课题《基于"现代学徒制"的电子商务专业"SAC"人才培育模式改革实践研究》。

作者简介：骆永华，理学学士，重庆市九龙坡职业教育中心高级讲师，教学副校长。

林克松，教育学博士，西南大学教育学部副教授、硕士研究生导师，职业教育与成人教育研究所所长。

基于共生理念的中职现代商务专业群课程体系构建策略研究

陈良华，李娟，骆永华

摘　要：课程体系是专业群建设的核心。在实践中，存在专业群组群逻辑不清，支撑产业不明。课程体系建设缺乏与行业岗位的联系，存在结构不合理、内容不匹配、群团优势不明显的现状。课程内容与岗位工作职业能力需求不匹配、模块相互脱节。课程之间支撑关系不明，组群关系不明。要实现中职专业群课程体系重构，应从专业群与产业群共生、课程与岗位共生、课程模块与岗位群共生、专业群课程体系共生 4 个方面入手，构建关系稳定、逻辑严明的课程体系。
关键词：课程体系；专业群；共生理念；构群逻辑；工作领域；学习领域

我国中等职业教育教学进入一个新的发展时期，继国家示范校建设、现代学徒制试点、"1+X"证书改革试点的教育教学改革后，中职学校在办学模式、课程体系建设、资源建设方面达到了一个新的水平，反映了社会对技术技能人才的需求侧与职业教育人才供给侧的匹配关系。当前新技术、新工艺的发展需要职业教育不断地迭代更新，《国务院关于印发国家职业教育改革实施方案的通知》（国发〔2019〕4 号）和各地方教育管理行政部门发出的关于实施高水平中等职业学校建设项目的通知，标志着我国中等职业学校进入高水平专业群建设时期。

一、为何要构建基于共生的专业群课程体系

（一）中等职业学校专业群课程体系存在的问题

1. 中等职业学校专业群课程体系管理现状与问题

中等职业学校的专业管理经历了年级组、教研组、专业部、专业系、专业学院几个阶段。同时，在当今各中等职业学校专业管理中，这几种专业管理形式多共存。不同的专业管理形式体现了各中等职业学校对课程体系的构建理念和方式。中等职业学校专业课程体系管理的现状主要有以下几个方面。

（1）年级组管理课程

中等职业学校将学生按照入学年限进行年级组管理，这种现状几乎完全按照普通教育的模式管理职业教育。优点是照顾了学生的年龄、心理特点，便于进行文化课的统筹安排；缺点是忽视了职业教育的专业特点，忽视了专业课在职业教育课程中的巨大比重形成的专业课程差异、文化差异，不利于专业课程体系的垂直构建。

（2）单一专业各自为政

中等职业教育中还存在以单一专业进行资源配备和课程体系建设的现状。这种现状还保留着普通教育的特点，组织形式上表现为采用教研组的形式来进行专业建设。教研组的组建基于专业的相似特点，如计算机教研组、财经教研组等。我们会发现教研组的组建和中等职业学校专业目录具有一致性或相似性，具有专业群的雏形。教研组形式的优点是专业相同的教师可以进行充分的交流，开展教学研究，促进学科教学发展。显著的缺点是教研组的组织形式没有考虑产业群、岗位群的现状，没有考虑专业为产业服务的宗旨，缺乏专业持续发展的理念。

（3）近似专业构建专业部

中等职业学校专业部改革基于专业大类进行管理。改革的特点是学校下放专业管理的职能，进行扁平化管理。将相似专业组建专业部，将专业发展、专业建设、专业管理、专业教学管理职能下放到专业部。专业部管理具有专业性，进一步发挥专业优势，进一步发挥人力、物力、财力的优势来解决专业发展的紧迫问题。在专业的构成上，初步体现了与第一、二、三产业接轨进行专业部的划分，在专业类目上也比较相近。

在现有专业部管理中，主要问题表现在：一方面，在专业人才培育上没有真正打通专业间的壁垒，形成课程融通培育人才的局面；另一方面，之所以没有打通专业壁垒，是没有将专业与产业对接，以此培育岗位适用的职业技术技能型人才。

2. 中职专业课程体系构建中的问题

（1）专业群构建逻辑不清，不能形成有效的课程体系

专业群发展的过程中缺乏对整合优势资源的研究，没有理清专业与产业的关系和专业与专业的融通支撑关系，不能发挥教育资源共享叠加效应。一方面，专业群的人才培养目标不明确，没有弄清专业群为谁培养人、培养什么人这个根本出发点，着重体现在专业群与产业对接不明晰。另一方面，专业群中专业构建逻辑不明确，核心专业和支撑专业的地位不清晰，表现为专业群课程体系主次、定位关系不明确，不能形成有效的、协同发展的局面。

（2）中等职业学校专业群课程体系不能适应社会新技术、新业态的升级迭代

中等职业学校专业群的发展没有跟上国家新技术、新业态的升级迭代，使人才培养脱

离了社会经济发展的需要，脱离了职业教育的根本宗旨。主要表现在专业群中专业人才培养的目标和规格与社会岗位人才的需求脱节，课程体系培养的专业能力不能匹配岗位职业能力的需求。例如，通过考察发现，有的中等职业学校在电子商务专业中，计算机网络技术、网页设计占据了大量学时，人才培养规格中对网络结构、网络安全、网站建设提了相当多的要求，这是信息技术专业能力的核心，而不是电子商务专业的核心技能，由此说明该校专业培养的目标和规格不能适应社会的发展。

（3）各专业课程体系之间不能形成有效的支撑，课程实施的保障资源不能得到高效的利用

专业群中课程不能形成有效的信息交融，作为专业群课程体系实施的保障资源不能实现高效的利用与共享。首先是专业课程资源不能实现共享，这个问题进一步影响专业实训，使专业群之间实训的软、硬件资源不能形成合力，不能最大化地为专业实训服务。教师群体的协同发展受到局限，教师的专业培养和提升没有更好地为专业群的发展服务，根本原因还是专业群的课程体系定位不适应专业的持续发展。产教融合资源不能充分融合，在专业群中专业产教融合实践不能形成良性互动，不能形成良好的专业群生态体系。

专业协同发展的目标是培育适合社会产业的人才。中等职业学校将专业按照一定的类别组建专业部，是为了消除单个专业发展的不利因素，整合多个专业有利因素，提高专业管理成效，促进专业发展，提高育人质量。

（二）共生理念促进专业群的协同发展

1. 何为共生理念

共生理念最初应用于生态学领域，后来作为一种分析框架或理论基础引入教育体系。共生事物注重共同体的相互依赖，强调主体之间可以互相获得新的发展能力。共生就是共生单元之间在一定的共生环境中按照某种共生模式而形成的生态关系。共生单元、共生关系、共生环境形成共生系统。

2. 专业群在共生理念上的体现

（1）专业群是具有生态关系的专业单元构建的共生系统

专业群由两个或两个以上的具有内在联系的专业构成。专业人才培养目标和培养规格之间具有内在的交叉共生关系，形成专业相互支撑、共同发展的局面。专业人才培养目标的共生关系决定了专业课程体系之间具有共生共荣关系。专业基于内在生态关系构建了专业群，形成了共生系统。

（2）专业群的共生关系根源在产业生态集群的共生关系

职业教育的职责是完善职业教育体系，为服务现代制造业、现代服务业、现代农业发展和职业教育现代化提供制度保障与人才支持。专业群承载着职业教育这一重要使命。

产业集群形成生态圈，集群内企业与利益相关者及外部环境之间形成互利共生的生态系统。在人才培养上构建专业群的目标就是牢固树立新发展理念，服务建设现代化经济体系和实现更高质量、更充分就业需要，对接科技发展趋势和市场需求，完善职业教育和培训体系，优化学校、专业布局，深化办学体制改革和育人机制改革。专业发展以服务产业需求为宗旨，产业集群互利共生的生态系统也决定了专业群共生关系的内在联系。

二、何为基于共生理念的专业群

专业群的共生关系是课程体系的核心框架。只有理清专业群与产业集群之间的逻辑关系，才能构建共生的课程体系。理清专业群与产业集群之间的对应关系，是专业群共生关系的支撑。产业集群之间的业态、岗位的共生关系是专业群构建的重要考察对象，促进专业群内课程共生结构达到合理的整合、提升。

（一）中等职业学校专业群的组群基本逻辑

面向产业集群，做到专群构建。社会产业由第一产业、第二产业、第三产业构成，每个产业中有不同的行业业态。比如，在第二产业的制造业中就有汽车制造行业、家电制造行业、服装制造行业等不同的行业。而在每个行业中有不同的岗位，岗位间的协同工作完成了整个行业企业的生产运营。

一是产业生态链。产业链中的生产、销售、售后、服务的几个环节共同组成了该产业的生态圈。其中各个产业环节间相互独立，甚至跨越了第一、二、三产业。但是产业环节前后有相互联系，这个联系就是相互的逻辑关系。产业生态链的岗位集群的岗位就更加独立，基于岗位职业构建的专业群之间联系就会相对薄弱。

二是同产业的不同业态。处于同一产业层面，产业的业态或者服务的对象不一致，这就是同产业的不用业态。比如，电子商务行业中零售电商、内容电商、服务电商就属于电商行业的不同业态。零售电商侧重于商品营销；内容电商侧重于基于互联网的内容制造和推广，如新媒体；服务电商侧重于文化旅游推广。基于同产业的不用业态表现在共性有基础，个性分明。

三是基于同业态的岗位群。处于同一个工作环境的岗位集群，在一个企业中本身就有紧密联系，对应的专业集群内在逻辑联系紧密。随着业态的变化调整，对应的岗位集群能够迅速调整适应业态的发展。对应的专业群联系紧密，培育型专业或者转变专业能力培养目标能够迅速达成。

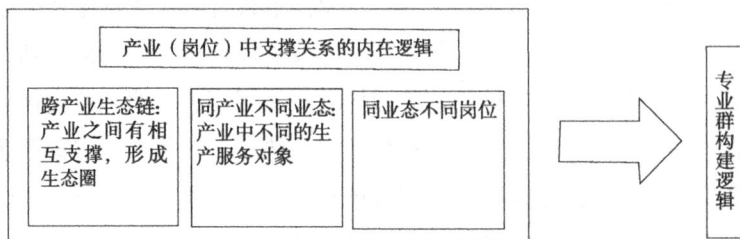

图1 专业群构建

（二）专业群构建类型

针对产业（岗位）中支撑关系的内在逻辑，结合不同中等职业学校的专业发展定位，构建高水平专业群。对应不同的产业（岗位）集群可以由不同的专业构成专业群模型。

1. 基于行业生态圈构建环形专业群模型

在一个行业生态群中，各个产业有内在的业务联系，比如装饰品产业集群包含了珠宝设计、珠宝加工、商品品牌推广、市场营销、商品物流、电子商务运营、自媒体运营，形成了设计—生产—销售—用户体验这样一个完整的产业链闭环，环环相扣，自成生态体系。职业院校中的对应专业跨越了生产制造业、服务业对应的专业，这些专业也可以对产业形成"学、研、产、销"技能培养闭环，形成专业群构建的逻辑。基于产业生态圈构成的专业群，其优势在于专业基于产业能够相互支撑发展，在生产制造环节，学校与企业具有特定的校企合作关系，能支撑专业链的形成。脱离了与对应产业链的合作，产教融合、工学结合的局面不能形成，专业群的构建会失去依托，专业不能相互支撑发展。

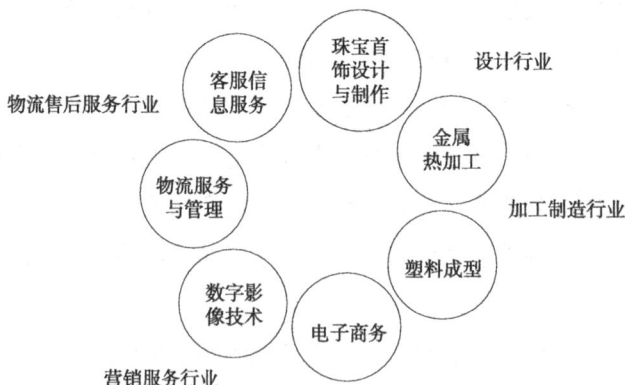

图2 环形专业群模型

在生态闭环对应专业集群的构建中，可以根据中等职业学校的实际，将其中一个或两个专业创办为核心专业，凸显专业集群的特点和优势，多专业支撑发展。

2. 基于同产业、不同业态辐射型专业群模型

在同一个产业中对应的服务对象不同，而衍生出不同的业态。比如，电子商务行业，对应的业态有零售电商、跨境电商、文旅电商、生活服务电商、自媒体营销等。整个业态的核心是商务，在不同业态的企业中，企业文化和企业岗位相近甚至相同。不同点在于服务与零售、文化旅游、生活票务、内容生产等各个方面。对应的岗位工作技能构成的差异形成不同的近似专业。以这种业态构成的专业群一般以核心技能对应核心专业，以服务的对象不同形成支撑专业，构成从核心辐射到专业支撑的辐射状专业群模型。基于专业群辐射服务对象的行业，一方面可以在专业群中培育新的专业，另一方面可以进一步辐射，带动相关专业的发展。

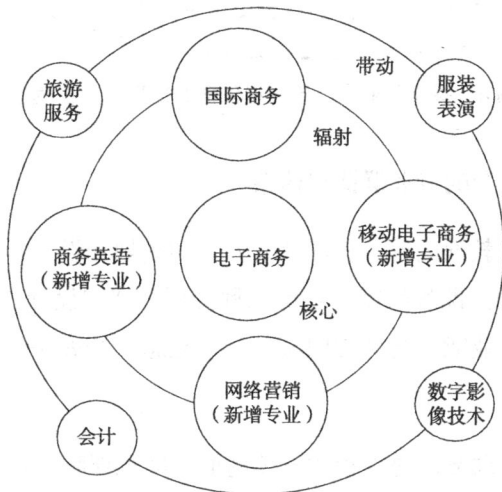

图3　基于同产业、不同业态辐射型专业群模型

3. 基于同业态、不同岗位群的链型专业群模型

在同一行业的同一业态中，根据业务的性质不同，构成了不同的岗位集群，对岗位任务的不同分工共同完成一个企业的生产盈利目标。整个岗位群相互衔接，形成岗位链。岗位的不同职业能力要求对应专业职业能力培养目标与规格，进而对应不同的专业，形成专业链。专业链对应业态的工作岗位链中的核心工作岗位的专业，自然应当成为整个专业群的核心专业，专业群中对应的其他专业对该专业起着支撑作用。

在电子商务运营业态中，普遍包含商品采编、店铺美工、店铺操作、网络运营、电商客服、直播营销、财务管理、物流管理等岗位，各岗位相互支撑，共同达成企业的运营目

标。在这一业态中，为适应企业的规模变化，岗位可以进一步细化，并建立不同的岗位管理层级，但总的来说，岗位职业能力的整体要素不会产生变化。其中，该业态中电子商务运营是整个岗位群的核心，起着统领作用。核心岗位的职业能力构成对应的主要专业成为该专业群的核心专业，共同构成链型专业群。

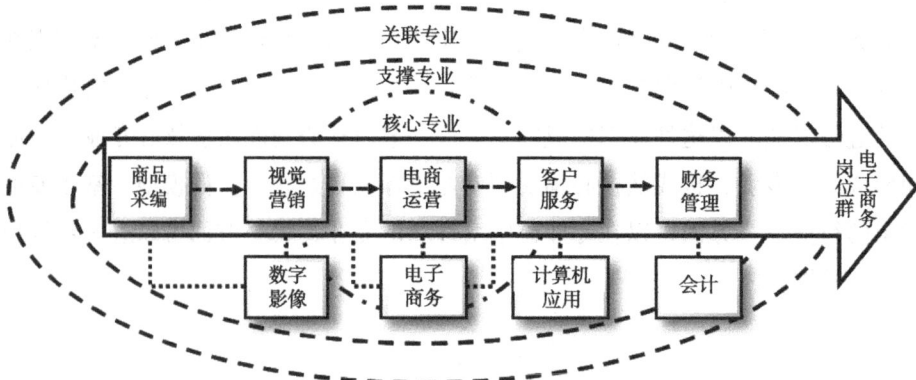

图 4　基于同业态、不同岗位群的链型专业群模型

三、何为基于共生理念的专业群课程体系

课程是对教育目标、教学内容、教学活动方式的规划和设计，是教学计划、教学大纲等诸方面实施过程的总和。课程研制要经历课程分析、课程设计、课程实施、课程评价 4个阶段。基于产业岗位职业能力与课程内容的共生理念，开展课程研制，形成具有共生理念的课程观。

（一）学习领域与行动领域是课程的一体两面，实现课程内容共生

1. 专业课程来自工作岗位、服务岗位

课程作为教学内容的载体，主要涵盖两种属性的应用型知识：涉及事实、概念以及理解、原理方面的"陈述性知识"和涉及经验、策略的"过程性知识"。"事实与概念"解答"是什么"的问题，"理解与原理"回答"为什么"的问题；"经验"指的是"怎么做"的问题，"策略"强调的是"怎样做更好"的问题。

职教专业课程基于职业技能培养，主要解决"怎么做"和"怎样做更好"的问题。这涉及工作过程的工作岗位、领域、任务等方面。课程为专业培养适用人才服务，体现行动领域的要素，要求课程与工作岗位相适应，这就形成了工作任务与课程内容的对应、映射关系。在工作中整体表现出工作能力，工作能力之间是相互支撑的共生关系，这也是课程

模块之间共生关系的底层逻辑。在课程中涉及学习内容、学习活动、学习知识技能点，基于此工作内容的共生关系建立具有共生理念的课程内容模块，形成课程。

2. 基于岗位工作任务和岗位评价，建立课程内容及评价，实现评价共生

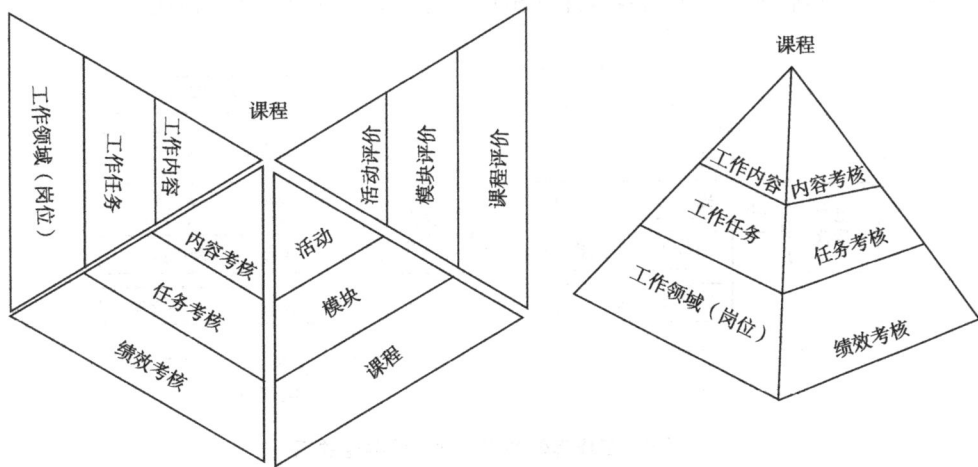

图5　基于岗位工作任务和岗位评价建立课标内容

（1）课程目标达成评价与岗位评价具有共生映射关系

基于工作领域构建学习领域，完成学习内容的构建，本质上就确定了学习目标的评价指标需要参照工作任务达成的目标，形成对标的评价量标。课程目标的达成促进了人才培养目标的阶段实现。技术技能型人才才能学以致用，这本身就形成了人才培养与人才使用的共生关系，这也是课程与岗位共生的核心所在。

（2）遵循技能学习规律，是达成评价目标的路径

课程教学内容涉及素养、知识、技能，建立评价量标，完善评价工具，形成活页式的实训评价手册，便于课程教学评价的开展。建立评价反馈机制，促进课程教学质量提升。教师根据平台评价数据，促进教学改革，深化教学目标，革新教学内容，改革教学方式，拟订新的评价量标，提升教学质量。学生根据评价数据，建立学习目标，实时调整学习状态，提高学业水平。

（二）模块化课程的共生关系的深入体现

工作岗位之间往往是相互协同地开展工作，共同支撑起一个企业行业的业务运营。课程与岗位之间紧密呼应。工作岗位之间形成了紧密的共生关系，促进一个企业的业务良性运行，提高企业的工作效率，提升企业的收益。基于企业普遍性工作岗位的共生关系，对

应专业课程之间的共生关系的底层逻辑也根植于此。对于一个行业的部分典型岗位会形成岗位集群，从工作领域到学习领域产生对应关系，形成课程模块。例如，电商运营岗位集群里面涉及的店铺操作、店铺设计、网店推广、客户服务岗位，与电子商务专业的网店操作、网店美工、网店推广、电商客服课程相互映射对应，形成了课程模块。

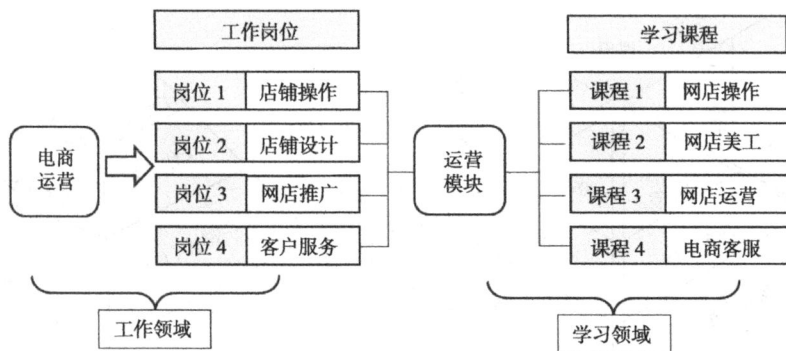

图 6　工作岗位和学习课程的共生关系

（三）重构具有共生关系模块化课程的专业群课程体系

课程体系是同一专业、不同课程门类的教学内容和进程的总和，课程门类排列顺序决定了学生通过学习将获得怎样的知识能力结构。课程体系是培养目标的具体化和依托，它规定了培养目标实施的规划方案。课程体系主要由特定的课程观、课程目标、课程内容、课程结构和课程活动方式组成，其中课程观起主导作用。

基于产业业态、产业集群、岗位集群逻辑构建的专业群共生关系，本质上的共生关系在于岗位集群、产业集群、产业业态的共生逻辑。专业集群的核心课程框架，即课程体系必然反映这个共生关系。

1. 专业群课程体系的构建基于专业课程体系

专业群课程体系的构建在于实现人才培养目标。人才培养目标是专业人才培养的定位，同样，专业人才培养为社会产业经济发展需求服务，为产业经济岗位人才需求服务。基于此，专业课程体系面向岗位群进行构建。基于模块化的课程，构建模块化的课程体系。课程模块具有许多共性，形成课程的内在联系，其根本在于岗位职业能力之间、岗位之间的共生关系。基于课程模块中相互的信息交流，形成模块化的课程单元，形成专业课程体系的主干，实现专业人才培养目标。

2. 专业群课程体系通过课程模块实现平台共享课程

专业群基于产业、岗位集群的生态共生逻辑构建，其中的专业也在这个逻辑框架之内。

基于院校的专业群定位和专业群人才培养目标，形成专业群核心专业和支撑专业，构成专业群共生关系。专业群中的课程模块在实现了专业群的共生关系下构建，形成共享课程模块和专业方向课程模块。共享课程模块集中体现专业群人才培养集群的基本定位。专业方向模块实现了专业培养目标个性特点。以共享课程模块为基础，以专业方向模块为专业特点，形成底层共享、专业分型的具有共生理念的专业群课程体系。

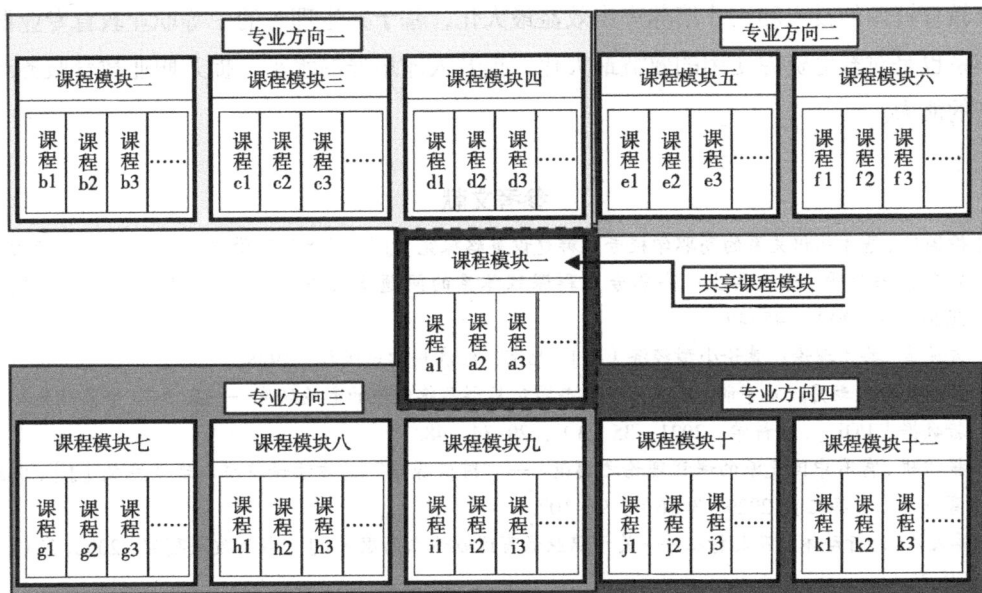

图7　专业群课程体系

3. 具有共生理念的专业群课程体系的实践在于专业人才培养的资源共生

专业群课程体系的构建是在满足产业集群中复合技术技能型人才的需求下，对教育资源的最大化使用。在投入有限教育资源的情况下实现最优的人才培养产出。具有共生理念的专业群课程体系对教育资源中的实训资源、教师资源、课程资源、产教融合资源提出了新的要求。同时，只有实训资源、教师资源、课程资源、产教融合资源具有共生关系，才能促进专业群人才培养定位的实现。

四、结语

基于产业业态、集群、岗位集群逻辑构建的专业群，其出发点是工作任务、工作岗位，为产业岗位培养适用人才是专业群育人的归属。产业的微观层面到中观层面恰恰反映了专业群的微观层面到中观层面的构建逻辑。专业群的构建逻辑是实现具有共生理念的专业群课程体系的关键。对岗位职业能力的分析与课程职业能力的重构是实现具有共生理念课程体系的基本途径。专业群内的专业基于共生理念构建教学实训支援、教师团队是实现专业群课程体系的保障。

产业升级迭代，发展迅猛，新的行业、新的岗位不断涌现，新技术、新工艺对职业教育提出了新的要求。因此，中等职业教育专业群的课程体系结构与内容应随之发生改变，进行升级迭代。这也对职业教育的发展与建设提出了新的要求。从教育经济学层面来讲，需要教育资源的投入和人才培养产出效益最大化，基于共生理念的中等职业教育专业群课程体系也是对教育资源使用的效益最大化，提升人才培养的水平，提升职业教育服务产业经济的能力。

参考文献

［1］徐国庆.基于知识关系的高职学校专业群建设策略探究［J］.现代教育管理，2019（7）：92-96.

［2］田静，石伟平.走向共生：高职专业群课程体系的问题反思与重构路径［J］.职业技术教育，2020，41（20）：45-49.

［3］袁纯清.共生理论：兼论小型经济［M］.北京：经济科学出版社，1998.

［4］杜建刚，孟朝月，刘宇萌.产业集群生态圈对集群品牌价值的影响研究——基于74个茶叶集群的经验数据［J/OL］.软科学，2021，35（3）：29-34，48.

［5］杨四耕.富有中国气派的课程理论之典范——"陈侠原理"的方法论特征与现实意义［J］.中国教育科学（中英文），2020，3（6）：96-107.

［6］姜大源.论行动体系及其特征——关于职业教育课程体系的思考［J］.教育发展研究，2002，22（12）：70-75.

［7］陈俊兰.职业教育现代学徒制研究［M］.长沙：湖南大学出版社，2014.

基金项目：重庆市教育科学"十三五"规划2018年度立项课题《基于"现代学徒制"的电子商务专业"SAC"人才培育模式改革实践研究》（课题号：2018-08-539）。本文被中文核心期刊《当代教育科学》采用，于2022年6期发表。

作者简介：陈良华，重庆市九龙坡职业教育中心高级讲师，重庆市骨干教师，主要从事专业教学管理与课程建设研究。

李娟，重庆市九龙坡职业教育中心高级教师，重庆市骨干教师，主要从事中职专业课堂教学与研究。

骆永华，重庆市九龙坡职业教育中心高级讲师，副校长，主要从事职业教育管理研究。

基于产教融合的电子商务专业 "SAC" 人才培养模式构建与实践

陈良华

摘 要：针对职业院校电子商务专业人才培养供给侧和企业人才需求侧之间不匹配，职业能力培养没有跟上企业岗位工作能力的升级迭代的问题，借鉴其他地区的人才培养经验，构建基于产教融合的电子商务"SAC"人才培养模式。该模式依托专委会，构建校企长效共赢机制，及时迭代人才培养目标，更新人才培养内容。"SAC"人才培养模式为学校、企业构建了人才供给体系，为学生建立了终身学习环境。

关键词："SAC"人才培养模式；产教融合；平台；机制；课程体系；迭代更新；供需匹配

2015 年以来，重庆市九龙坡职业教育中心以电子商务专业项目建设为契机，先后进行重庆市重点特色专业项目、重庆市现代学徒制试点项目、教育部现代学徒制试点项目、重庆市大中专众创空间项目、重庆市高水平专业群项目、重庆市骨干专业项目、重庆市实训基地项目建设，积极探索电子商务"SAC"联动人才培养模式的改革和实践。同期，牵头成立了重庆市职教学会电子商务专业委员会，涵盖了 10 多个高等职业学院，20 多个中等职业学校，50 多家电子商务相关企业，共同探索电子商务专业人才培养模式。

一、电子商务专业人才培养的现状与问题

（一）电子商务专业人才培养存在人才供给侧与人才需求侧不匹配的现状

职业院校电子商务专业人才培养标准缺乏与行业有机接轨，行业人才岗位职业能力需求、职业素养需求在职业院校人才培养过程中没有得到充分体现。在电子商务企业招聘过程中，很难找到理想的人才。职业院校按照自己的模式培养的电子商务专业人才很难得到社会的肯定。

（二）电子商务行业发展迅猛，职业能力结构时刻在变化

在电子商务行业发展过程中，不同岗位的需求比例在发生着变化，并且催生了新的岗位。比如，2019 年对直播新媒体营销的人才需求就显得尤为突出，但各职业院校人才培养体系没有及时响应行业的需求。

（三）职业院校人才培养和电子商务企业岗位人才培训，在时间和资金成本部分有重叠，增加了人才培养的成本

因为人才供需两侧不匹配，企业招聘人才的时候需要重新培养，院校和企业共同付出了时间和资金成本，增加了社会整体在人才培养上的成本，降低了人才培养效率，间接影响了电子商务行业经济发展水平，违背了教育经济学中投入最小化与产出最大化的基本原理。

二、"SAC"人才培养模式构建

（一）构建基于现代学徒制的"SAC"人才培养模式

1. "SAC"人才培养模式定义

"SAC"人才培养模式是指校、协、企联动，以职业院校人才培养适应企业人力资源需求为目标，有机整合校、协、企多方资源，通过建立人才培养机制和标准，实现校、协、企合作育人和共同发展，提高学校经济产业服务能力和人才培养水平的人才培养模式。

图1 "SAC"人才培养模式图

2. "SAC"人才培养模式内涵

S——School，指院校，是人才培养的实施者。院校在"SAC"人才培养模式中是人才培养的主体，通过制订人才培养实施方案，构建课程体系和评价标准，建立人才培养环境，保障人才培养的顺利实施。

A——Association，指协会、社团、组织，起到平台、桥梁的作用。在是"SAC"人才培养模式中的校企、校校、企业间通过协会等组织搭建的平台，共同交流、共享资源。通过这个平台和桥梁，院校与企业对人才培养获得最大公约数，制订和规范企业人才培养标

准，避免企业因短期用人影响人才职业生涯发展。

C——Company，指公司、企业。企业在"SAC"人才培养模式中是积极的参与者。企业对人才的需求是人才培养标准的源头，也是人才培养的目标；企业是人才培养专业中案例的来源，是人才培养效果最终验证的地方；同时企业也是人才培养的伙伴。

"SAC"人才培养模式可以解决企业岗位人才培养时效和经济成本、学校人才培养"两张皮"的现状，建立校、协、企基于产教融合的人才培养模式，提高了学校人才培养的社会适用性，解决了企业人力资本短缺问题，提升了学员岗位能力。"SAC"人才培养模式整合校、协、企的优势资源，发挥校、协、企人才培养特点，建立人才培养标准体系、评价体系，培养适应电子商务岗位需求的人才培养新模式。

（二）"SAC"人才培养模式的意义

1. 电子商务人才培养更加适合企业岗位需求

厘清中等职业学校电子商务人才培养的现状；了解企业对电子商务人才的需求层次，了解企业对电子商务岗位师傅带徒弟的培养过程、培养周期、培养成本；明确中等职业电子商务专业人才培养的目标、规格、素养，建立中等职业电子商务专业人才培养措施。

2. 建立联动机制，人才培养标准升级迭代

将企业岗位人才培养方式与中等职业学校现代教育理念相结合，深化校企合作、产教融合，进一步完善校企合作育人机制。建立基于产教融合的电子商务"SAC"人才培养模式。基于岗位能力的电子商务"SAC"人才培养模式更加注重新技术的教育和培训，由校、协、企共同主导人才培养，设立规范的企业课程标准、考核方案等。

（三）"SAC"人才培养模式的价值

1. 提高职业教育对电子商务行业的服务水平

提高职业教育对电子商务行业的服务水平有利于促进电子商务行业、企业参与职业教育人才培养全过程，实现专业设置与产业需求、课程内容与职业标准、教学过程与生产过程、毕业证书与职业资格证书、职业教育与终身学习等方面的对接，提高人才培养质量和针对性，体现中等职业学校为地方经济发展服务的办学宗旨。

2. 降低社会对电子商务岗位人才的整体培养成本，提高人才培养效益

着重对中等职业学校和电子商务企业的供给侧和需求侧进行改革，改变中等职业学校电子商务人才供给侧与电子商务企业人才需求侧的供需不平衡状态。降低企业对电子商务岗位人才培养周期的时间和经济成本，提高电子商务人才培养的社会效益。

3. 促进教师专业技能和企业服务意识的培养

采用双师互聘共用方式，增加教师企业实践和挂职锻炼机会，学习电子商务行业先进技术，提高教师的企业服务意识和水平。

三、"SAC"人才培养模式的理论基础

（一）社会心理学的群体理论

人们之所以结合成为群体，是因为他们要在群体中从事某种或某些共同活动。这种共同活动指向一定的社会目的，而群体则是这种共同活动的主体。由于群体成员从事着内容和形式一致的共同活动，因此产生了群体心理特征，如群体兴趣、群体需要、群体规范、群体价值、群体舆论、群体目的等，也产生了群体成员间的亲近感、团结性等心理共同性。群体所进行的共同活动是具有社会意义的活动，这就使群体成为现实社会细胞。它把社会和个人联系起来，社会则通过群体对其成员施加影响，个人也在社会的影响下得到发展，形成自己的心理品质。"SAC"人才培养模式基于以"A"为纽带的群体活动，以服务社会为目标。社会心理学的群体理论支撑了"SAC"人才培养模式的社会价值意义。

（二）建构主义认知理论

建构主义认知理论充分强调了学习的主动建构性、社会互动性以及情景性。建构主义提倡以学习者为中心基于问题式学习、协作探究学习和情景学习。杜威从新的角度解释了知与行的关系，提出了"做中学"的思想，主张让学生从经验中学习，通过解决问题来学习。这种探索活动最主要的收益不仅在于解决问题本身，更在于发现问题中隐含的各种关系，以及对问题情景的某些侧面的更深理解。建构主义认知理论支撑了"SAC"人才培养模式的合理性。

（三）情景学习理论

"学习是对实践共同体的合法的边缘性参与"是情景学习理论最著名的论断，该理论认为学习最基本的形式是社会实践中的参与。在职业教育现代学徒制中体现为工作的过程即学习，学习的过程即工作，工作实践与学习具有高度的一致性。个体通过有组织地直接参与工作，不断改变对电子商务职业与工作领域的理解与认知，从而获得与电子商务职业中的身份、能力、地位对应的待遇、认同与归属感。学习的重心从传统的个人的学习转移到社会生产实践的参与者的学习。情景学习的效果是传统理论学习或者模拟仿真实训室

中学习达不到的。"SAC"人才培养模式在学习层面是基于岗位工作案例的学习来进行人才培养。情景学习理论支撑了"SAC"人才培养模式的有效性。

（四）教育经济学的成本收益理论

成本收益分析是一个独立分析社会投资意愿的重要工具。基于现代学徒制的电子商务人才培养研究是否能够比其他人才培养模式实现相对成本最小，经济、社会收益更大呢？现代学徒制是一种采用工作本位的学习，对于企业来讲，是一种具有产出的人才培养模式。成本收益理论能够较好地为"SAC"人才培养模式提供方法理论基础，支撑"SAC"人才培养模式的合理性。

四、"SAC"人才培养模式实施策略

（一）建立"SAC"联动模式的协会和组织

联合区域的职业院校、职教学会、电子商务企业组建电子商务专业委员会、电子商务产教联盟等组织机构，制订组织章程和行动计划，共同谋划电子商务人才培养；建立院校、企业联动机制，共享信息资源。

（二）建立人才培养共享资源

基于电子商务专业委员会等团体，建立电子商务行业与教育信息库，开展电子商务行业需求与教育供给的适配活动；建立电子商务岗位需求标准；建立电子商务人才培养层次；建立电子商务运营实践资源库、项目库；建立电子商务行业KPI考核与人才培养考核标准的匹配活动；建立电子商务人才输送渠道，保障电子商务人才供需平衡和适配；建立电子商务专家、骨干库，共同支撑电子商务人才培养。

（三）建立电子商务人才培养行动方案

建立人才培养实施方案。职业院校根据电子商务岗位工作实际，进行综合归纳，建立与岗位能力对应的课程体系，从行动领域转换为学习领域，从岗位职业能力转换为专业学习技能，并建立课程体系。根据岗位职业能力转换的专业学习技能建立课程学习内容。

职业院校借助相关组织机构建立专业人才培养评价维度体系，建立项目评价量标、课程评价标准、项目评价量标、综合素养评价量标，进行人才培养的多维度评价。

五、"SAC"人才培养模式实施与解决的问题

（一）搭建基于产教融合的"SAC"平台，解决各方联系纽带的问题

基于职教集团、职教学会、行业协会等具有行政主管部门管理的组织机构，建立"SAC"人才培养模式的平台机构。通过制订章程，选举组织机构成员，制订工作计划，保障平台机构的有效运行。吸纳具有代表性的院校、企业和专家组成平台机构的成员，保障平台组织的高水平运行。

表 1　重庆市电子商务专业委员会构建要素

要素	领导机构	成员单位	指导专家	章程	工作计划	常务理事成员	常驻单位	秘书处
实施	重庆市职教学会	院校 34 家，其中高等职业院校 11 家，中等职业院校 23 家，企业 52 家	阿里巴巴集团体验事业部总监，重庆市电子商务协会秘书长，重庆教科院职成教所研究员	审议通过	审议通过	选举产生	重庆市九龙坡职教中心	重庆市九龙坡职教中心

（二）理清电子商务岗位关系与职业能力，解决人才需求侧与人才供给侧匹配问题

依托协会组织，辅以文献检索。对协会组织内外电子商务企业相关工作岗位进行调查、研究，综合分析，找到电子商务岗位之间的相互关系、职责、岗位职业能力构成。工作组成员以观察者、记录者、分析者的角色，采用访谈、考察、研讨、资料查阅的形式调研电子商务企业、行业。从特殊到一般，根据不同电子商务企业的岗位特点总结普适的岗位群。

从电子商务工作岗位、工作任务、工作内容、工作职责、工作素养等角度进行解析、总结，形成电子商务岗位标准，形成人才培养目标的参照体系。

根据产业的发展，基于协会组织，定期开展职业能力分析交流会，对电子商务岗位职业能力进行分析迭代，跟上产业发展需求。

表 2　电子商务岗位工作能力和素养分析表（范例）

工作岗位	工作任务		工作内容		工作职责	职业素养
01 客户服务	01-01 售前客服		01-01-01	设置快捷回复	●熟悉网络店铺信息沟通界面 ●能预设常见客户咨询问题 ●能预设客户常见咨询问题回复内容	●服务要充满热情。回复问题要热情否则会直接影响客户的购买心情，造成客户的流失，直接造成转化的数据下降
			……	……	……	
	01-02 售中客服		01-02-01	跟踪订单	●能够使用物流系统跟踪订单 ●能够主动给相关客户发送物流信息，提高客户黏性	
			……	……	……	……
……	……	……	……	……	……	……

（三）构建基于工作任务的课程体系，解决人才培养内容设计问题

根据岗位职业能力和素养构成，将工作领域的工作能力要素转换为学习领域的职业能力，并分析对应的课程。将工作内容相关工作案例转换为课程任务、活动，进行课程内容的设计，使电子商务专业人才培养内容匹配电子商务岗位工作要求。

表3　工作领域与课程对照表

就业行业	工作岗位	工作（行动）领域	学习领域	课程
电商运营	售前客服	熟悉产品	电子商务客服技能	电商客服
		设置快捷回复	电子商务客服技能	电子商务基础
		……	……	……
	售中支持	处理售中客户问题	电子商务客服技能	电子商务基础
		……	……	……
……	……	……	……	……

根据学习领域的认知规律，结合课程的前导后续关系，建立课程体系。课程充分反映岗位职业能力培养的要素，并对课程评价进行设计。教学以学、练、做（学基本技能、练岗位能力、做企业项目）为主线，与企业岗位能力需求匹配，强化电子商务岗位实训内容，实现产教融合。

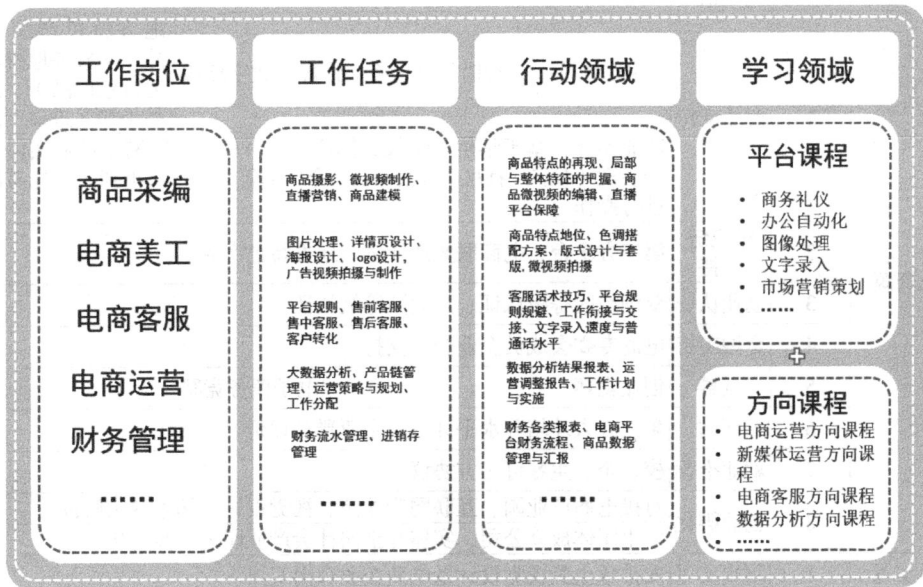

图2　基于岗位职业能力的课程体系构建图

（四）优化人才培养环境，解决人才培养保障问题

结合学校、企业、行业优势资源，构建人才培养环境。电子商务企业利用企业在运营、产品、技术上的优势资源，以行业为依托，结合学校资源，校企双主体，共同搭建电子商务人才培养环境：一是对学校实训基地进行设备升级，完善管理，进行社会服务化改造，具备生产实践功能；二是双师互聘，企业派遣骨干技术人才，学校教师企业挂职锻炼和企业实践，共同打造基于工作岗位和具有企业服务意识的师资队伍；三是企业整合产品供应链、生产运营项目、平台技术支撑现代学徒制的运行。

表4　校企双元构建教学环境元素表

层次	序号	类别	人才培养			生产
			创新	美工	视觉设计	电商运营
			创业、创新、创意	网店装修、商品小视频制作、人像处理、海报制作		电商运营、网络推广、直播营销
专业建设	1	教材	企业提供设计类课程、创新资源	网店装修、平面设计、视频制作、人像处理等专业课程教材		营销专业课程教材
	2	师资	在企业从事3年及以上的电商美工、运营、直播岗位的员工为导师；在职教师赴企业开展企业实践与培训			
	3	实践环境	众创空间	平面设计、视频剪辑、视觉设计、电商等实训室		生产实训室
			教育实体对现有实训室进行社会服务化改造，使其具备社会服务功能			
	4	认证与评估	众创基地认证	阿里电商师认证、网店运营推广、平面设计认证		
企业资源	1	商品支持	创意作品	营销支持：终端传媒、数字传媒		地方特色产品（小商品、学校各地特产、各地特色商品）、知名产品（知名进口产品）
			产业实体：基于学生与学校具体情况，可以将互联网＋产业实体分为若干层次（校园／社区／区县市省／全国／全球），从小到大，先易后难地进行操作			
	2	供应链支持	第三方平台、电商联盟产业链、地方特色产品			
	3	创业认证	众创空间等级认证、产业园等级认证			
	4	金融支持	电商专委会成员企业金融支持			
	5	竞赛	创业竞赛		电子商务竞赛	
	6	评估	第三方人才培养水平评估、企业晋升评价			
	7	就业推荐	校、企、生签订三方协议			
	8	创业孵化	对接电商产业园、互联网产业园、视觉设计、国家政策解读学生团体成立公司、实体并推向社会产业园进一步孵化			
顶岗实习	1	顶岗实习	安排学生到视觉设计及电商企业顶岗实习			
就业安置	1	就业推荐	安排学生到视觉设计及电商企业就业			

（五）构建创业人才培养体系，解决电商创业机制问题

校企双主体以企业运营方式开展创业创新项目孵化。整合项目、团队运营，开展沙龙、创业讲座、路演、导师指导、对接产业园等活动，实现双创孵化与企业经营双丰收。

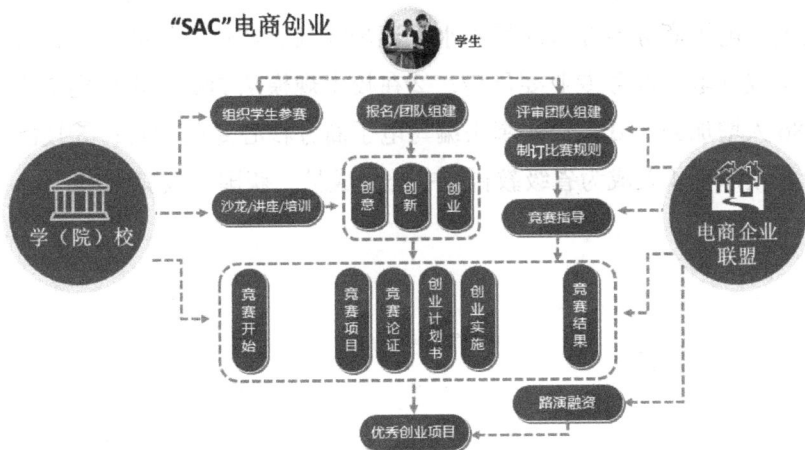

图3　创业培育流程图

（六）创新人才培养评价机制，解决人才质量监测问题

根据人才培养的实际情况，学校建立教学质量监控机制，学习过程、结果评价机制，定期开展师生评价。建立学生实训成长手册，对学生的培育成长过程进行记录，形成档案。引入企业管理评价机制，建立学员晋级标准和梯度，定期开展"三板斧"学业总结和晋级答辩。企业建立利润分成制度，与学生建立合伙人关系。

表5　电子商务企业学员晋升序列表（云客）

管理序列	职级名称	晋升标准	参加时间	岗位薪资/元	所在时期
SS	预备生	达到100张/天以上成交可晋升P1	4个月	0	项目实施期
P1	助理	达到200张/天以上成交可参加晋升P1.5考核和答辩	4个月	1 000	
P1.5	储备基础运营师	通过1个月考核和答辩可晋升P2	1个月	1 500	
P2	基础运营师	P2独立服务企业，项目结束前可参加P3考核和答辩	5个月	2 000	
P2.5	储备初级运营师	通过1个月考核和答辩可晋升P3	1个月	3 000	
P3	初级运营师	1周年或M2特批可参加P4考核和答辩（4：6分成，对应M0）	1.5年	4 000	就业创业期
P4	中级运营师	2周年或M2特批可参加P5考核和答辩（3：7分成，对应M1）	2～3年	8 000	
P5	高级运营师	可转岗负责总监M2工作（2：8分成，对应M2）	3～5年	10 000	

六、实效分析

（一）实施"SAC"人才培养模式有助于专业育人水平的提高

重庆市九龙坡职业教育中心基于"SAC"人才培养模式，进行专业建设。通过项目建设和课题研究，电子商务专业人才培养水平逐步提高。经过 3 年的工作，取得了一定的成效：①牵头成立电子商务专业委员会；②在校生规模从 260 人增长到 720 人；③实训室工委从 186 人增加到 320 人；④牵头编写电子商务核心专业教材；⑤技能大赛获得国家二等奖；⑥教师有 4 人成为省级教科院中心组成员，获国际级奖 9 项。

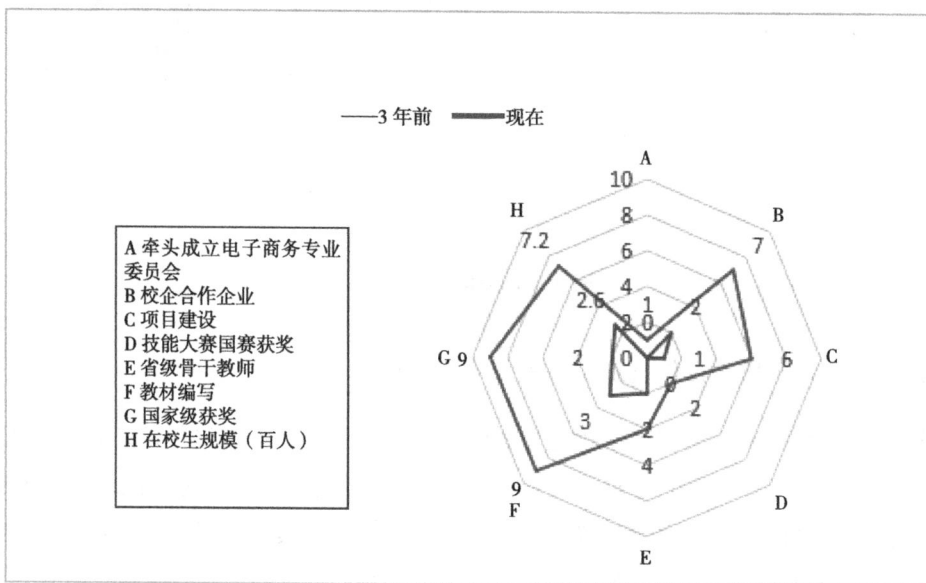

图 4 "SAC"人才培养模式实施效果分析

（二）学生职业生涯发展水平的提高

对电子商务专业的学生进行就业追踪调查，结果显示学生对口就业率从 69% 增长到 90%，平均工资从 2 556 元增长到 3 750 元。学生工作中，团队协作、人际关系和谐的从 75% 增长到 77.7%，没有太大变化。学生对工作充满希望的从 38.8% 增长到 55.6%，对工作的热情和期待有所增长。学生对工作的满意度从 63.8% 增长到 77.7%。学生自主和联合创业从 0 家增长到 6 家。

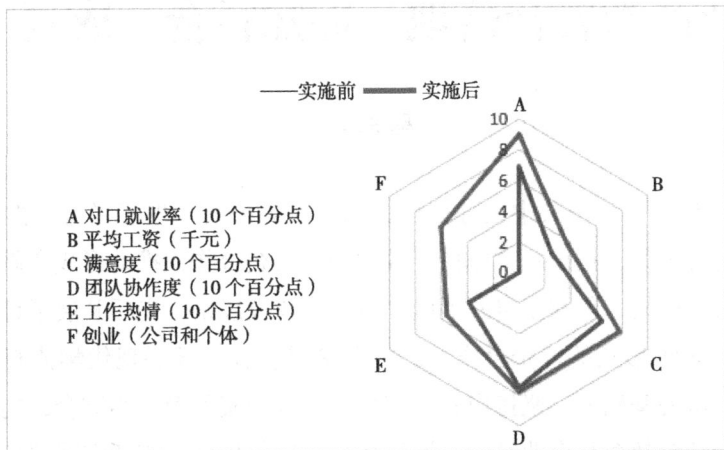

A 对口就业率（10个百分点）
B 平均工资（千元）
C 满意度（10个百分点）
D 团队协作度（10个百分点）
E 工作热情（10个百分点）
F 创业（公司和个体）

图5　实施"SAC"人才培养模式学生职业发展情况

七、结语

本文针对电子商务专业人才培养中存在的供给侧与需求侧不匹配的问题，以"SAC"人才培养模式为突破口，探索了人才培养平台的构建、课程体系与岗位职业能力匹配构建、教学环境要素构建、人才培养质量评价的建设方法和路径。采用"SAC"人才培养模式可以提升电子商务专业校企合作质量，提升人才培养质量的水平，促进校企交流，促进区域电子商务人才培养协同发展，提高院校服务产业经济的能力。

基金项目：重庆市教育科学"十三五"规划2018年度立项课题《基于"现代学徒制"的电子商务专业"SAC"人才培育模式改革实践研究》（课题号：2018-08-539），本文发表于中文期刊《科学咨询》2021年第21期。

让产教融合落地　促知行合一成真[1]

骆永华

2021年10月12日，中共中央办公厅、国务院办公厅印发了《关于推动现代职业教育高质量发展的意见》，指出："坚持产教融合、校企合作，推动形成产教良性互动、校企优势互补的发展格局。"我校自开展国家示范校建设以来，先后开展了订单班、合作办学、企业实践等多种形式的校企合作。2014年8月，我校开展现代学徒制实践。在教育部现代学徒制要求的基础上，坚持引企入校育人和入企实习育人相结合，构建校企连接体育人平台，融合学校教育与企业经营、课程教学与岗位培训，创新实践"校企一体、双元合一"的校园学徒制人才培养模式，破解了现代学徒制试点中"工"的企业难寻、"工"的训练难全、"工"的师傅难聘、"工"的管理难融问题。

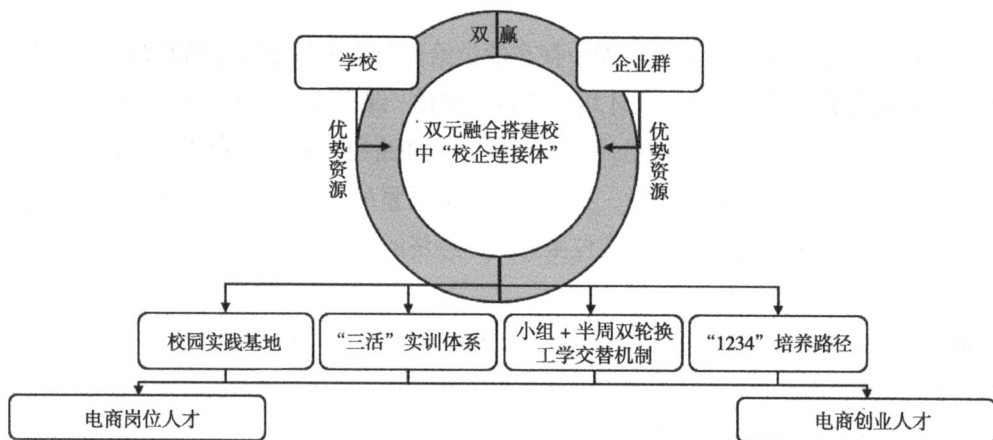

图1　校园学徒制人才培养模式模型图

校园学徒制实践特色：一是以"双基地"建设为载体，引企入校，构建校企连接体，搭建教学与生产互通桥梁，凸显引入企业在工学结合中的生产性育人作用；二是学案与工案并重，以生产性实训项目为载体，构建工学结合中的"三活"实训体系；三是整合理论与实践学习，构建"小组＋半周双轮换"的工学交替机制；四是校企同心，组建多元化双导师团队；五是文化与制度相融，以学校管理为主体，融入企业管理文化，形成"五点全时"场域化网格型管理。

1　本文为2021年重庆市教师及教育管理干部市级培训项目中职学校"双优计划"建设培训会议上主题发言稿。

一、创新实践

（一）引企与入企结合，凸显引入企业在"工学结合"中的生产性育人作用，解决"工"的企业难寻问题

（1）构建校企命运共同体。引入"京东"等符合要求的 6 家企业，签订校、企、生三方协议，统合育人目标、经营营利目标，形成校企命运共同体。

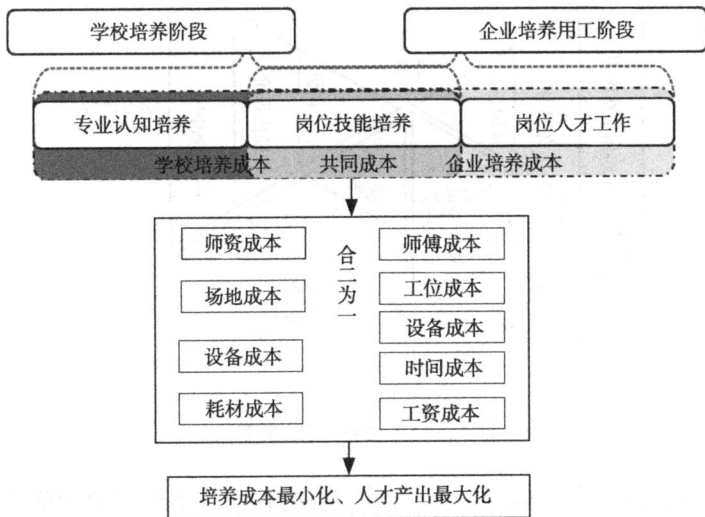

图2 校、企命运共同体

（2）创建"1+1+N"工学结合育人框架。引企入校共建蚁聚九龙众创公社双基地，从场地、师资、项目等方面构建校企连接体育人平台，形成"1+1+N"工学结合育人框架。

（3）搭建工学交替的工作岗位体系。梳理电商"工"的岗位需求 17 个、实践性项目37 个、岗位标准 17 项，形成工学结合实训岗位体系。

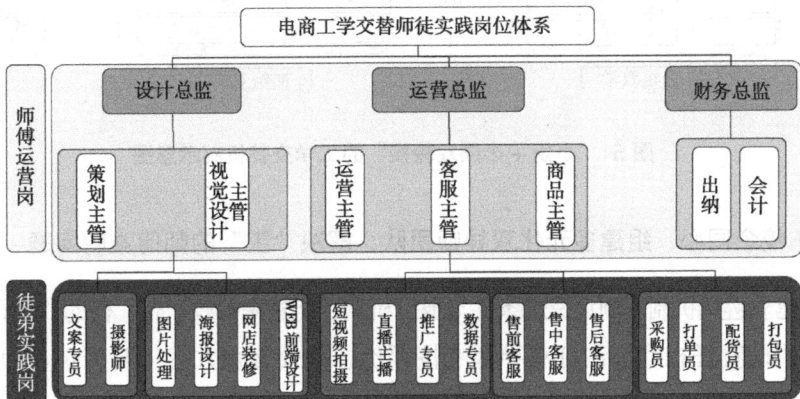

图3 师徒实践岗位体系

（二）学案与工案并重，凸显引入企业在工学结合中的全课程实战训练，解决"工"的训练难全问题

（1）共建基于工作岗位的课程资源。遴选蜀绣等 9 个实战项目，基于工作过程、工作任务和岗位评价，加工转化生产实践项目为课程教学资源，促进"工"的教学。

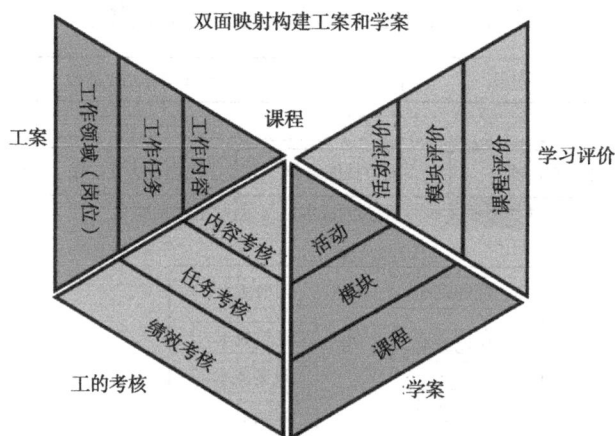

图4 "工"的学案示意图

（2）构建"小组 + 半周双轮换"的工学交替机制。以小组和周为单位，在教学空间与生产空间及多岗位间推行小组 + 半周双轮换，保障"工"的实践落地。

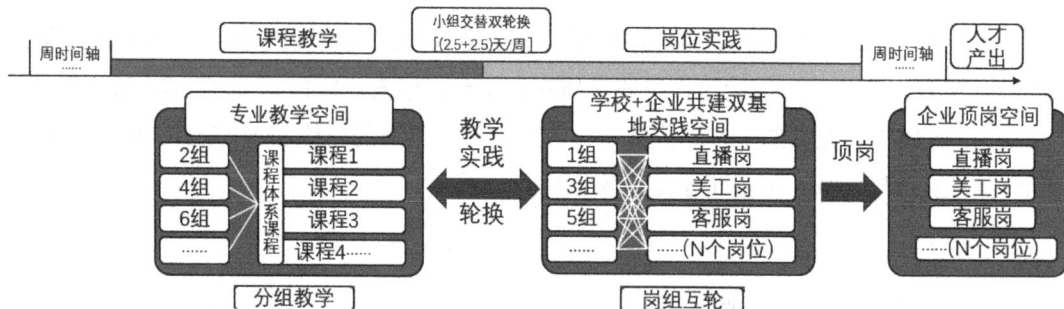

图5 "小组 + 半周双轮换"的工学交替机制示意图

（三）校企同心，组建多元化双导师团队，解决"工"的师傅难聘问题

（1）建立遴选机制。制订遴选条件与退出机制，组建来自校、企、行的"双导师"团队。

（2）明确责任权利。制订双导师考核评价、绩效奖励方案，明确企业师傅和学校教师的责权利，保障"工"的师傅的积极性。

（3）创新评价考核。降低导师企业生产绩效考评比重，扩大学徒生产性岗位能力成绩考评比重，增加项目团队建设与管理评价，以"工"的生产性教学为基础，统筹育人与业绩的评价体系。

（四）文化与制度相融，实施场域化网格型管理，解决"工"的管理难融问题

融合校企管理文化，实现一体化管理。融合学校与企业管理需求，设计学徒在教室、企业、寝室、食堂、运动场等地的管理网格，实现"五点全时"全方位校企育人格局。

二、校园学徒制在育人方面取得明显成效

（一）工学交替有效落地，学生专业技能水平显著提升

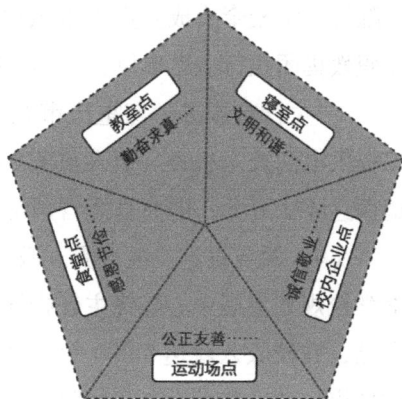

图6　"五点全时"育人格局

（1）技能大赛成绩突出。获得中华人民共和国首届技能大赛大数据程序设计赛一等奖2项，职业院校技能大赛电子商务技能赛全国二、三等奖各1项，重庆市一等奖6项。

（2）创新创业能力突出。获得"渝创渝新"创新创业大赛二等奖，创办重庆恒有佳电子商务有限公司等7家公司或个体。

（二）知行合一有效实践，教师专业能力全面增强

（1）教学教研能力突出。获技能大赛全国一等奖1项、市一等奖2项。电商教学创新团队获评市级教学创新团队。主持市规划课题等5项课题。4名教师获聘市教科院中心组成员，举办全国讲座5次。

（2）专业建设能力突出。主编《商品摄影》等14本教材，《网店美工》等5本教材入选国家"十三五"规划教材。《店铺运营》被评为重庆市重点精品课程，36堂课程资源上挂重庆云课堂。电子商务专业获评重庆市中职重点特色专业，教育部、重庆市现代学徒制试点专业，重庆市中职高水平骨干专业，重庆市中职优质专业。学校获评重庆市电子商务课程资源建设基地学校，"1+X"网店推广运营证书骨干教师国培基地，重庆市中职电子商务实训（含虚拟）基地，重庆市中职电子商务技能大赛赛场。

（三）教改行动成绩斐然，推广应用和社会影响广泛

（1）理论研究。发表校园学徒制相关论文 10 余篇。论文"校园学徒制：职业院校推进现代学徒制的校本探索"在北大核心期刊《中国职业技术教育》上发表。

（2）推广应用。校园学徒制经验推广到贵州工商职业学院等 25 所市内外中、高等职业院校。学校牵头成立重庆市职教学会电子商务专业委员会。学校是中国广告协会直播电商职教集团执行主席单位，全国直播电商职教集团常务理事单位。

（3）社会服务。与重庆市九龙坡区农委共建益农信息社中心站，为村镇 100 多个站点提供电商技术服务。引入重庆凰巢食品有限公司开展电商运营，"双十一"电商直播营销额达 472 万元；电商直播营销帮助陶家镇农户增收 16 万元。

（4）领导肯定。教育界、政府等 20 多位领导到校考察校园学徒制并高度认可。教育部学校规划发展中心陈锋主任指导我校蚁聚九龙电商众创公社时指出："学生将作品变成产品，在校收入就达 5 000 元，很不错。"创业教父、浙江大学讲席教授贾少华参观实训时指出："这些学生专注的眼神就能说明他们感兴趣、能学好。"

（5）媒体报道。《人民日报》《中国教育报》等媒体报道达 136 次。其中《人民日报》以"企业员工当师傅、学生高效学技术"为题进行宣传报道；《中国教育报》以"校园学徒制的探索实践"为题进行宣传报道。

现代学徒制班级管理探索与思考

蒋　莉

摘　要：现代学徒制是职业教育发展到一定阶段产生的一种区别于普通职业教育的人才培养模式，它吸取传统学徒培养的"师傅教、徒弟学"和"做中学、学中做"的特点，将相关理念和做法融入现代职业教育人才培养中来，充分发挥合作企业在人才培养中的作用，是校企合作、产教整合不断深化的产物[1]。现代学徒制的顺利实施需要企业全面参与人才培养过程[2]，本文以重庆市九龙坡职业教育中心电子商务专业现代学徒制班级为例，从学生、企业和学校3个方面阐述我校现代学徒制班级发展过程中遇到的各类问题，并从这3个方面提出促进现代学徒制班级管理的策略。

关键词：现代学徒制；班主任；班级管理

现代学徒制是将传统学徒培训与现代学校教育相结合的合作教育制度。现代学徒制有利于促进行业、企业参与职业教育人才培养的全过程，实现专业设置与产业需求对接，课程内容与职业标准对接，教学过程与生产过程对接，毕业证书与职业资格证书对接，职业教育与终身学习对接，提高人才培养质量和针对性[1]。但是如何将现代学徒制本土化，如何有效地将职业教育与企业相结合，如何改变现有班级管理模式，值得我们探究。在现代学徒制模式下实行企业化管理的主要目的是改变传统班级管理模式，从而调动学生的求学积极性。

一、现代学徒制班级管理的现状分析

1. 学生认识不到位

现代学徒制是采用企业和学校相结合的方式，培养满足企业需要的人才，在这个过程中由企业导师带来企业项目带领学生一起完成，学生通过完成项目进行学习。在这个过程中，学生会认为他们只是在帮企业做事情，而不会想到是在提升自己的专业技能和岗位能力，这种情况下，学生在工作的时候就会带有情绪，认为自己在帮企业做事情，但是企业没有给他们相应的报酬。学生从学校的普通班级到现代学徒制班级后，会有一种优越感，认为自己比学校其他班级的学生优秀，这也导致他们不愿意完成学校的常规工作，比如出课间操、做学校规定区域的清洁、按时出入寝、遵守学校礼仪要求、遵守课堂纪律等。企业导师在带教的过程中会有一些不当的个人行为，比如说脏话、在教学区域抽烟等，学生不能正确看待并合理处理这些情况，会认为是导师侮辱了他们，不想再继续当导师的徒弟，最后以退出现代学徒制班级的方式来处理。学生抱团是中等职业学校中一个较严重的现象，只要一个学生思想有波动，关系较好的、同寝室的同学都会出现类似情况，跟这个同学"统一思想"，导致后面的学生工作不好做。学生认识不到位也是现代学徒制班级管理难的一个重要原因。

2. 企业融入不够

企业导师在带教的过程中总是以企业的标准来要求学生，这对于刚进入现代学徒制班级的学生来说有一定难度，学生接受程度不够，就会导致学生反感企业导师，影响后面的教学效果。在带教过程中，企业导师严厉的老师形象，不亲近学生，导致与学生关系疏远，只要导师严格要求，学生就会反感。导师都有自己的项目，因此在带教的时候除常规教学工作外，无暇顾及企业素养和企业文化培养，导致企业导师上课和学校老师上课的唯一区别就是换了人，并且学生认为自己是在帮企业导师完成项目。

3. 学校各项制度有待完善

由于现代学徒制班级处于探索阶段，学校各项制度不完善，例如，学校的清洁检查制度，学校其他班级下午的清洁检查时间是放学后20分钟，但是现代学徒制班级下午的放学时间稍晚，清洁检查时还未下课，等他们下课后再完成清洁，学校又不能及时检查，如果按照学校规定的时间来完成的话，又会影响他们上课，从而影响完成项目的效果。另外，企业导师的上课效果也需要学校进行考核和管理，如果没有人进行管理就会造成企业导师按照自己的意愿上课，导致上课内容随意，上课效果就无从得知了。有时候很少的内容就上很长时间，几天甚至十几天，有时候也会扔给学生一些任务，让学生自行解决，但学生解决问题的能力是有限的，没有导师的指导无法完成，这也是学生反感企业导师的原因之一。

二、现代学徒制班级管理的主要对策

1. 从思想上解决学生对现代学徒制班级的认知

首先，学生在进校的时候老师就结合现代学徒制班级的管理制度，让学生清楚了解学期后面现代学徒制班级会由企业导师进行带教，在带教过程中会有一些企业的真实项目给他们做，这个过程中他们需要认真完成工作，并且没有薪资报酬，只能尽自己最大努力从技能上提升自己的能力。然后，在校期间，学生必须遵守学校的规章制度，完成学校规定的任务，在现代学徒制班级里面还需要遵守班级的一些特定制度和规则，违反制度就要受到相应的处罚。理解企业导师的不文明行为，企业导师做得不对的地方需要改正，学生们也应该明白以后进入企业，要学会与同事和睦相处、互相学习。

2. 增强企业融入度

企业导师在带教的过程中除教给学生基本的专业知识和专业技能外，还需要培养学生的职业素养。在刚开始接触学生的时候如果能够以老师的身份入手，逐步过渡到企业导师的角色，学生的接受程度会更高。在带教的过程中，如果企业导师不仅是为了学生完成项目，能够更人性化地与学生相处，从各方面关心、关爱学生，那么学生遇到困难时也会更愿意和企业导师沟通，而不是只想到退缩甚至退出现代学徒制班级。

3. 学校制订各项适合现代学徒制班级的制度

首先，针对班级管理方面，学校应该按照现代学徒制班级的特殊情况制订符合这些班级的制度，如果是必须完成的任务则必须完成，如果是出课间操、做清洁之类可以协调的任务就可以用项目替换的方法替换为其他管理内容。另外，学校需要制订一些制度来考核企业导师，例如针对企业导师的专门考核项目及内容、学生对导师进行评价等内容。

参考文献

［1］孙士新，蒋祥龙.现代学徒制视角下高职班级管理模式创新研究［J］.安徽电气工程职业技术学院学报，2017，22（4）：93-98.
［2］程晶.企业深度参与现代学徒制项目的问题与对策研究［J］.无锡商业职业技术学院学报，2017，17（5）：85-88.

管理机制篇

关于成立领导小组、财务小组、建设小组的决定

为了保证现代学徒制试点工作的正常运行，落实责任，明确任务，为现代学徒制建设顺利开展提供保障，以《国务院办公厅关于加快电子商务发展的若干意见》（国办发〔2005〕2 号）及《中共重庆市委重庆市人民政府关于大力发展职业技术教育的决定》（渝委发〔2012〕11 号）的精神为指导，根据现代学徒制的教学特点，特成立现代学徒制建设领导小组、现代学徒制建设工作组、现代学徒制建设财务工作组。现将名单公布如下：

一、现代学徒制建设领导小组

组长：×××

常务副组长：×××

副组长：×××

领导小组负责对现代学徒制试点专业建设进行统筹、协调、监督，保障专业建设的顺利进行。

二、现代学徒制建设财务工作组

会计：×××

出纳：×××

财务工作组主要负责财务审计、票据规范，负责试点专业建设资金的规范使用。

三、现代学徒制建设工作组

组长：×××

副组长：×××

资料管理：×××

四、现代学徒制建设监督组

组长：×××

副组长：×××

五、现代学徒制教学质量监督组

组长：×××

副组长：×××

六、现代学徒制双导师管理组

组长：×××

副组长：×××

专业建设工作组在建设过程中，严格执行《现代学徒制试点建设方案》的任务要求，规范建设行为，严格过程管理，及时资料归档，保证该项目顺利、准时完成。

×××学校

2018 年 9 月 12 日

关于现代学徒制"双导师"教师培养制度

一、培养条件

1.承担主要教学工作任务的专业教师（专职）；企业一线专业教师（兼职）。

2.专业教师（专职）须具有本科及以上学历或中级及以上职称；企业一线专业教师（兼职）须具有大专及以上学历、5年以上实践经验或技术工种中级及以上执业资格。

二、培养方式：校企联合培养专业教师的方式

1.校企双方选派专业教师（专职）和企业一线专业教师（兼职）参加国家相关部门组织的职业培训班进修学习。

2.选派专业教师（专职）到行业企业实践锻炼或参加行业企业举办的职工职业技能培训班学习。

3.与学校合作办学的行业企业开设专业教师（专职）培训班，对专业教师（专职）进行实操技能及企业文化方面的培训，提高专业教师（专职）的实操能力和实践教学能力，使专业教师（专职）3年内达到企业一线专业教师（兼职）的实践教学水平。

4.学校开设专业教师（兼职）培训班，结合学校发展实际，对来自企业一线的专业教师（兼职）进行培训，提高他们的教学水平和综合素质，使企业一线专业教师（兼职）3年内达到专业教师（专职）的理论教学水平。

5.学校每学期至少举办1次"专业专职教师＋企业专业技术员"经验交流会，使学校专业教师和企业专业技术人员在交流中各取所长、各补所短。

6.依托学校科研项目和课题，吸引企业高层次人才加入项目组，参与课题研究，为学校专业教师（专职）提供项目研究实践方面的指导。

三、联合培养程序

1.确定合作企业。与有合作意向的行业企业签订中、长期合作协议书。

2.申请。学校与相关企业一起制订详细可行的《联合培养计划方案》和《联合培养申请书》各一份，提交学校组织人事处和教务科研处进行审查。

3.审核。学校组织人事处和教务科研处分别对培养方案进行审核。其中，教务科研处主要对培养方案的立项等进行审核；组织人事处主要对培养方案的可行性、经费预算等进行审核。

4.审批。校长办公会对培养方案进行审批。

5.实施。由组织人事部门牵头实施，教务处、电子商务专业部配合实施。

×××职业教育中心

2018 年 12 月 5 日

关于开展现代学徒制度项目成本投入办法

甲方：×××

乙方：×××

根据《教育部关于开展现代学徒制试点工作的意见》（教职成〔2014〕9号）文件精神，在校企双主体育人机制、招生招工一体化、校企共建人才培养制度和标准、建立校企互聘共用的师资队伍、建立体现现代学徒制特点的管理制度、打造试点工作特色与创新点6个方面开展现代学徒制试点工作。根据×××与×××2017年签订的《视觉设计产业人才培育校企合作协议书》，建立项目运行成本分担办法。

一、项目运行成本构成

本项目运行分为两阶段，第一阶段在×××学校开展产教融合、工学一体的教学实践，第二阶段在×××有限公司开展顶岗工作实践。产生的运营成本由两个阶段组成。

第一阶段：校内实训室的升级改造，实训室运营水电、网络电话费用、教师工资津贴、学员津贴。

第二阶段：企业生产实训基地改造建设费用，设备添购费用，岗位人员保险费用、生产管理费用。

二、项目运行成本分担

（一）学校分担

1. 学校派出教师承担学校课程和学生管理，教师工资及津贴由学校承担。

2. 学校生产实训基地改建、升级、运维费用由学校承担。

3. 企业派遣骨干到校授课，学校发生活津贴2 000～3 000元/月，具体金额由校企协商决定，津贴直接发放到企业派遣骨干个人卡上。

4. 项目建设的课程体系建设费用、资源建设费用由学校按照相关规定承担。

5. 企业生产实践阶段学校派遣兼职管理老师到企业负责学生管理，费用由学校承担。

（二）企业分担

1. 企业派遣骨干的基本工资由企业承担。

2. 企业项目管理、运维费用由企业承担。

3. 在校期间，企业带领学徒进行生产实践，学徒津贴由企业承担。

4. 企业建立生产实习基地，费用由企业承担。

5. 学徒到企业生产实习，保险费用由企业承担。

三、协商机制

1. 本办法未尽事宜，双方友好协商解决。

2. 本办法一式两份，经双方盖章后正式生效。甲乙双方各执一份，具有同等法律效力。

甲方：×××　　　　　　　　　乙方：×××

（盖章）　　　　　　　　　　　（盖章）

代表签字：　　　　　　　　　　代表签字：

签署时间：　　年　月　日　　　签署时间：　　年　月　日

现代学徒制电子商务专业岗位配备方案

　　为推进我校现代学徒制电子商务专业招生招工一体化工作，由校企共同研制招生招工方案。根据不同的生源特点，实行多种招生办法，为接受不同层次职业教育的学徒提供机会。为了规范项目招生录取和企业用工程序、用工岗位，我校与×××公司达成了校企合作协议，并根据企业需求，结合我校实际，校企双方共同确定了电子商务专业的岗位配备。

序号	岗位名称	岗位要求
1	视觉设计	图像设计、图像美化、图像平面设计、设计店招与导航、设计首页欢迎页面、设计店铺收藏及客服区、设计商品描述页面、店铺装修诊断
2	店铺运营	交易管理、物流管理、商品管理、店铺管理、货源管理、售后管理、营销推广
3	店铺客服	售前准备、售中接待、售后处理技巧、订单管理、物流管理
4	直播营销	商品话术设计、直播场景搭建、直播营销

×××学校

×××公司

2018年9月

现代学徒制电子商务专业岗位管理制度

为加强公司的规范化经营，实现电子商务专业学徒的规范化管理，使工作有所遵循，提高工作效率，促进双赢，特制定本制度。

一、员工守则

1. 服从领导安排，执行公司及部门的决定，处处以公司利益为重。

2. 加强自身学习，积极参加公司的各项培训，不断提高业务知识和工作能力。

3. 上班时自觉维护工作场所的清洁卫生，不随地吐痰，不乱扔果皮、纸屑和烟蒂，不在工作场所吸烟。

4. 关心企业，热爱本职工作，认真履行岗位职责，工作严肃认真，严格按操作程序进行作业。

5. 严格遵守工作纪律，按时上下班，上班时不做与工作无关的事项，不擅离工作岗位，不串岗、聊天。

6. 如遇特殊情况不能到岗上班，须提前按公司规定的请假程序办理请假手续。

7. 同事之间要团结、友爱、互助，不开低级玩笑，不相互谩骂、侮辱和诽谤，更不惹是生非、打架斗殴。

8. 自觉维护公司利益，爱护公司财产，节约用水、用电。

9. 严禁有损公司信誉的言论和有损公司形象及利益的行为。

10. 遵守公司的保密制度，未经批准，不得将公司的技术、资料、计划、决定等商业机密向其他非相关人员甚至公司以外的员工透露。

11. 严禁携带易燃、易爆、易腐蚀及违禁品到工作场所。自觉维护安全设施，增强消防安全意识和自我保护意识，预防意外事故发生，严防偷盗，杜绝火灾隐患。

12. 遵纪守法，严禁拉帮结派、参与非法组织和违法犯罪活动。

二、岗位设置及岗位职责

（一）岗位设置

视觉设计、店铺运营、店铺客服、直播营销

（二）各岗位职责

1. 视觉设计

（1）负责网店装修与美化。

（2）负责商品图片的美化与编辑，商品的拍照及图片处理，设计商品详情图片，充分展现商品形象与卖点。

（3）配合运营进行相应的主图和详情页的制作，配合店铺推广活动，设计制作各类型宣传促销海报图片及页面，提高点击率和转发量。

（4）负责店铺商品上新、详情页排版、商品排版、主页更新等。

2. 店铺运营

（1）协助运营负责公司旗下各渠道的运营推广管理，完成营销目标。

（2）协助运营负责商品的上新、编辑、优化。

（3）协助运营收集市场和行业信息，分析、总结竞争对手及行业信息，为公司总体战略的制订提供相关依据。

（4）协助运营分析每日营运情况，统计数据，发掘隐含的内在问题，有针对性地提出解决办法。

3. 店铺客服

（1）通过"淘宝旺旺"接待客户，解答疑问，促成交易，获取订单。

（2）负责答复、跟进及反馈客户咨询，熟练操作店铺后台，处理订单，及时、准确地修改备注，跟进订单并能解决一般的投诉、售后和物流跟进。

（3）经过培训后，熟悉公司产品和流程，能有效地为不同顾客作推荐与解答。

（4）能清晰了解各种最新优惠活动，及时提醒顾客并备注其特殊要求，及时沟通，避免出错。

4. 直播营销

（1）熟悉"淘宝"等电商平台的直播流程，能够进行直播带货操作。

（2）能根据平台数据分析、撰写标题，优化 SEO 搜索。

（3）能做好关键词的搜索及推广。

（4）能做好"淘宝"直播等内容策划、话术策划，保障流量转化。

×××学校

×××公司

2018 年 9 月

现代学徒制校企联合招生工作管理办法

实施现代学徒制是我校产教融合、校企合作人才培养的重要举措。为推动我校现代学徒制人才培养实施工作，现结合我校招生实际情况，特制定本管理办法。

一、指导思想

以《教育部关于开展现代学徒制试点工作的意见》（教职成〔2014〕9号）、《重庆市教育委员会关于开展中职学校现代学徒制试点工作的通知》（渝教职成发〔2016〕26号）文件精神为指导，以实现学校招生与企业招工相结合为目标，制订现代学徒制招生招工管理办法。

二、组织保障

（一）招生领导组

组长：×××
常务副组长：×××
副组长：×××
招生领导组负责对现代学徒制联合招生进行统筹、协调、监督，保障招生工作的顺利进行。

（二）招生工作组

组长：×××
组员：×××
招生工作小组负责对现代学徒制联合招生实施统筹，保障招生工作的顺利进行。

×××有限公司   ×××职业教育中心
2018年8月   2018年8月

现代学徒制招生招工一体化工作方案

企业与学校共同制定招生招工一体化制度，践行现代学徒制，落实现代学徒制相关工作。

一、工作目标

推进招生招工一体化，推进校企共同研制、实施招生招工方案。根据不同的生源特点，实行多种招生办法，为接受不同层次职业教育的学徒提供机会。规范项目招生录取和企业用工程序，明确学徒的企业准员工和学生双重身份，按照双向选择原则，学校、企业、学徒和家长签订四方协议，明确各方权益和义务。

培养学生的综合能力，包括知识能力、专业技能能力、团队合作精神、社会能力等，使学生达到中级工的要求。全面提高学生就业的专业对口率，切实提高学生的岗位技能。

二、联合招生招工方式

招生前与企业签订《联合培养协议》，录取时与学生、家长签订《电子商务专业现代学徒制试点班四方协议》，实现招生与招工同步，实习与就业联体。校企双方共同制订教学计划、课程设置、实训标准；公共基础平台模块课程与专业基础平台模块课程由学校负责教授，专业模块、选修模块由学校与企业共同负责教授，学生的顶岗实习在企业完成，毕业后即参加工作，实现就业，达到企业人才需求的目标。

（一）招生招工

1. 学校联合企业，依据校企双方的实际情况和需求，制订校企联合招生、招工方案。

2. 做好招生、招工宣传工作，由学校主要负责招生工作，企业协助。学校负责专业、教学方面的宣传，企业负责企业方面的宣传。

3. 学校联合企业进行考试和面试筛选，录取后的学生单独组成现代学徒制班级，并由学校、企业、学生和家长签订现代学徒制四方协议书。

4. 现代学徒制班级学生拥有双重身份，既是学校的在籍学生又是企业的准员工，由学校和企业共同管理和培养，享受企业准员工待遇。

5. 改革教育模式，创新教育内容。其方式为学生在学校上理论课，在合作企业接受职业、工作技能训练，每学期实施岗位轮换。

（二）毕业就业

1. 学徒经学校与企业考核合格后，颁发毕业证和培训结业证书，同时可以与企业签订劳动合同。

2. 学徒毕业后，与公司签约，成为公司正式员工。

三、工作进度

1. 宣传阶段：2018 年 9 月—2018 年 10 月，2019 年 1 月—2019 年 9 月，学校招生老师去区内和区外各初级中学校进行实地宣传。

2. 招生阶段：2018 年 9 月，2019 年 6 月—2019 年 9 月，与学校普通招生同步。

四、保障措施

1. 经费保障。 根据项目建设的具体要求，按照校企合作校外实习基地运行管理专项资金执行。

2. 校企双方签订协议，举行挂牌仪式，明确职责，规范双方的行为。

学校保证人才培养质量，保证企业用人的优先权，为企业提供培训、技术等方面的支持。企业保证在设备、场地等条件上的支持及人员的支持，保证学生实训任务的安排。

校企签订合作协议后，由学校制作统一的牌匾，并采用一定的方式举行挂牌仪式。建立定期联系和走访制度，并做好记录，了解校企合作信息（包括合作内容、模式、进展情况、顶岗实习情况、招工信息等），实现资源共享。

3. 全面推行劳动就业引入制度和职业资格证书制度，调动学生参与校企合作的主动性。

4. 学校制定相关制度规范校企合作工作，明确各部门职责，建立校企合作考核指标并制订奖惩措施。将校企合作开展情况纳入学校教学质量保障体系中，不断检验、改进校企合作工作。

×××学校

×××公司

2018 年 8 月 24 日

电子商务专业现代学徒制试点班
四方协议书

甲方（学校）：＿＿＿＿＿＿＿＿＿＿＿＿＿＿＿＿＿＿＿＿＿＿＿＿＿

地址：＿＿＿＿＿＿＿＿＿＿＿＿＿＿＿＿＿＿＿＿＿＿＿＿＿＿＿＿＿＿

法定代表人：＿＿＿＿＿＿＿＿＿＿＿＿＿＿＿＿＿＿＿＿＿＿＿＿＿＿＿

项目联系人：＿＿＿＿＿＿＿＿＿＿＿＿＿＿＿＿＿＿＿＿＿＿＿＿＿＿＿

联系电话：＿＿＿＿＿＿＿＿＿＿＿＿＿＿＿＿＿＿＿＿＿＿＿＿＿＿＿＿

乙方（企业）：＿＿＿＿＿＿＿＿＿＿＿＿＿＿＿＿＿＿＿＿＿＿＿＿＿

地址：＿＿＿＿＿＿＿＿＿＿＿＿＿＿＿＿＿＿＿＿＿＿＿＿＿＿＿＿＿＿

法定代表人：＿＿＿＿＿＿＿＿＿＿＿＿＿＿＿＿＿＿＿＿＿＿＿＿＿＿＿

项目联系人：＿＿＿＿＿＿＿＿＿＿＿＿＿＿＿＿＿＿＿＿＿＿＿＿＿＿＿

联系电话：＿＿＿＿＿＿＿＿＿＿＿＿＿＿＿＿＿＿＿＿＿＿＿＿＿＿＿＿

丙（学生）、丁方（学生家长）：

学生姓名：＿＿＿＿＿＿　性别：＿＿＿＿＿＿

班　级：＿＿＿＿＿＿＿＿＿＿＿＿＿＿＿＿＿＿＿＿＿＿＿＿＿＿＿＿＿

学 籍 号：＿＿＿＿＿＿＿＿＿＿＿＿＿＿＿＿＿＿＿＿＿＿＿＿＿＿＿＿

家庭住址：＿＿＿＿＿＿＿＿＿＿＿＿＿＿＿＿＿＿＿＿＿＿＿＿＿＿＿＿

身份证号：＿＿＿＿＿＿＿＿＿＿＿＿＿＿＿＿＿＿＿＿＿＿＿＿＿＿＿＿

法定监护人：＿＿＿＿＿＿＿＿＿＿＿＿＿＿＿＿＿＿＿＿＿＿＿＿＿＿＿

联系电话：＿＿＿＿＿＿＿＿＿＿＿＿＿＿＿＿＿＿＿＿＿＿＿＿＿＿＿＿

根据《教育部办公厅关于做好 2018 年度现代学徒制试点工作的通知》（教职成厅函〔2018〕10 号），甲、乙、丙、丁四方本着合作共赢、职责共担的原则，充分发挥各自优势和潜能，创新合作机制，积极开展现代学徒制试点工作，形成校企分工合作、协同育人、共同发展的长效机制，不断提高人才培养的质量和针对性，促进职业教育主动服务当前经济社会进步，推动职业教育体系和劳动就业体系互动发展。

本着友好合作、共同培养人才的原则，确定电子商务专业在_____班级开展现代学徒制试点项目——电子商务专业现代学徒制试点班。经甲、乙、丙、丁四方协商一致，达成如下协议。

一、合作内容

甲乙双方以企业的用人招工需求为标准，制订现代学徒班招生标准，采用"招生即招工、入校即入企、校企联合培养"的现代学徒制培养模式，在合作共赢、职责共担的基础上，实施校企双主体育人、学校教师和企业师傅双导师教学。

二、四方的权利与义务

（一）甲方权利和义务

1. 甲方负责对丙方进行在校教育及其他活动管理；按照专业教学大纲计划，甲乙双方分工负责，对丙方进行专业教学与技能的培养，确保教学质量。

2. 丙方入学后，甲乙双方进行专业核心课的教学并对其进行全面考核。

3. 丙方二年级开始，乙方将对其进行电子商务岗位培养，在培养期间，甲方负责协调乙方和丙方的关系，对培训的组织、过程、成效、结果进行监督和管理。

4. 在乙方对丙方培训期满后，甲方协助维护丙方权益，对培训合格的学生，与乙方协调，安排丙方到乙方公司实习与工作。

5. 甲方和乙方的专家组成专业教学指导委员会，共同制订适应社会需求的现代学徒制人才培养方案，进行专业建设、教材开发；聘任乙方推荐的高级技术人员、管理人员为企业导师，直接参与丙方教学与专业实习指导工作，负责现代学徒制学生（学徒）校内学习日常管理。

6. 甲方指派教师、学校行政人员到乙方企业进行在岗工作，指派教师到乙方企业全程参与学生教育教学管理工作，并和乙方企业、师傅进行充分交流，进行专业调整与课程改革，改革实施学徒制专业的课程，使之更适合学徒制教学。

7. 甲乙双方共同建立奖惩制度，对学徒、企业师傅和学校导师举行考核评优活动，对于优秀的企业师傅、学校导师和学徒按相关奖惩制度进行表彰和奖励。

8. 甲乙双方共同提供现代学徒制试点班办班及相关研究项目开展所需经费，并负责现代学徒制试点班各类相关经费的发放以及现代学徒制试点经验的总结与推广。

9. 甲方负责向上级教育行政主管部门申请支持和申报项目。

（二）乙方的权利和义务

1.丙方入校后，成为乙方的学徒工，乙方对丙方在校期间（包括实习期间）进行分岗实战教学实训，乙方将免收丙方培训费，并在实践期和应用期，给学生发放生活补贴。

2.分岗实战教学实训前3个月为考核期，第4—6个月为教学培训孵化期，第7—9个月为实战期，第10—12个月为应用期。丙方毕业后到乙方企业工作，或由乙方推荐到其他电子商务对口企业工作。

3.在分岗实战教学实训期间，甲方委托乙方对丙方进行公司标准化考核和实战培训。如丙方严重违反乙方公司规章制度，或有证据证明丙方完全不能胜任最基本的岗位工作，乙方有权将丙方辞退，合同自动终止，但应提前通知甲方、丙方及丁方，甲方、丙方及丁方对相关事项享有知情权并有权提出异议。

4.当丙方进入实战期，并能初步胜任岗位工作，乙方应根据每人工作量付给丙方津贴，津贴300元/（人·月）起，次月发放。每月进行考核晋级，并发给相应的工作津贴，津贴按照晋级情况分为300～3 000元/人。12个月后根据个人能力，人均年薪3万起，上不封顶，具体标准以乙方公司财务核算为准。

5.协助甲方共同做好现代学徒制试点班的生源和招生计划数申报，生源资格审查，考核选拔与招录，中途丙方退出善后安排，补录等招生、招工工作。

6.与甲方联合制订招工选拔标准、学徒协议、劳动合同等，并共同负责现代学徒制试点班级学生（学徒）在岗工作（学习）的日常管理。

7.协助甲方建设校内外实训基地，用于专业课程实训，并根据专业教学特性和丙方专业学习需求，无偿提供现代学徒制试点班企业运行所需的工作场所、工作设备等。

8.保证丙方在企业岗位培训、实习、工作的人身财产安全，若丙方在乙方实习期间出现人身伤害，则由乙方、丙方及丁方根据法律规定承担责任，甲方不承担责任。

9.负责现代学徒制试点班企业技能培训的组织与运行，提供现代学徒制试点班学生（学徒）企业技能培训所需的学习资源，保证每学期丙方在岗学习时间平均不少于一个月。

10.合理安排教学时间，保证为丙方提供广阔的实习和就业空间、相应的就业岗位等。

11.负责现代学徒制试点班乙方参与人员的津贴、交通费等费用的发放；协助学校进行现代学徒制试点工作经验的总结与推广。

12.协助学校向上级主管部门申请现代学徒制试点项目的支持及申报项目。

（三）丙方、丁方的权利和义务

1.丙方应在德、智、体等方面全面发展，所有学科考试及格，思想品德评估合格，获得专业技能证书，实习鉴定合格，方可予以毕业。

2. 本着丙方自愿申请、乙方挑选的原则，丙方被乙方（企业）选中后，应自觉接受甲方及乙方的教育和管理，角色由学生向员工转变，在校期间同时遵守学校的规章制度和企业制度。

3. 丁方有义务安排好丙方的课外文化生活，并教育好丙方，若在学习之余，未按甲、乙双方规定私自外出活动造成安全事故，由丙方及丁方自行负责。丙方如违反校规校纪则按照校规校纪处理。

4. 丙方在实习过程中必须遵守甲方对实习学生的管理规定，详见《重庆市九龙坡职教中心实习安全规定》，若出现违反实习管理规定者，按实习管理规定进行处理。

5. 丙方在学习、培训、实习期间，接受乙方合规合法的管理和工作安排，获取乙方承诺的报酬。

6. 丙方在工作过程当中，因消极怠工、恶意破坏、泄露机密、操作不当等行为对乙方造成的经济损失，由丙方及丁方承担。

7. 在学习期间，丙方如有以下行为，甲乙双方协商达成共识后有权将丙方劝退，由此产生的后果由丙方及丁方自行承担。

（1）在学习期间违反国家法律法规；

（2）不服从甲乙双方共同制订的教学安排；

（3）严重违反甲方学生管理制度或乙方相关管理规定、劳动纪律；

（4）隐瞒特殊疾病病史（包括但不限于传染性疾病、影响学习工作开展的疾病）。

8. 丙方应严格遵守乙方的作息安排及规章制度、操作流程，在乙方规定的学习场地和时间以外造成的人身伤害，由丙方及丁方自行承担，与甲方和乙方无关。

9. 关于丙方在乙方实习期间的补助，由甲、乙、丙、丁方根据丙方在乙方学习期间所在的岗位另行签订协议，协议应充分考虑其学徒身份，保障其基本生活，不得低于乙方最低实习员工工资。

10. 丁方配合甲方做好丙方的思想工作，帮助他们消除顾虑，积极引导并支持丙方到乙方实习。

11. 在签订本协议时，丙方应该将此情况向丁方汇报并征得丁方同意。

三、协议有效期限

本协议约定的有效期限为：___年__月__日至___年__月__日。

四、声明和愿景

1. 在丁方积极配合的前提下，甲乙双方尽力培养丙方使其在学徒三年学习期满后岗位技能能够全部过关，顺利从学徒身份转为准员工。

2. 甲乙双方实现校企技术力量、实训设备、实训场地等资源共享。

3. 甲乙双方保证丙方在实习实训中受到《职业学校学生实习管理规定》等法律法规的保护。

4. 甲乙双方共同组织岗位技能、职业资格证书考核，力争毕业时，丙方能够取得中级或高级资格证书或达到行业同等水平。

5. 甲乙双方合作共建校内实训基地，半工半读，实现互联网＋实时师徒互动。

6. 甲乙双方在试点期间，制订弹性学制和学分制实施方案，实施弹性学制和学分制；丙方所有学习内容均可由量化的学分模块化课程体系和岗位技能训练项目组成。

五、违约责任

1. 任何一方没有充分、及时履行义务的，应当承担违约责任；给守约方造成经济和权利损失的，违约方应赔偿守约方由此所遭受的直接和间接经济损失。

2. 由于一方的过错造成本协议及附件不能履行或不能完全履行时，由过错一方承担责任；如属四方的过失，根据实际情况，由四方分别承担各自应负的责任。

3. 因不可抗力导致某一方无法履行协议义务时，该方不承担违约责任，亦不对另外三方的任何损失承担责任。

4. 违反本协议约定，违约方应按照《中华人民共和国民法典》有关规定承担违约责任。

六、争议处理

1. 本协议受中华人民共和国相关法律法规的约束，对本协议的解释、执行或终止产生任何异议时，四方本着友好协商的原则共同解决。

2. 如果四方通过协商不能达成一致意见，四方任何一方有权向甲方所在地人民法院提起诉讼。

3. 诉讼费用及合理的律师代理费用由败诉方承担。

七、协议变更与终止

1. 本协议一经生效即受法律保护，任何一方不得擅自修改、变更和补充。本协议的任何修改、变更和补充均需经四方协商一致，达成书面协议。

2. 本协议在下列情形下终止：

（1）合作协议期满的；

（2）甲、乙、丙、丁四方通过书面协议解除本协议的；

（3）因不可抗力致使协议目的不能实现的；

（4）在委托期限届满之前，当事人一方明确表示或以自己的行为表明不履行协议主要义务的；

（5）当事人一方迟延履行协议主要义务，经催告后在合理期限内仍未履行的；

（6）当事人有其他违约或违法行为致使协议目的不能实现的。

3. 因协议期限届满以外的其他原因造成协议提前终止时，甲、乙、丙、丁四方均应提前（时间）书面通知其他方。

八、补充与附件

1. 本协议未尽事宜由四方另行及时协商解决，补充协议或条款作为本协议一部分，与本协议具有同等法律效力。

2. 如果本协议中的任何条款无论因何种原因完全或部分无效或不具有执行力，或违反任何适用的法律，则该条款被视为删除，但本协议的其余条款仍应有效并且具有约束力。

九、其他

1. 本协议一式三份，由甲、乙、丙丁方各执一份，经四方合法授权代表签署后生效。

2. 本协议生效后，对甲、乙、丙、丁四方具有同等法律约束。

甲方：   乙方：   丙（丁）方：

委托代理人签字盖章（公章）：   委托代理人签字盖章（公章）：   学生/法定监护人签字：

日期： 年 月 日   日期： 年 月 日   日期： 年 月 日

实习指导教师（专门人员）聘用及管理考核办法

为了实习学生能顺利完成实习任务，保障学生实习期间的安全，加强学生实习期间的管理，调动广大教师实习带队的积极性，明确带队工作职责，依据《职业学校学生实习管理规定》（教职成〔2016〕3号），结合我校实际，经学校研究决定，特制定本办法，具体内容如下。

一、实习指导教师（专门人员）申报对象、方式及条件

（一）申报对象

我校在编、在岗教师以及与学校签订劳动合同的外聘教师。

（二）实习指导教师（专门人员）类别

分为专职实习指导教师和兼职实习指导教师两类。

（三）申报方式

本着自愿原则，由本人提出申请，经专业部同意后，由专业部报就业培训处审核选定。

（四）申报条件

1.有良好的职业道德，爱岗敬业，遵纪守法，为人师表，师风端正，积极承担教学工作和班主任工作，近3年内年度考核为"合格"及以上者，具有申报资格。近3年担任实习指导教师工作中，考核为"不合格"者，取消申报资格。

2.从事一线教学3年以上，班主任经历1年以上者。

3.优先条件：

符合前两项基础上，具备以下（1）—（4）项条件之一，可优先申报（符合下列多项条件者，按先后顺序依次评比）：

（1）在编、在岗教师；

（2）班主任考核获得优秀者；

（3）工龄长者；

（4）有两年及以上实习指导教师经历者。

二、实习指导教师（专门人员）人员配备及实习带队方式

（一）实习指导教师（专门人员）人员配备

1.专职实习指导教师人员配备

跟岗实习期间配备专职实习指导教师。实习学生人数每 50～80 人配备一名专职实习指导教师。

2.兼职实习指导教师人员配备

顶岗实习期间配备兼职实习指导教师。实习学生人数每 30～50 人（或实习地点少于 8 个单位）配备一名兼职实习带队教师。

3.兼职实习指导教师人员配备中，有实习指导教师工作经历的教师占总人数的 50% 以上。

（二）实习带队方式

根据上级有关文件规定，结合我校实际，我校实习带队工作采用专职和兼职实习指导教师并行的实习带队模式。

1.专职实习指导教师专职带队期间，配合学校就业办及实习单位处理学生实习相关事宜，不得兼任在校教学、班主任等相关工作。

2.兼职实习指导教师兼职带队期间，除协助学校就业办及实习单位完成对实习学生相关事宜的管理外，还需担任在校的其他相关工作。

三、实习指导教师工作职责

详见附件一《×××学校实习指导教师工作职责（试行）》。

四、实习指导教师工作及休假时间

（一）专职实习指导教师

1.工作时间与企业的工作时间一致。

2.休息时间遵循实习学生所在企业的休假制度，原则上每周需安排一天休息（采用轮休方式）。

（二）兼职实习指导教师

1.工作时间除特殊情况外，周一至周五在校履行正常的教师工作职责，原则上安排一天周末时间到企业考察及联系、管理实习学生。

2. 因处理实习学生突发紧急事件需离校到企业时，兼职实习指导教师应当提前向校就业培训处报备，征得同意后，履行正常手续后方可离校。

五、实习带队期间津贴发放办法

（一）专职实习指导教师津贴

1. 工作量津贴的计算

（1）专职实习指导教师的工作量为1个满工作量，1 000元/月的实习带队岗位津贴（当月发固定800元＋实习结束时考核200元）。当实习人数超过80人时，每增加10人增计0.1个带队岗位津贴，但增计量不得超过0.6个带队岗位津贴。

（2）专职实习指导教师市内带队期间，根据学生人数，按2元/（生·月）的标准增加电话费（遇突发事件确实产生较多的交通费或通信费时，由主管领导签字报销），市外按3元/（生·月）计算电话费。

（3）每周一至周五晚上如果学生加班（含企业安排学生三班倒班工作），专职实习指导教师按50元/晚给予补助。

2. 加班补助

（1）根据企业生产情况及学生管理工作的需要，安排带队教师加班，补助以学校规定的加班费标准计算（以企业实际考勤为准）。原则上每周的星期六或者星期天为休息日。

（2）带队期间为国家法定节日的，按学校现行教职工节假日加班费标准发放。

3. 生活费补助

专职实习指导教师在带队期间，学校按《出差补助标准》补助生活费。如企业提供了工作餐或已给带队教师一定的生活补助，学校不再发生活费补助。

4. 交通费补助

凭学校至企业的往返公交车票，每月报销。

（二）兼职实习指导教师津贴

1. 工作量津贴的计算

（1）兼职实习指导教师的工作量为0.5个工作量，400元/月的实习带队岗位津贴（当月发固定200元＋考核100元，另外100元3个月后根据稳岗率进行考核发放）。当实习人数超过50人时，每增加10人增计0.1个带队岗位津贴，但增计量不得超过0.5个带队岗位津贴。

（2）兼职实习指导教师市内带队期间，根据学生人数按2元/（生·月）的标准增加电话费（遇突发事件确实产生较多的交通费或通信费时，由主管领导签字报销），市外按 3 元 /（生·月）的标准增加电话费。

2. 加班补助

（1）周末到企业考察及联系、管理学生的，按 120 元 / 天计算（含交通费和午餐补助）。

（2）带队期间为国家法定节日到企业的，按学校现行教职工节假日加班费标准发放。

3. 生活费补助：兼职实习指导教师带队期间，若遇特殊情况周一至周五时间段内到企业考察及联系、管理学生的，学校按早餐 10 元、午餐 45 元、晚餐 45 元据实补助。

4. 交通费补助：凭学校至企业的往返公交车票，每月报销。

（三）留校协助实习指导教师管理的班主任

每期（约 10 个月）按 1 元 /（生·月）的标准发放电话费，每期 1 次班主任基本津贴。

六、实习指导工作考核

（一）实习指导教师常规工作管理和考核

1. 每周一（遇假顺延），实习指导教师通过就业办 QQ 群上传上周电子版"周工作报表"，每月第一周上传上月电子版"月工作报表"；其间，有实习学生异动情况的，当天之内上传"异动情况表"。未按时上传者除需限期补传相关报表外，第一次扣 10 元，第二次扣 100 元，第三次直接取消实习带队资格。

2. 实习带队期间，专职实习指导教师在跟岗实习企业按照企业出勤时间办公，对需离企处理实习学生相关事宜的，需向就业培训处和所在实习单位的直接领导报备，征得同意后方可离企。兼职实习指导教师，周一至周五完成在校正常工作后，周末需到企业处理实习学生相关事宜的，需向就业培训处和相关处室报备，征得同意后方可离校。就业培训处通过电话、视频以及到企业现场查岗等方式，对实习指导教师的工作进行跟踪管理。教师应到而未到岗一经查实，相应教师除需承担相应的安全责任外，直接取消实习带队资格，进行全校通报。本次实习带队工作认定为不合格，并按照学校相关出勤管理制度进行处罚。

3. 实习带队期间，实习指导教师要保证信息畅通。应和实习学生及家长、企业保持联系，了解学生实习动态，保持沟通。专职实习指导教师每周至少和所带队的每位学生及家长联系一次，兼职实习指导教师每月至少和所带队的每位学生及家长联系一次，并做好相关记录备查。

4. 实习结束前将实习管理期间完成填写的《实习学生管理手册》和《实习合格证》拿到企业签字盖章后，交就业培训处验收；完成实习学生的评优评先工作；写好实习带队工作总结。对未按时完成相关资料上交的，或上交资料严重不符合要求者，按学校相关制度进行处理。

5.实习带队期间，兼职实习指导教师应按时参加每月第一周星期二下午第三节课在就业培训处会议室召开的兼职实习指导教师交流会，缺席者按学校出勤管理制度进行处理。

（二）实习安全工作管理和考核

1.实习指导教师应对实习学生的安全教育到位，若有突发性事件应及时报告就业培训处领导，并协助分管领导联系企业及学生和家长，妥善处理相关事宜。

2.对于有突发性事件未及时上报（或未上报）而造成的相关责任事故，按学校相关规定执行。

3.实习指导教师实习带队期间对实习学生安全教育到位，且无学生（或教师）的责任性安全事故发生的，实习结束后，学校给予该教师一次性奖励300元。该项考核实行安全责任事故一票否决，并认定本次实习带队不合格。

（三）实习稳定工作管理和考核

1.专职实习指导教师按照实际实习指导时间认定班主任经历，兼职实习带队教师实习指导经历认定为同时段行业实践经历。

2.跟岗实习结束时，学校按照稳岗率对协助实习管理的专业部、实习学生班级原班主任、专职实习指导教师实行奖惩。

（1）协助实习管理的专业部：

稳岗率达80%以上的专业部，按照3：3：4的比例评定一、二、三等奖。

①专业部一等奖奖金1 000元及荣誉证书；二等奖奖金800元及荣誉证书；三等奖奖金600元及荣誉证书。

②专业部参与协助实习管理的在岗教师按照一等奖200元/人，二等奖190元/人，三等奖180元/人发放奖金。

（2）协助实习管理的实习学生班级原班主任：

稳岗率达80%以上的班级，按照3：3：4的比例评定一、二、三等奖。一等奖奖金500元及荣誉证书；二等奖奖金300元及荣誉证书；三等奖奖金200元及荣誉证书。

专职实习指导教师：

①稳岗率达90%以上的，评定为一等奖，考核津贴按150%发放，颁发荣誉证书。

②稳岗率达80%以上的，评定为二等奖，考核津贴按100%发放，颁发荣誉证书。

③稳岗率达70%以上的，评定为三等奖，考核津贴按50%发放，颁发荣誉证书。

④稳岗率达60%～70%的，本次实习带队工作认定为合格，无考核津贴。

⑤稳岗率60%以下的，学校倒扣200元津贴，本次实习带队工作认定为不合格，取消带队资格。

3. 学校对兼职实习指导教师所带顶岗实习学生每3个月进行一次学生稳岗考核。

（1）稳岗率达90%以上的，评定为一等奖，考核津贴按150%发放，颁发荣誉证书。

（2）稳岗率达80%以上的，评定为二等奖，考核津贴按100%发放，颁发荣誉证书。

（3）稳岗率达70%以上的，评定为三等奖，考核津贴按50%发放，颁发荣誉证书。

（4）稳岗率达60%～70%的，本次实习带队工作认定为合格，不发津贴。

（5）稳岗率60%以下的，学校倒扣200元津贴，本次实习带队工作认定为不合格，取消带队资格。

附件：实习指导教师工作职责

×××学校

2017年6月10日

实习指导教师工作职责

为了实习学生能顺利完成实习任务，保障学生实习期间的安全，加强学生实习期间的管理。由学校统一选（聘）任实习指导教师，实习指导教师由就业办负责考核和管理。原则上，跟岗实习阶段，50～80名实习学生配备1名专职实习指导教师，顶岗实习阶段，30～50名实习学生配备1名兼职实习指导教师。实习指导教师工作职责如下：

1. 实习指导教师应在学生实习前就加强对实习单位的了解，帮助学生熟悉实习单位的生产状况和管理机制。

2. 实习指导教师是学生实习期间的第一监护人。在学生赴企业实习前，实习指导教师要对学生做好深入细致的思想工作，引导学生了解实习的目的、任务，并向学生介绍实习单位简况及实习注意事项，明确安全保护要求和实习纪律。

3. 实习指导教师要根据学生到企业的具体情况，选出实习学生干部，并确定其职责，以保证随时掌握学生的情况。

4. 在学生实习过程中，实习指导教师要认真履行工作职责，做好学生的心理疏导及实习稳定工作，关心学生的生活和健康，做好安全教育工作，防止事故发生。

5. 学生实习结束后，要做好考核并指导学生完成实习总结工作。

6. 实习指导教师要认真填写《实习学生管理手册》，每天严格登记学生的考勤，及时发现和处理违反实习纪律的现象。对违反实习纪律的学生，实习指导教师应及时给予批评教育。对情节严重的，实习指导教师应及时向学校报告，根据具体情况，可以停止严重违纪学生的实习活动，令其返校。

7. 学生实习考核每 3 个月为一个阶段，每阶段完成后应及时将学生《实习合格证》带到实习单位签署实习单位意见并盖章。

8. 实习指导教师应经常与实习单位保持密切联系，并定期向实习单位相关管理部门汇报学生的实习情况，争取实习单位的支持和帮助，并注意处理好实习单位与学校的关系。

9. 实习指导教师应经常与家长保持联系，通报学生实习情况，争取家长对实习工作的理解和支持，形成教育合力。

10. 如学生在实习时，发生了人身伤害等事故或紧急事件，实习指导教师要立即向学校汇报，学校也应立即启动突发事件紧急预案。

11. 实习指导教师要以身作则，言传身教，加强对学生的思想教育的同时，关心学生的生活、健康和安全，以保证实习工作的顺利进行。

12. 实习指导教师应在学生实习期间，配合资助办、教导处，落实实习学生的资助和学籍审查工作。

13. 实习指导教师必须每天记录所带学生的实习情况，在工作期间，保证通信畅通。每周一向就业办上传上周电子版"周工作汇报表"，每月第一周上传上月电子版"月工作报表"，按要求及时反馈"异动情况表"，如实反映学生实习情况，每周一上交上周"校企联系表"，交就业办检查登记。

14. 每月第一周星期二下午第三节课在就业培训处会议室召开兼职实习带队教师交流会。

15. 本期学生实习结束时，实习指导教师应撰写《实习带队总结》，由实习单位管理部门负责人签署意见后，交学校就业办。

《实习带队总结》包括：实习管理方案的执行情况、学生实习情况分析、管理经验体会、解决问题所采取的措施、存在的问题、建议和其他。

16. 学校根据实习指导教师工作的完成效果及总结的实际情况对其进行综合评定，等级为一等奖、二等奖、三等奖、合格、不合格。

×××学校

2017 年 6 月

教学规划篇

电子商务专业现代学徒制人才培养方案

一、专业名称（专业代码）

电子商务（专业代码 121100）。

二、入学要求

初中毕业生或具有同等及以上学力者。

三、修学年限

全日制三年。

四、培养目标

本专业坚持立德树人，面向电子商务等行业企业，培养从事网络营销、网店美工、网店运营、电商客户服务等工作的德、智、体、美、劳全面发展的高素质劳动者和技术技能人才。

五、培养方式

学校与企业联合招生、联合培养、一体化育人。职业院校承担系统的专业知识学习和技能训练职责；企业通过师傅带徒弟形式，依据培养方案进行岗位技能训练，真正实现校企一体化育人。教学任务必须由学校教师和企业师傅共同承担，形成双导师制。

六、职业范围

（一）职业生涯发展路径

职业范围如表 1 所示。

表 1　职业范围

发展阶段	学徒岗位	就业岗位			学历层次	发展年限／年
		操作岗位	技术岗位	管理岗位		
一	客服学员	客服	客服主管	客服总监	中职	3
二	美工学徒	图像处理	网店装修	视觉营销总监	中职	3
三	直播学员	直播员	直播营销	直播主管	中职	3
四	运营学徒	网店操作	网店运营	运营主管	中职	3

（二）面向职业范围

面向职业范围如表 2 所示。

表 2　面向职业范围

序号	对应职业（岗位群）	学徒目标方向	职业资格证书
1	视觉设计	图像设计、图像美化、图像平面设计、设计店招与导航、设计首页欢迎页面、设计店铺收藏及客服区、设计商品描述页面、店铺装修诊断	CEAC 办公认证
2	店铺运营	数据分析、店铺运营、活动管理、交易管理、物流管理、商品管理、店铺管理、货源管理、售后管理、营销推广	CEAC 办公认证
3	店铺客服	售前准备、售中接待、售后处理技巧、订单管理、物流管理	CEAC 办公认证
4	直播营销	商品话术设计、直播场景搭建、直播营销	CEAC 办公认证

七、培养规格

（一）职业素养

职业素养如表 3 所示。

表 3　职业素养

职业素养	合作企业要求举例
（1）具有良好的职业道德，能自觉遵守行业法规、规范和企业规章制度； （2）具备网络交易安全意识和素质，能防范个人信息泄露，辨别网络欺诈，采用正规渠道实施网络买卖与支付； （3）具有较强的执行能力、应变能力、团队协作、承压能力、服务意识和素质； （4）具有良好的语言表达能力和处理好人际关系的素质； （5）具有较强的逻辑思维能力和独立处理问题的素质； （6）具有一定的创新创业素质	（1）团队协作能力强； （2）能够及时完成客户和公司分发的任务，具有使命必达理念； （3）具有总结、反省的能力； （4）具有保密的素养，能对公司的商业机密保密

（二）专业能力

专业能力如表 4 所示。

表 4　专业能力

专业能力	合作企业要求举例
（1）能通过修改 HTML 语言代码，完成页面编辑； （2）能使用设计类工具软件，按照网站设计效果图建设网站，符合行业规范；能够根据网站和客户的要求，拍摄并编辑商品图像；	（1）能够设计网店模板； （2）能够按照客户要求处理图片； （3）能够设计店铺主图、详情页、海报图

续表

专业能力	合作企业要求举例
（3）能根据促销方案，使用工具软件，设计制作促销广告，清晰表达促销方案重点信息； （4）能使用第三方平台的后台功能，美化网店页面	
（1）能根据企业需求，选用不同类型的软件，独立开展营销活动； （2）能根据企业需求，策划促销活动，撰写促销活动方案，制订促销活动实施计划； （3）能根据推广目标，实施基础的SEO推广，满足基本需求； （4）能根据企业需求，运用整合网络营销相关知识，利用推广媒介实施网络推广； （5）能使用标准的普通话与客户交流； （6）能理解客户需求，正确录入信息，汉字录入速度达到60字/分； （7）能按照客户关系管理流程与规范，使用客户管理系统，实施客户关系管理	（1）能够对商品进行上、下架操作； （2）能够根据淘宝、阿里、百度数据做SEO优化； （3）能够进行钻石展位、直通车等广告投放； （4）能够进行客户话术设计； （5）能够开展售前、售中、售后客户服务； （6）能够开展直播环境搭建； （7）能够开展直播营销； （8）能够进行客户关系管理

八、典型工作任务及职业能力分析

职业能力分析如表5所示。

表5　职业能力分析

工作岗位	工作领域	工作任务	职业能力（包括知识、技能、素养）
1 客户服务	1-1 售前客服	1-1-1 熟悉商品	1-1-1-1 能分析统计商品大小、材质、功能、用途、卖点； 1-1-1-2 能用语言对商品特点进行描述
		1-1-2 设置快捷回复	1-1-2-1 熟悉网络店铺信息沟通界面； 1-1-2-2 能预设常见客户咨询问题； 1-1-2-3 能预设常见客户咨询问题回复内容
		1-1-3 接待客户	1-1-3-1 能熟练录入文字，每分钟在60字以上； 1-1-3-2 能掌握礼貌问候用语； 1-1-3-3 能够及时准确回答客户的问题，反应时间不能超过平台的最低要求
		1-1-4 安排发货	1-1-4-1 能掌握物流系统，能正确设置物流参数； 1-1-4-2 能与仓库沟通安排发货
		1-1-5 促进客户转化	1-1-5-1 能使用话术与客户深度沟通，了解客户需求； 1-1-5-2 能根据客户需求和营销业绩需求推荐产品； 1-1-5-3 能通过关联促销提升转化成效
	1-2 售中支持	1-2-1 处理售中客户问题	1-2-1-1 能够处理客户催件、修改收货地址、送货延迟、未签收等问题； 1-2-1-2 能够正确处理客户的不满
		1-2-2 跟踪订单	1-2-2-1 能够使用物流系统跟踪订单； 1-2-2-2 能够主动给相关客户发送物流信息，提升客户黏性
		1-2-3 处理发货问题	1-2-3-1 能够处理客户查件，解答发货、物流等问题； 1-2-3-2 能够处理客户修改收货地址等问题

工作岗位	工作领域	工作任务	职业能力（包括知识、技能、素养）
1 客户服务	1-2 售中支持	1-2-4 处理工作交接	1-2-4-1 能够与同组员工正常交接工作，做好工作记录； 1-2-4-2 熟悉平台规则，具有处理平台盗图、投诉的能力
	1-3 售后服务	1-3-1 处理商品错、漏、缺、损问题	1-3-1-1 熟悉平台规则，及时反馈商品问题； 1-3-1-2 及时处理退货、换货； 1-3-1-3 能掌握物流系统，正确设置物流参数
		1-3-2 处理退差价、好评返现问题	1-3-2-1 了解平台活动推广政策，能根据政策处理差价； 1-3-2-2 能引导客户进行好评
		1-3-3 处理发票补开、送赠品等问题	1-3-3-1 能熟悉开票流程，处理开票事宜； 1-3-3-2 能掌握物流系统的操作，正确设置物流参数，解决赠品赠送问题
		1-3-4 处理投诉举报、退款问题	1-3-4-1 熟悉平台规则； 1-3-4-2 及时根据规则与平台反馈，降低店铺损失； 1-3-4-3 能掌握沟通话术，及时沟通，根据平台规则和商家要求退货退款
2 网站美工	2-1 店铺首页设计	2-1-1 设计店铺整体风格	2-1-1-1 能分析商品特点，选择或设计适合商品特点的店铺风格； 2-1-1-2 具有色彩搭配的能力，能对店铺色调进行搭配
		2-1-2 制作店标	2-1-2-1 能根据公司顶层的店铺设计要求，调整店标的尺寸、色彩、表现方式等； 2-1-2-2 能调节店标尺寸，使之符合淘宝要求（淘宝尺寸为 100 mm × 100 mm）； 2-1-2-3 制作店标动图，调整店标色彩，使之与店铺促销思想保持一致
		2-1-3 制作 Banner	2-1-3-1 收集或制作 Banner 所需的各种素材； 2-1-3-2 制作淘宝需求尺寸的 Banner 广告图片，尽量展示商品的独特之处，让人过目不忘； 2-1-3-3 设计广告图片的展现形式，动图或静图
		2-1-4 设计制作海报	2-1-4-1 能够构思海报设计要素，收集制作海报页面的相关素材； 2-1-4-2 设计店铺的活动信息，规划活动海报，尽量使页面具有吸引力； 2-1-4-3 设计制作海报静图、文字描述、动画等
		2-1-5 制作产品促销页	2-1-5-1 能够构思促销页设计要素，收集促销商品的素材； 2-1-5-2 能制作商品促销页，使之与店铺运营思想一致，提高商品的点击率； 2-1-5-3 分割与上传促销页图像
	2-2 活动广告设计	2-2-1 直通车创意图	2-2-1-1 能够根据直通车的投放计划确定设计的风格、颜色以及促销的方式等，使商品更容易被买家接受； 2-2-1-2 能够重点展现商品卖点； 2-2-1-3 能够突出商品主体地位，懂得选择背景色，制作中使用与商品本身差异大的颜色，保证商品的主体地位； 2-2-1-4 优化文字内容。明确分析商品及其受众，从而提炼出最吸引目标人群的信息； 2-2-1-5 跟踪直通车图的点击率、转化率、访问量，对效果不好的及时更换新图

续表

工作岗位	工作领域	工作任务	职业能力（包括知识、技能、素养）
2 网站美工	2-2 活动广告设计	2-2-2 钻石展位图	2-2-2-1 能够整理淘宝钻石展位的操作优化和推广思路； 2-2-2-2 熟悉钻石展位要求，能根据不同的钻石展位类目，制作不同尺寸的钻石展位图； 2-2-2-3 能够跟踪钻石展位图的点击率、转化率，及时更新钻石展位图
		2-2-3 促销图	2-2-3-1 能够根据促销的需要，进行图文排版； 2-2-3-2 能够清晰地呈现促销的主题、政策
		2-2-4 节日活动海报	2-2-4-1 能够根据节日活动海报的需要，进行图文排版； 2-2-4-2 能够清晰地呈现节日活动海报的主题、政策
	2-3 商品详情设计	2-3-1 美化商品图片	2-3-1-1 美化商品图片，调整商品图片的亮度、饱和度、清晰度、尺寸大小等； 2-3-1-2 抠图、背景处理、添加文字、添加水印，合成商品展示图片； 2-3-1-3 拍摄、剪辑体现商品特点的视频
		2-3-2 排版详情页	2-3-2-1 收集、整理店铺平台上详情页的尺寸。如，淘宝的宽度要求是 750 px，天猫的宽度要求是 790 px，单张切片高度不超过 1 500px； 2-3-2-2 确定详情页风格。浏览参考优秀商品详情页，设计和制作自己的店铺详情页； 2-3-2-3 能够排版详情页。根据店铺平台详情页尺寸、店长促销方案进行排版，设计中体现卖点，展示商品优势，提升点击率
		2-3-3 制作焦点海报、优惠券	2-3-3-1 收集与店铺促销焦点相关的图片、配件元素； 2-3-3-2 制作焦点海报。确定优惠券的尺寸、颜色、传达的焦点信息，如优惠券的发放人群、店铺传达的思想等
		2-3-4 美化关联	2-3-4-1 筛选关联商品的类别和数量。关联商品数量不要过多，一般一行 3 个，数量太多会让买家失去继续浏览的兴趣； 2-3-4-2 美化商品关联。关联的商品要有适用性、经济性，抓住客户的消费心理，增强客户购买欲，提高主商品的销售力度
3 网络运营	3-1 分析数据	3-1-1 分析行业数据	3-1-1-1 确定类目词和商品关键词； 3-1-1-2 能够利用生意参谋、看店宝、生意经等工具查看市场趋势，查看商品搜索量趋势、行业销售季节、搜索人群地域细分、人群定位； 3-1-1-3 利用淘宝指数查看、细分市场，查看类目分类占比；查看人群筛选器，包括性别、消费层级、买家等级、身份、年龄、地域等；查看相关品牌，包括品牌名称、销量趋势、热销指数、全网均价、对应的商品等； 3-1-1-4 搜索淘宝网页面关键词，查看综合排序商品、人气排序商品，销量排序商品的标题、主图、价格等； 3-1-1-5 能用 Excel 对数据进行统计
		3-1-2 分析商品数据	3-1-2-1 竞品分析。能分析所有商品的价格区间带、竞品的销量和每天的订单量、竞品的 SKU 状况和赠品力度； 3-1-2-2 关键词布局。标题组合：商品词 + 属性 / 修饰词 + 类目词，寻找、搜索人气高的词语； 3-1-2-3 商品卖点提炼。客户人群关注的问题，竞品卖点分析

工作岗位	工作领域	工作任务	职业能力（包括知识、技能、素养）
3 网络运营	3-1 分析数据	3-1-3 确定商品基本信息	3-1-3-1 能用 Excel 统计数据，确定商品细分类目、价格、属性； 3-1-3-2 确定商品详情页页面排序，和美工沟通，协同美工完成商品详情页面的设计
		3-1-4 上架商品 / 维护商品	3-1-4-1 熟悉网站平台，发布商品。确定商品发布类目，编辑商品属性、主图、主副标题、价格、详情页面； 3-1-4-2 分类做好商品标签。设置不同维度的商品分类，修改商品所属分类； 3-1-4-3 维护商品。维护滞销商品，筛选店内滞销商品，下架滞销商品，重新编辑发布滞销商品，下架即将超期商品，上架新商品
	3-2 店内促销	3-2-1 分析促销	3-2-1-1 能够确定促销方向，明确促销的目的，制订促销目标； 3-2-1-2 能分析竞争对手店内活动。分析商品数据及活动方案，包括商品品类、商品规划、商品优势、商品图片、商品数量、活动时间、活动目的、活动理由、促销方式、图文设置等； 3-2-1-3 能归纳常见促销方式，形成促销方案
		3-2-2 设置促销	3-2-2-1 能够设置促销工具，包括"满就送"、搭配套餐、店铺优惠券、淘宝 VIP、手机专享价、满减优惠等； 3-2-2-2 选择活动商品。分析竞争对手的促销商品、促销方式以及店铺商品，合理选择商品
		3-2-3 宣传促销	3-2-3-1 制订活动策划方案，包括活动主题、促销内容、活动时间、活动商品、活动页面框架企划、活动参与人群等； 3-2-3-2 对接美工制作宣传海报； 3-2-3-3 对接客服推荐活动； 3-2-3-4 对接推广人员，做好活动推广内容
		3-2-4 总结分析促销效果	3-2-4-1 能分析活动数据：每天的访问数、销售额、转化率、客单价等； 3-2-4-2 能分析活动效果； 3-2-4-3 能组织总结会议； 3-2-4-4 能制作活动报告并存档
	3-3 流量优化	3-3-1 分析免费流量	3-3-1-1 能分析 PC 端流量来源，搜索、类目店内免费活动流量； 3-3-1-2 能分析无线端流量来源，搜索、类目店内免费活动流量
		3-3-2 分析付费流量	3-3-2-1 分析直通车流量； 3-3-2-2 分析钻石展位流量； 3-3-2-3 分析淘宝客流量； 3-3-2-4 分析第三方活动流量； 3-3-2-5 分析淘内活动付费流量
		3-3-3 判断流量需求	3-3-3-1 推广占比过高； 3-3-3-2 推广占比过低； 3-3-3-3 搜索流量过低； 3-3-3-4 活动流量过低

续表

工作岗位	工作领域	工作任务	职业能力（包括知识、技能、素养）
3 网络运营	3-3 流量优化	3-3-4 优化关键词搜索流量	3-3-4-1 能筛选关键词。包括生意参谋选词、标题下拉框选词、商品属性选词； 3-3-4-2 能优化商品标题。按规则组词、权重组词、阅读性组词，优化商品标题； 3-3-4-3 能组合标题。按规则组合、按属性组合、按紧密性原则组合； 3-3-4-4 能优化上、下架时间。采集时段维度，根据本店的成交及浏览数，按从高到低排序，根据排序时段调整商品的上、下架时间
		3-3-5 优化类目搜索流量	3-3-5-1 能确定类目是否正确； 3-3-5-2 核对类目属性，并完善类目属性； 3-3-5-3 优化类目属性。分析类目属性流量，利用淘宝指数查询属性词搜索指数，对比各属性的指数值，选择适合的属性值，匹配并优化本店属性
		3-3-6 优化推广流量	3-3-6-1 分析流量结构，确定流量需求，对接推广专员； 3-3-6-2 判断流量需求，确定活动流量，对接活动专员
	3-4 店铺转化优化	3-4-1 优化页面	3-4-1-1 采集本店数据。采集单品数据，包括单品转化率、跳失率、访问深度；采集店铺数据，包括首页流量数据、DSR 数据； 3-4-1-2 采集竞品数据。包括采集竞品转化率、价格、评价、关联商品、DSR 数据； 3-4-1-3 对比本店和竞品数据。包括竞品转化率、访问时长、评价情况； 3-4-1-4 分析、对比竞品促销方案，找出竞品可能的促销方案，分析竞品促销方案效果； 3-4-1-5 汇总分析结果，形成调整方案，出具页面调整方向，对接美工、文案调整首页、主图、详情页、文案
		3-4-2 优化评价	3-4-2-1 实时收集单品评价，记录差评、好评。 3-4-2-2 对接客服维护评价。回复好评，解释差评，好评有礼
4 产品摄影	4-1 场景搭配	4-1-1 搭建静态场景	4-1-1-1 能够根据商品的卖点搭建拍摄场景； 4-1-1-2 根据拍摄的要求设置相机参数； 4-1-1-3 根据拍摄的要求配置灯光
		4-1-2 搭建室内场景	4-1-2-1 能够根据商品的卖点搭建室内场景，配景选择摆放； 4-1-2-2 根据拍摄的要求设置相机参数； 4-1-2-3 根据拍摄的要求配置灯光
		4-1-3 搭建室外场景	4-1-3-1 能根据商品卖点选择街景、室外场景； 4-1-3-2 能根据商品卖点改造环境，利用自然光、人工光源； 4-1-3-2 能根据商品卖点，选择对应气质的模特
	4-2 商品拍摄	4-2-1 拍摄主图	4-2-1-1 能根据平台规则拍摄主图； 4-2-1-2 能根据平台规则和商品卖点，拍摄短视频
		4-2-2 拍摄室内场景	4-2-2-1 能根据平台规则拍摄商品照片； 4-2-2-2 能够通过角度、虚实、主次的安排，突出商品； 4-2-2-3 能够拍摄出商品的质感、色泽、品质、意境； 4-2-2-4 能够拍摄突出商品卖点的短视频

工作岗位	工作领域	工作任务	职业能力（包括知识、技能、素养）
4 商品摄影	4-2 商品拍摄	4-2-3 拍摄展示模特	4-2-3-1 能够根据商品选择对应气质的模特； 4-2-3-2 能够指导模特摆拍； 4-2-3-3 能够通过模特拍摄，突出商品层次、氛围、卖点； 4-2-3-4 能够拍摄突出商品卖点的短视频
		4-2-4 拍摄室外场景	4-2-4-1 能够根据商品选择对应气质的模特； 4-2-4-2 能指导模特摆拍； 4-2-4-3 能够通过模特拍摄，突出商品层次、氛围、卖点； 4-2-4-4 能够拍摄突出商品卖点的短视频
	4-3 后期处理	4-3-1 图片输出	4-3-1-1 能够对图片整理分类
		4-3-2 影片输出	4-3-2-1 能够对影片整理分类
		4-3-3 图像批处理	4-3-3-1 能够使用批处理对图像进行调整； 4-3-3-2 能够调整图片影视构图
5 网络自媒体营销	5-1 社交营销	5-1-1 QQ 营销	5-1-1-1 能够使用 QQ 社交工具，建立客户管理群体； 5-1-1-2 能够使用图文、视频传播商品信息，开展营销活动
		5-1-2 微信营销	5-1-2-1 能够使用微信社交工具，建立客户管理群体。 5-1-2-2 能够使用图文、视频传播商品信息，在微信社群开展营销活动
		5-1-3 微信公众号营销	5-1-3-1 能够注册微信公众号，吸引粉丝群体； 5-1-3-2 能够使用图文、视频传播商品信息，在公众号粉丝中开展营销、推广活动
		5-1-4 钉钉营销	5-1-4-1 能够使用钉钉社交工具，建立客户管理群体； 5-1-4-2 能够使用图文、视频传播商品信息，在钉钉社群开展营销活动
	5-2 视频网站营销	5-2-1 吸引粉丝	5-2-1-1 能通过点赞、关注、评论等方法吸引粉丝； 5-2-1-2 具有良好的沟通能力和表达能力
		5-2-2 快手推广	5-2-2-1 能熟练操作快手平台、直播设备； 5-2-2-2 能根据平台数据撰写标题，优化 SEO 搜索； 5-2-2-3 能做好关键词搜索、推广； 5-2-2-4 能做好快手内容策划，保障优质视频内容
		5-2-3 抖音推广	5-2-3-1 能熟练操作抖音平台； 5-2-3-2 能根据平台数据撰写标题，优化 SEO 搜索； 5-2-3-3 能做好关键词的搜索、推广； 5-2-3-4 能做好抖音内容策划，保障优质内容
		5-2-4 优酷、西瓜、哔哩哔哩、美拍推广	5-2-4-1 能熟练操作优酷等平台； 5-2-4-2 能根据平台数据撰写标题，优化 SEO 搜索； 5-2-4-3 能做好关键词搜索、推广； 5-2-4-4 能做好优酷等内容策划，保障优质内容
		5-2-5 直播营销	5-2-4-1 能熟练操作淘宝直播等平台； 5-2-4-2 能根据平台数据撰写标题，优化 SEO 搜索； 5-2-4-3 能做好关键词的搜索、推广； 5-2-4-4 能做好淘宝直播等内容策划、话术策划，保障流量转化
	5-3 自媒体营销	5-3-1 注册自媒体账号	5-3-1-1 能熟练操作自媒体平台，做好标签定位和垂直策划； 5-3-1-2 能够通过关注、点赞、评论吸引基础粉丝； 5-3-1-3 能够撰写基本文档，发布文档

续表

工作岗位	工作领域	工作任务	职业能力（包括知识、技能、素养）
5 网络自媒体营销	5-3 自媒体营销	5-3-2SEO 引流	5-3-2-1 能够根据平台数据分析当前热点词； 5-3-2-2 能够就当前内容结合数据拟定利于搜索的关键词； 5-3-2-2 能够拟定吸引眼球的标题
		5-3-3 软文写作	5-3-3-1 能够根据主题撰写软文，观点鲜明，内容翔实； 5-3-3-2 能够对文档进行图文排版，利于阅读和吸引读者
		5-3-4 关键词引流	5-3-4-1 能够分析平台指数； 5-3-4-2 能够根据内容和平台指数，拟定文档关键词，提高平台推送概率
		5-3-5 广告引流	5-3-5-1 能够根据内容需求投放广告； 5-3-5-2 能够根据平台数据，确定目标人群、标签、时段、竞价
	5-4 微博营销	5-4-1 注册、设置微博账号	5-4-1-1 能够熟练操作微博平台，完成注册； 5-4-1-2 能够明确定位自我标签； 5-4-1-3 能够撰写基本文档，发布文档
		5-4-2 吸引粉丝	5-4-1-1 能够通过关注、点赞、评论、转发吸引基础粉丝； 5-4-1-2 能够通过优质文章吸引粉丝
		5-4-3 抓住热点话题发布信息	5-4-3-1 能敏锐地抓住热点问题撰写文章； 5-4-3-2 能够及时发布内容，抢占先机，吸引粉丝
		5-4-4 挖掘故事，制造新闻	5-4-4-1 具有良好的表达能力，撰写有深度的文章； 5-4-4-2 能够表达自己的观点，抓住目标粉丝的眼球； 5-4-4-3 提高文档的评论、转发量，促进平台推送，提升影响，提高转化

九、课程设置及要求

本专业的课程设置分为平台模块、专业方向模块、选修与认证模块。平台模块包含公共基础平台模块、专业基础平台模块；专业方向模块包含视觉设计基础模块、商品拍摄模块、客户服务模块、网店建设模块、营销模块；选修与认证模块包含公共基础选修模块、专业方向选修模块、认证模块。

（一）公共基础平台模块课程

公共基础平台模块课程教学内容与要求如表 6 所示。

表 6　公共基础平台模块课程教学内容与要求

序号	课程名称	课时	主要教学内容及要求
1	思想政治	144	依据《中等职业学校思想政治课程标准》开设，以立德树人为根本任务，以培育思想政治学科核心素养为主导，帮助学生确立正确的政治方向，坚定理想信念，厚植爱国主义情怀，提高职业道德素质、法治素养和心理健康水平，促进学生健康成长、全面发展，培养拥护中国共产党领导和我国社会主义制度、立志为中国特色社会主义事业奋斗终身的有用人才。课程包含中国特色社会主义、心理健康与职业生涯规划、职业道德与法治、哲学与人生 4 个模块

续表

序号	课程名称	课时	主要教学内容及要求
2	历史	72	依据《中等职业学校历史课程标准》开设，注重在职业模块的教学内容中体现专业特色
3	语文	180	依据《中等职业学校语文教学大纲》开设，使学生进一步提高正确理解与运用我国语言文字的能力，提高文化素养，以适应就业和创业的需要。指导学生学习必需的语文基础知识，掌握日常生活和职业岗位需要的现代文阅读能力、写作能力、口语交际能力。指导学生掌握基本的语文学习方法，养成自学和运用语文的良好习惯
4	数学	180	依据《中等职业学校数学教学大纲》开设，使学生进一步学习并掌握职业岗位和生活中所必需的数学基础知识。培养学生的计算技能、计算工具使用技能和数据处理技能；培养学生的观察能力、空间想象能力、分析与解决问题能力和数学思维能力。引导学生逐步养成良好的学习习惯、实践意识、创新意识和实事求是的科学态度，提高学生就业能力与创业能力
5	英语	180	依据《中等职业学校英语教学大纲》开设，帮助学生进一步学习英语基础知识，培养听、说、读、写等语言技能，初步形成职场英语的应用能力。激发和培养学生学习英语的兴趣，提高学生学习的自信心，帮助学生掌握学习策略，养成良好的学习习惯，提高自主学习能力。引导学生了解、认识中西方文化差异，培养正确的情感、态度和价值观
6	体育与健康	180	依据《中等职业学校体育与健康教学大纲》开设，具备选择利于提高职业素质运动项目的意识、自我评价体育锻炼效果的能力，形成自己的运动爱好和专长，具有改善与保护身体健康的意识，能有针对性地选择适合自身健康状况的科学健身手段
7	应用文写作	18	依据《中等职业学校应用文写作教学大纲》开设，使学生系统地掌握常用的应用类文章的实际用途及写作要领，为写作电子商务软文、推广文等做准备
8	就业指导	36	依据《中等职业学校就业指导教学大纲》开设，使学生了解职业的有关概念、职业生涯设计以及发展、求职就业、劳动合同等有关知识。了解职业道德以及职业道德行为养成，了解就业形势与政策法规。掌握基本的劳动力市场相关信息及就业、创业的基本知识
9	音乐	18	依据《中等职业学校公共艺术教学大纲》开设，注重培养学生艺术品鉴、审美、节奏与韵律等艺术修养。树立正确的艺术观、审美观

（二）专业基础平台模块课程

专业基础平台模块课程教学内容与要求如表7所示。

表7　专业基础平台模块课程教学内容与要求

序号	课程名称	课时	主要教学内容及要求
1	文字录入	36	掌握英文录入、五笔字型汉字录入、智能ABC录入、数字及符号录入的方法，具备正确、快速录入中英文文稿（或边听边打）的操作能力，能快速向文档中录入数字及中英文文字
2	沟通技巧	18	了解人际关系的概念、类型、模式、原则，认识倾听的作用、原则、步骤，掌握沟通的主要技能，能在生活及学习中使用沟通技巧，建立和谐的人际关系

续表

序号	课程名称	课时	主要教学内容及要求
3	图文编排	36	熟悉文档编辑软件，能分析和理解文档，能进行文本编辑、表格制作以及页眉、页脚、页码的编辑，能插入图片与开关对象，能进行邮件合并操作，能对文档进行排版与打印
4	表格处理	36	熟悉软件的操作界面，能理解单元格的相对地址与绝对地址，能理解常用函数的作用及各参数的意义，能对表格进行格式设置，能使用函数对数据进行计算，能对表格中的数据进行排序、筛选、统计操作，根据给定数据绘制和编辑图表
5	商务礼仪	18	了解礼仪的概念、发展历史及我国的礼仪习俗及礼仪规范，理解和掌握商务活动中礼仪的基本原则和规范，能正确运用所学的礼仪知识分析商务活动中的社交问题并解决问题，能运用所学的知识审视自己的礼仪，做一名庄重大方、热情友好、谈吐文雅、讲究礼貌的中职生

（三）专业方向模块课程

专业方向模块课程教学内容与要求如表8所示。

表8 专业方向模块课程教学内容与要求

序号	模块名称	课程名称	课时	主要教学内容及要求
1	视觉设计基础模块	影视剪辑	54	了解行业对影片剪辑和镜头语言表达的要求，能使用影视剪辑软件采集、管理素材，完成图片、视频、音频等素材的剪辑和连接；能进行校色、蒙版、抠图以及特效、字幕的制作；能灵活运用常见的剪辑技术进行影视节目的后期剪辑并输出影片
		图像处理	54	掌握图像设计软件的基本操作，能创建、编辑与应用选取；能对图像进行填充、绘制、修饰，掌握蒙版、通道、图层的使用技能；能完成各种图片处理、广告设计、网页设计等操作
		幻灯片设计与制作	54	掌握 PowerPoint 软件的操作方法，能演示添加并编辑文本、图片、图形等对象；能编辑幻灯片母版页面并选用幻灯片版式；能设置幻灯片的动画效果及切换效果；能设置幻灯片的播放效果并输出文件；能完成教学课件、产品演示文稿等幻灯片的设计与制作
2	商品拍摄模块	商品图片拍摄	72	了解商品卖点；能根据拍摄要求调试相机，拍摄出清晰体现商品卖点的照片；能正确展示商品，设计商品主图、详情页；掌握促销图设计制作相关知识，能使用设计类工具软件制作产品促销信息，突出产品卖点
		商品视频拍摄	72	了解视频拍摄中的黄金切割点、斜线、"S"形构图、推拉摇跟升降等运镜方式；在了解影视基础的前提下，学会产品特点分析、卖点总结，并结合客户需求进行商品拍摄；掌握影棚拍摄和实景拍摄的基础技能
3	网店建设模块	电子商务基础	54	了解电子商务相关的法律法规、行业政策和网络安全常识；了解网络零售市场的基本特点，以及 B2B、B2C、C2C 等典型电子商务运营模式；掌握网络零售的主要交易流程，能进行网络商情的处理加工；熟悉网上银行和第三方支付平台业务；能应用电子商务平台进行网上商店的搭建和日常商务交易处理
		网店装修	144	掌握申请并维护网络店铺的方法和店铺装修流程；能合理规划图片空间并对商品图片进行管理；能上传图片到网店中；能装修网店的首页、详情页及其他页面；能准确设置网店各页面的链接，使网店能正常运营
		商品图片处理	144	了解不同产品的抠图技巧、调色及后期修饰、美化、创意及设计；能根据网店运营的情况、商品的特点及客户的需求，设计网店的主图、详情图、活动营销图

序号	模块名称	课程名称	课时	主要教学内容及要求
4	客户服务模块	电子商务客服	72	了解客户心理知识；掌握与客户沟通的技巧与方法；能通过准确读取客户信息，掌握客户想法、感受与态度；会对客户进行有利于问题解决的提问、倾听、表达；能通过电话或网络等即时通信工具，有效、明确地向客户传达服务信息；能熟练操作客户服务沟通工具，做好售前、售中、售后服务
		市场营销	36	了解市场营销环境、熟悉市场营销流程，掌握市场营销基本实质；掌握市场调研、市场预测与商情分析的内容与主要方法；掌握市场营销过程的商品策略、价值策略、渠道策略、促销策略和顾客策略等知识；能制订简单的产品营销等活动方案
5	营销模块	店铺运营	270	了解网站运营的规范与流程，明确网店运营的核心工作内容；能独立完成网店整个交易过程；能美化网店页面，制作商品展示页面；能根据不同商品类型正确地进行商品分类、编码等，提炼商品卖点；能根据网店运营目标，选择合适的网络营销工具，推广店铺，做好客户服务，实现交易
		网络广告设计	162	了解网络广告的概念及网络广告策划方面的知识；掌握常用网络广告制作软件的操作方法；能熟练操作软件设计并制作网络广告；会对电商网站网络广告进行色彩处理、图形图像处理、图文编排处理
		网络推广	306	了解网络推广的含义，能分析现状，寻找潜在用户，制订推广策略；能运用电子邮件进行推广；能了解搜索引擎优化推广的工作内容、运行方法及操作规范；能完成选择关键词、建设友情链接、发布外部链接及推广效果分析等工作
		商务软文写作	36	了解软文的含义、分类及作用；掌握软文标题、内容的撰写技巧；掌握软文的排版技巧；能在各平台发布软文

（四）选修与认证模块课程

1.公共选修模块课程

公共选修模块课程教学内容与要求如表9所示。

表9　公共选修模块课程教学内容与要求

序号	课程名称	课时	主要教学内容及要求
1	心理健康	18	本课程坚持心理和谐的教育理论，对学生进行心理健康基本知识、理论和意识的教育，提高学生的心理素质，帮助学生正确认识和处理成长、学习、生活和求职就业中遇到的心理问题，促进其全面和谐发展
	创新与创业教育	18	本课程通过认识创业者、创新产品、创新计划，使学生掌握创新与创业的基本概念、基本原理、基本方法；能整合创业资源、创新设计、撰写创业计划，培养学生的创新能力与创业意识
	口语交际	18	培养学生热爱祖国语言文字的思想感情，引导学生重视语言的积累，使学生进一步提高正确运用我国语言文字的能力，提高学生语言口头表达能力、交流沟通能力、思维应变能力
	素质拓展课	30	通过参加素质拓展，培养学生的国防意识、纪律意识、团队意识、文明习惯、生活技能

2. 专业选修模块课程

专业选修模块课程教学内容与要求如表 10 所示。

表 10 专业选修模块课程教学内容与要求

序号	模块/平台名称	课程名称	课时	主要教学内容及要求
1	电商选修模块	移动电商	36	了解移动电子商务平台发展现状与特点；了解移动电商的工作流程与模式，能在微店等平台中完成创建店铺、装修店铺、上传并管理产品、推广并销售产品、跟踪产品物流信息的相关操作，提升移动电商的管理与运营能力
		物流管理	36	了解物流产生和发展过程与发展趋势、现代物流发展的理念与功能；掌握采购、运输、仓储、库存管理、配送、物流信息查询与监控等知识；能使用物流信息管理系统对物流的相关过程进行操作
		跨境电商	36	了解跨境电商的运营平台、运营规则、交易流程；能在跨境电商平台中注册网店、装修网店、上传并管理商品、开展网店运营、开展客户服务；能对产品进行跟踪管理；会查看并分析交易数据，培养学生跨境店铺运营管理、客户服务等电子商务能力
2	数字图像选修模块	人像摄影	36	了解人像拍摄的基本构图方式、用光技巧、艺术创作；能够在熟练使用设备的情况下，完成证件照、集体照拍摄；基本能拍摄剪影人像、创意人像
		数码照片调色	36	了解照片调色的工具、色彩原理、色彩搭配等理论知识；能够在PhotoShop、lightroom等软件中，利用曲线、亮度、色相、通道等一系列工具对图片进行合理调色；能独立完成抠图、除斑、美白、设置光影、色调调整、创意合成等操作
3	运营选修模块	网店运营	36	了解运营的规范与流程；能使用电商平台的工具分析行业数据、商品数据；能创建店铺并对店铺中的商品进行分类、编码，提炼商品卖点；能独立完成网店的整个交易过程；能根据网店的运营目标，选择合适的网络营销工具，开展店铺促销、优化店铺流程、优化店铺转换；能做好客户服务及老客户管理，提高销售额
		淘宝直播	36	了解淘宝直播的入驻要求；了解内容营销的规范，牢记淘宝直播的职业规范；能在淘宝网站上开通淘宝直播，学习淘宝直播的话术、技巧及礼仪规范；能策划直播；能分析淘宝直播的数据，了解直播的效果，并制订直播的改进方案

3. 认证实训模块课程

认证实训模块课程教学内容与要求如表 11 所示。

表 11 认证实训模块课程教学内容与要求

序号	模块名称	课程名称	课时	主要教学内容及要求
1	认证实训模块	办公技能证书	54	熟练使用文档的字体、段落、格式、引用、表格、图片、页面属性等功能对办公文档进行编辑；熟练使用表格处理软件对表格中数据的样式进行编辑，使用公式对数据进行计算，使用筛选与排序等功能对数据进行统计，完成数据报表的制作；能使用幻灯片等软件制作常用的演示文稿
2	认证实训模块	普通话证书	18	能较为自如地进行普通话表达；朗读和自由交谈时，语音标准，发音清晰、圆润、饱满，语汇、语法的使用正确无误，语调自然，表达流畅；能准确处理语音的强弱、连贯和停顿，达到抑扬顿挫的效果

（五）岗位认识和跟岗实习

认识实习：学校组织学生到相关企业参观和体验，组织企业导师介绍电子商务的发展等内容，让学生对电子商务企业和相关职业岗位形成初步认识，增强学生对电商企业的认识，提高学习专业知识和技能的兴趣。

跟岗实训：学生在企业导师带领下，在学校轮流进行商品摄影、店铺装修、店铺运营、店铺管理、店铺客服5个工作岗位的实训工作，做到轮岗培训，一岗多能。

跟岗实习：学校组织学生在学校众创公社开展跟岗实习，由企业导师为学生安排实习任务，并评价任务的完成质量、完成效果。学生导师参与实习过程的管理，培养学生吃苦耐劳的敬业精神，培育沟通合作能力和责任意识。跟岗实习要求如表12所示。

表12　实习要求

序号	工作岗位	工作任务	考核标准
1	商品摄影	搭建销售商品拍摄环境；拍摄产品图片	①能挖掘商品的卖点； ②能根据商品卖点搭建商品拍摄环境并拍摄图片； ③至少拍摄5类商品（各5个商品）的图片
2	店铺装修	铺框架、设计店招与导航、设计首页欢迎页面、设计店铺收藏及客服区、设计产品描述页面	①能根据商品特点设计店铺店招、欢迎页等各类图片； ②能根据商品的卖点设计商品的主图及详情图，并满足客户需求； ③设计5个以上的店铺店招、欢迎页等图片； ④设计10款以上商品的主图及详情图
3	店铺客服	售前准备；售中接待；售后处理；订单管理；物流管理	①做好售前准备工作，熟悉商品的卖点、价格等； ②能有效地与客户沟通，解决客户的困惑，销售商品； ③能管理订单、物流等流程； ④管理好客户评价，提高客户的好评率； ⑤完成50单以上的销售任务
4	店铺运营	交易管理；物流管理；商品管理；店铺管理；货源管理；售后管理；营销推广	①熟悉店铺运营的流程及要点； ②能使用平台提供的工具进行店铺数据分析； ③能开展店内促销及设置推广活动； ④完成5次以上店内外推广活动
5	店铺管理	寻找优质货源、线下平台搭建、网上平台搭建、员工管理、客服分流、安全设置、监控查询、活动策划	①能寻找畅销商品、搭建平台； ②能熟练使用平台提供的软件并根据受众人群对商品进行上、下架管理； ③能选择合适的时期策划促销活动，提高店铺的销售额及知名度； ④能针对店铺销售情况，适时调整营销策略

（六）顶岗实习

顶岗实习是本专业学生职业技能和职业岗位工作能力培养的重要实践教学环节，本专业认真落实教育部、财政部关于《中等职业学校学生实习管理办法》的有关要求，安排学生到本专业对应的校外实习场地开展顶岗实习，实习过程中根据学生的优势安排实习岗位，时间为0.5年。派出学校导师参与企业管理及参与企业项目，并管理顶岗实习学生，切实保障学生的安全与权益，构建校企共同指导、共同管理、合作育人的顶岗实习工作机制。

使学生树立爱岗敬业精神，提升服务意识和应变能力，增强独立工作和就业、创业能力。顶岗实习岗位与工作任务如表13所示。

表13　顶岗实习岗位与工作任务

序号	工作岗位	工作任务	考核标准
1	商品摄影	搭建销售商品拍摄环境；拍摄产品图片	①能快速找到商品的卖点；②拍摄商品特点，充分展现商品的卖点；③拍摄的商品能满足店铺装修岗位的需求
2	店铺装修	按客户要求设计并制作店铺店招、导航页、欢迎页、收藏页等页面；能设计并制作产品各级页面；能根据推广活动设计并制作产品各级页面	①能较好地与客户进行沟通，了解客户需要；②能按照公司规定的时间完成任务；③网站装修图片及商品图片能满足客户的需求
3	店铺客服	售前准备；售中接待；售后处理；订单管理；物流管理	①能按照运营岗位的安排开展售前、售中、售后的工作；②熟悉商品特点，能熟练使用软件与客户沟通，为客户提供商品信息；③能完成公司制订的销售额
4	店铺运营	交易管理；物流管理；商品管理；店铺管理；货源管理；售后管理；营销推广	①能对店铺进行管理；②能制订推广活动策划；③能根据店铺现有的销售业绩灵活修改营销策略；④能完成公司制订的销售额
5	店铺管理	员工管理；货源管理；运营管理	①能安排、调整员工岗位；②能根据销售情况合理管理货源；③能实时调整店铺销售策略，实现店铺销售额

十、课程结构

课程结构示意图如图1所示。

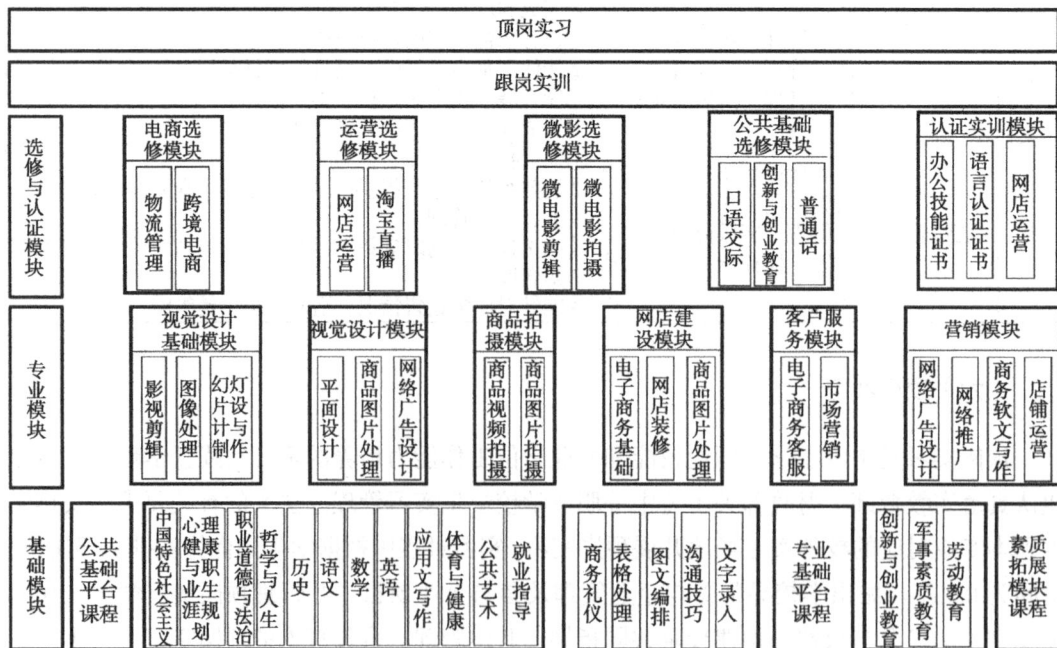

图1　课程结构示意图

十一、教学时间安排

（一）基本学时分配

1. 每学年为 52 周，其中教学时间 40 周（含复习考试），假期累计 12 周，周学时为 31 学时，顶岗实习按每周 30 小时（1 小时折合 1 学时）安排，3 年总学时数为 3 570。课程开设顺序和周学时安排详见《电子商务现代学徒制专业课程体系》。

2. 本专业实施学分制管理办法，学习 18 学时记 1 学分，3 年总学分不得少于 170 学分。企业导师参与授课的课时替换为对应课程的课时，采用学分替换机制替换课时与学分。

3. 军训、社会实践、入学教育、毕业教育等活动以 1 周记 1 学分，共 5 学分。

（二）教学安排建议

课程模块		课程名称	学分/分	学时	各学期学时分配数						其中：企业或学分替换课时
					1	2	3	4	5	6	
					周课时	周课时	周课时	周课时	周课时	周课时	
平台模块	公共基础平台模块	语文	10	180	2	2	2	2	2		72
		应用文写作	1	18			1				
		数学	10	180	2	2	2	2	2		72
		英语	10	180	2	2	2	2	2		72
		中国特色社会主义	2	36	2						
		心理健康与职业生涯规划	2	36			2				2
		职业道德与法治	2	36			2				
		哲学与人生	2	36				2			
		就业指导	2	36				1	1		36
		体育与健康	10	180	2	2	2	2	2		72
		艺术	2	36	1	1					
		劳动	5	90	1	1	1	1	1		
		历史	4	72	2	2					
		小计	56	1 008	13	12	11	11	9		326

103

续表

课程模块		课程名称	学分/分	学时	各学期学时分配数						其中：企业或学分替换课时
					1 周课时	2 周课时	3 周课时	4 周课时	5 周课时	6 周课时	
平台模块	专业基础平台模块	文字录入	2	36	2						
		沟通技巧	1	18	1						
		图文编排	3	54	3						
		表格处理	2	36		2					
		商务礼仪	1	18		1					
		小计	9	162	6	3	0				0
专业模块	视觉设计基础模块	影视剪辑	3	54	3						
		图像处理	3	54	3						
		幻灯片设计与制作	3	54	3						
	商品拍摄模块	商品图片拍摄	4	72		4					
		商品视频拍摄与编辑	4	72			4				72
	客户服务模块	电子商务客户服务	4	72			4				72
		市场营销	2	36		2					
	网店建设模块	电子商务基础	3	54	3						
		网店装修	8	144			4		4		144
		商品图片处理	8	144		4			4		144
	营销模块	网络广告设计	9	162				4	5		162
		店铺运营	15	270			4	6	5		270
		网络推广	17	306			4	5	4		306
		商务软文写作	2	36				2			36
		小计	85	1 530	12	14	20	17	22	0	1 206
	素质教育模块	创新与创业教育	1	18		1					
		军事素质教育（集中训练）	5	150							
		小计	9	162	1	3	1	1	1		18

续表

课程 模块	课程名称	学分/分	学时	各学期学时分配数						其中：企业 或学分替换 课时
				1	2	3	4	5	6	
				周课时	周课时	周课时	周课时	周课时	周课时	
选修模块	公共选修模块	8	144	2	2	2	2			
	专业选修模块	8	144	2	2	2	2			
	小计	24	432	4	4	4	4			
认证实训模块（考证）		3	54			3				
顶岗实习		18	540							540
总计		183	3 570	31	31	31	31	31	480	2 090

重庆市九龙坡职业教育中心 浙江云客网络技术有限公司
电子商务现代学徒制专业课程体系

说明：

1.课程中的授课教师由学校教师与企业导师共同组成，共同承担电子商务现代学徒制班的教学工作。

2.课程设置中设选修课，其学时数占总学时的比例应不少于10%。

十二、实施保障

（一）师资队伍

（1）专任教师应具有本科及以上学历，具有中等职业学校教师资格证书，有良好的师德，关注学生发展，熟悉教学规律，具备终身学习能力和教学改革意识。

（2）按照《中等职业学校设置标准（试行）》和《中等职业学校教师专业标准（试行）》的有关规定，进行教师队伍建设，合理配置教师资源。专任教师师生比不低于1∶20；双师型教师占专业课教师比例不低于50%。建设一支结构合理、素质优良的教师队伍。

（3）专业课教师应具有实际工作经验，熟悉电子商务行业企业岗位工作流程，具备教学设计和实施课程教学能力，由学校教师（学校导师）和企业技术骨干（企业导师）组成。

（4）学校导师参与企业的生产与管理，由企业为学校导师安排工作任务。企业导师应具有专科及以上学历，从事与专业相关的工作5年以上，具有丰富的电子商务运营管理经验，理论水平较高并具有一定的教学能力，到学校参与教学，需要做好教学与管理工作。

（二）教学设施

本专业配备了校内实习实训基地和校外实训基地。

1. 校内实习实训基地

结合专业教学实际需求，校内实训实习基地为学校的蚁聚九龙众创公社，配备电子商务实训室、电子商务实训中心、商品拍摄实训室、直播实训室等，能够完成视觉设计、网店编辑、网店美工、电商运营管理、物流管理、电商直播等实训教学及顶岗实习工作。主要教学设施设备及数量如表 14 所示。

表 14　主要教学设施设备及数量

序号	实训室		主要工具和设施设备	
	名称	功能	名称	数量（人均台/套）
1	电子商务美工实训室	完成计算机办公技能、图形处理技能等核心课程的教学	计算机	50
			交换机	3
			桌椅	50
			多媒体系统	1
2	电子商务运营实训室	通过模拟实训软件结合配套教材，让学生能快速掌握电子商务基本理论与电子商务基本流程操作，为学生进入下一步电子商务实践打下坚实的基础	计算机	50
			交换机	3
			多媒体系统	1
			桌椅	50
3	商品拍摄实训室	完成商品拍摄实训	单反相机	20
			灯组	20
			六幅背景布	4
			博物架	4
			镜头组	20
			柔光箱	4
			PC 计算机	2
			多媒体系统	1
			拍摄商品	40
			脚架	4
4	网络媒体实训室	完成核心课教学	多媒体	1
			计算机	50
5	直播实训室	完成直播实训	直播设备	8

2. 校外实习基地

校企共建校外实训基地，基地位于贵州独山（浙江云客网络技术有限公司产教融合基地），能够满足学生的实习工作。校企通过校外实训实习，帮助学生掌握电子商务商品摄影、网店装修、网络运营、店铺管理等的技能，提升学生的服务技巧，强化服务质量。

（三）教学资源

1. 教学材料

（1）教材：建议优先选用国家规划教材、全国电子商务资格考试统编教材等。

（2）学材：本专业教材配套的相关材料。

（3）教学资源库：校企共同建设的电子商务项目运营项目仿真实训系统（虚拟仿真实训软件，包含电商美工、电商运营、电商客服、电商虚拟交易系统）。

2. 教学环境

（1）硬件环境：液晶大屏显示系统，用来对外直播、存储、后期编辑、点播的录播系统。

（2）互动教学环境：采用移动可分组式桌椅，根据教学需要既可以统一授课，又可以分组式讨论，达到调节师生关系的目的，形成和谐的师生互动、生生互动、学习个体与教学中介的互动，强化人与环境的交互影响，产生教学共振，达到提高教学的效果。

3. 教学后援系统

良好的网络支持、课堂教学系统互动平台。

（四）教学方法

1. 示范教学法

示范教学法是指在电子商务技能教学过程中，教师通过示范操作和讲解使学生获得知识、技能的教学方法。在示范教学中，教师对电子商务实践操作内容进行现场演示，一边操作，一边讲解，强调关键步骤和注意事项，使学生"做中学、学中做"，理论与技能并重，较好地实现了师生互动，提高了学生的学习兴趣和学习效率。

2. 情景教学法

情景教学法是指在电子商务模拟情景下进行实践操作训练的教学方法。情景教学法通常在学生具备了一定的专业理论知识后、实践操作前进行。

3. 项目教学法

项目教学法是指以实际应用为目的，通过师生共同完成教学项目而使学生获得知识、能力的教学方法。其实施以小组为学习单位，步骤一般为咨询、计划、决策、实施、检查、评估。项目教学法强调学生在学习过程中的主体地位，提倡个性化学习，主张以学生学习为主，教师指导为辅。学生通过完成教学项目，能有效地调动学习的积极性，既掌握实践技能，又掌握相关理论知识；既学习了课程，又学习了工作方法；既充分发掘了学生的创造潜能，又提高了学生解决实际问题的综合能力。

（五）学习评价

根据本专业培养目标，建立以学生职业素养、岗位能力培养为核心，教育与产业、校内与校外相结合的科学评价标准。评价环节包括对教学过程中教师、学生、教学内容、教学方法、教学手段、教学环境、教学管理等因素的评价，强化对学生学习效果和教师教学过程的评价。采用学分制、多层次、多元化的考评方法，引导学生全面提升和个性发展。

教学评价应体现评价主体、评价方式、评价过程的多元化，注重吸引学生家长、企业参与。校内、校外评价相结合，行业资格证考试、职业技能鉴定与学业考核相结合，教师评价、学生互评与自我评价结合，过程性评价与结果性评价结合。

学习过程中不仅要关注学生对商品摄影、网店装修、网络运营、店铺管理、电商客服等必需知识的理解和岗位技能的掌握，更要关注相关知识在电商企业岗位实践中的运用以及解决岗位工作中实际问题的能力水平，重视岗位规范操作、安全文明生产等职业素质的形成，以及节约能源、节省原材料与爱护岗位设备、保护环境等意识与观念的树立。

（六）质量管理

1.教学计划管理

为了保障专业教学工作的有序、有效进行，专业教学每学年每学期的各项工作都有计划，并按照计划进行。教学计划管理在相应的工作层级和岗位做好相应的计划。学校整体层面对专业进行规划、设置和调整，教导处对学期工作进行安排，划分教师聘请类别。专业系部以及合作企业具体对班级设置、课程设置、教师的具体工作进行安排，完成教室的配备、实训室的配备、教材选定和排课管理。教师在学科教学工作中做好教学计划和课时计划，在有计划的前提下进行有序、有效的教学实施工作。教学计划管理流程如图2所示。

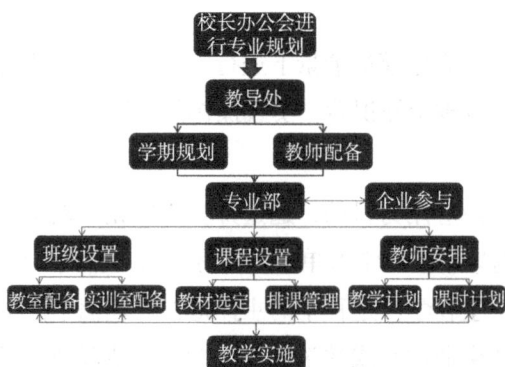

图2　教学计划管理流程

2. 教学过程管理

为落实各项教学基本要求，保证教学计划的实现，促进教学质量的不断提高，学校教学常规管理严格执行国家和市级文件要求，健全教学常规管理制度，促进教学管理工作规范化、科学化、制度化和现代化。

建立教学管理、组织、协调、督学系统，教务处配合专业系部对日常课堂教学及教学建设工作进行管理和监控，及时解决教学中出现的问题；聘请有丰富教学经验和管理经验的老教师组成校部两级督学小组，实现督教、督学、督管。教学过程管理流程如图3所示。

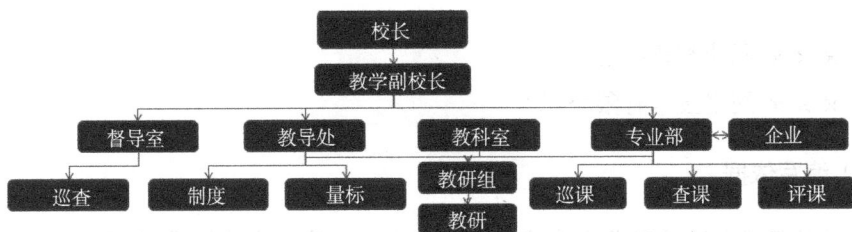

图3　教学过程管理流程

3. 教学质量管理

教师、学生双向课堂教学效果反馈系统，每学期由专业系部组织学生对所有上课教师的德、能、勤、导、教学效果进行评价，评价成绩作为教师晋职、评优的重要依据。校企合作企业参与学校的教学质量管理过程。同时，教师对任课班级的班风班貌、课堂纪律、学习态度、作业完成情况、班主任与任课老师沟通、学习效果等班级学习情况进行考核评价。将课堂教学过程出现的问题反馈给专业部、教师。项目、课程评价根据课程标准、教学计划进行，并及时分析、诊断、反馈，从而提高教学质量。

根据企业置换课程的实际情况，设计学分替代机制，作为对学生考核评价的依据。对企业派遣技术骨干，建立企业教师奖惩机制，激励企业骨干的工作成效。教学质量管理流程如图4所示。

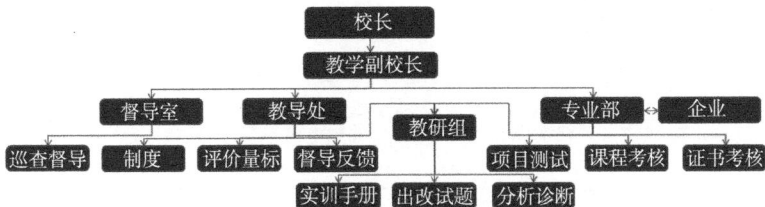

图4　教学质量管理流程图

十三、毕业要求

（1）所学课程均需合格或修满学分。

（2）综合素质评定合格。

（3）获取电子商务相应职业资格证书（或专项职业能力证书）。

十四、其他

（一）编写组织单位

（1）×××职业教育中心。

（2）×××网络技术有限公司。

（二）编写依据

（1）《关于职业院校专业人才培养方案制定与实施工作的指导意见》。

（2）《中等职业学校电子商务专业教学标准（试行）》。

（3）《教育部关于开展现代学徒制试点工作的意见》。

电子商务行业淘宝店长岗位工作标准

工作岗位	工作任务	工作内容		工作职责	职业素养
01 淘宝店长	01-01 整理网店	01-01-01	发布商品	•确定商品发布类目，编辑商品属性、主图、主副标题、价格、详情页面	•熟悉整个网店的基础操作及流程 •综合协调能力强 •具备良好的团队精神，能带领及指导整个团队工作 •能承受一定的工作压力 •具备善于学习，积累知识的能力
		01-01-02	设置商品分类	•设置不同维度的商品分类，修改商品所属分类	
		01-01-03	修改详情页	•当发现商品材质和功能与页面的材质和功能不一致时，第一时间与运营商量，及时通知美工修改，通知客服正确回答，避免造成麻烦	
		01-01-04	优化标题	•商品上架后进行标题优化，协助运营做好商品定价	
		01-01-05	调试页面	•全面检查详情页面，由美工改进，反复调试直到满意	
		01-01-06	维护商品	•维护滞销商品，筛选店内滞销商品，下架滞销商品，重新编辑发布滞销商品，下架即将超期商品，上架新商品	
	01-02 管理店铺	01-02-01	沟通协调客服工作	•督促客服人员的工作，对每位客服人员的工作情况，及时处理、发现的问题及时做好记录并处理。 •积极与客服部沟通，咨询调查最新的顾客需求及意见，了解主场最新情况	
		01-02-02	沟通协调打包工作	•了解并督促打单员工的出单情况，实现正确出单	
		01-02-03	沟通协调文案工作	•了解、收集、记录文案，完成刷单时的评语写作及晒图反馈	
		01-02-04	优化店铺	•利用淘宝及网店自带软件对店铺进行常规性的优化	
		01-02-05	统计销售情况	•对淘宝店的销售负责，每日整理淘宝店的收入与支出，并完成当日财务表的填写	
		01-02-06	协助运营	•分析每日营运情况，研究店铺统计数据，发掘隐藏的内在问题并及时汇报、处理，有针对性地提出解决办法	
	01-03 汇报工作	01-03-01	填写工作日志	•根据每日发生的情况、商品活动状态和淘宝店运营状况，整理、填写日统计报表、周统计报表、月统计报表，并向行政经理汇报	
		01-03-02	完成财务报表	•整理、填写日统计报表、周统计报表、月统计报表，并将月统计报表上传给财务部门	

续表

工作岗位	工作任务	工作内容		工作职责	职业素养
01 淘宝店长	01-04 管理客户	01-04-01	建立客户分组	●建立客户分层：包括沉默客户、睡眠客户、流失客户、1次购买新客户等。 ●使用客户标签：包括客户基本属性标签、交易属性标签。 ●设置会员制度：包括普通会员、高级会员、VIP会员、至尊会员等	
		01-04-02	设置老客户活动	●按照活动选客户。 ●按照客户标签，设置活动	
		01-04-03	推送信息	●用短信、电话、邮件、微博、微信、邮件等方式进行推送	
		01-04-04	总结活动效果	●对比不同推送方式的投入产出比。 ●备案投入产出比高的推广方式，以便下次活动使用	

电子商务行业运营岗位工作标准

工作岗位	工作任务	工作内容		工作职责	职业素养
02 运营	02-01 发布商品	02-01-01	分析行业数据	●确定类目词和商品关键词。 ●利用生意参谋、看店宝、生意经等工具查看市场趋势，查看商品搜索量趋势、行业销售季节，搜索人群地域、细分人群定位等。 ●利用淘宝指数查看细分市场，查看类目分类占比；查看人群筛选器，包括性别、消费层级、买家等级、身份、年龄、地域等；查看相关品牌，包括品牌名称、销量趋势、热销指数、全网均价、对应的商品等。 ●在淘宝网搜索关键词，查看综合排序商品、人气排序商品，销量排序商品的标题、主图、价格等	●加强商品业务熟悉度。我们运营的是商品，在任何时候都要了解自己的商品。商品是什么？商品的消费人群是哪些？ ●良好的沟通能力。店铺的运营需要多个岗位协作完成，需要经常与数据专员、美工、文案、推广专员、客服沟通 ●高效的团队合作意识。运营往往是出方案，需要其他部门配合完成 ●良好的数据分析能力。运营所做的任何方案都需要数据支撑 ●良好的时间管理能力。运营是一个复杂而烦琐的工作，一定要定计划，定期总结 ●善于学习，积累知识的能力。电商行业知识更新快，运营人员一定要不断学习，不断总结
		02-01-02	分析商品数据	●竞品分析：所有商品的价格区间带，竞品的销量和每天订单量，竞品的SKU状况和赠品力度。 ●关键词布局：标题组合——商品词+属性/修饰词+类目词，寻找、搜索人气高的词语。 ●商品卖点提炼：客户人群关注的问题，竞品卖点分析。 ●商品布局：同类商品布局，关联商品布局	
		02-01-03	确定商品基本信息	●确定商品细分类目。 ●确定商品价格。 ●确定商品属性。 ●确定商品拍摄风格（商品主图、场景图、模特图、细节图），同摄影师做好沟通。 ●同文案策划人员共同确定商品详情页中的文案。 ●确定商品详情页页面排序，和美工沟通，协同美工完成商品详情页面的设计。 ●确定主图视频拍摄的内容	
		02-01-04	上架商品/维护商品	●发布商品：确定商品发布类目，编辑商品属性、主图、主副标题、价格、详情页面。 ●商品分类：设置不同维度的商品分类，修改商品所属分类。 ●维护商品：维护滞销商品，筛选店内滞销商品，下架滞销商品，重新编辑发布滞销商品，下架即将超期商品，上架新商品	

续表

工作岗位	工作任务	工作内容		工作职责	职业素养
02 运营	02-02 店内促销	02-02-01	分析促销	●确定促销方向，明确促销目的，制订促销目标 ●分析竞争对手店内活动：分析商品数据及活动方案，包括商品品类、商品规划、商品优势、商品图片、商品数量、活动时间、活动目的、活动理由、促销方式、图文设置等 ●归纳常见促销方式：包括制订促销、组合促销、赠送促销等	
		02-02-02	设置促销	●设置促销工具：包括满就送、搭配套餐、店铺优惠券、淘宝VIP、手机专享价、满减优惠等。 ●选择活动商品。分析竞争对手的促销商品、竞争对手的促销方式及店铺商品，合理选择商品	
		02-02-03	宣传促销	●制订活动策划方案：包括活动主题、促销内容、活动时间、活动商品、活动页面框架企划、活动参与人群等。 ●对接美工制作宣传海报。 ●对接客服推荐活动。 ●对接推广人员，做好活动推广内容	
		02-02-04	执行促销活动	●对接推广人员，通知老客户购买：通过短信、旺旺通知、电话、邮件、微博、微信公众号等多种方式，排查活动障碍，检查活动设置是否有误，制订应急处理方案。 ●监控活动过程：优化客户反馈，检查客服执行情况，对接采购人员与仓库做好备货	
		02-02-05	总结分析促销效果	●分析活动数据：包括每天的访问数、销售额、转化率、客单价等。 ●分析活动效果。 ●组织总结会议。 ●制作活动报告及存档	
	02-03 优化店铺流量	02-03-01	分析免费流量	●分析PC端流量来源：包括搜索流量、类目流量、店内流量、免费活动流量。 ●分析无线端流量来源：包括搜索、类目店内免费活动流量	
		02-03-02	分析付费流量	●分析直通车流量：主要包括访客数、浏览量、点击率、转化率、花费、点击花费等。 ●分析钻展流量：主要包括访客数、浏览量、点击率、转化率、花费、成交数。 ●分析淘宝客流量：主要包括访客数、浏览量、点击率、转化率、佣金比例、成交数等。 ●分析第三方活动流量：主要包括访客数、点击率、转化率等。 ●淘内活动付费流量：主要包括访客数、点击率、转化率等	

续表

工作岗位	工作任务	工作内容		工作职责	职业素养
02 运营	02-03 优化店铺流量	02-03-03	判断流量需求	• 汇总免费流量和付费流量，分别算出免费流量和付费流量占总流量的比例，各付费流量的投入和产出比。根据汇总的流量结构，判断店铺的流量需求，如付费流量占比高，搜索、活动流量低等	
		02-03-04	优化免费流量	• 优化产品标题，筛选关键词：生意参谋选词、标题下拉框选词、商品属性选词按规则组词、按权重组词、按阅读性组词。 • 优化上、下架时间：采集时段维度，根据本店的成交及浏览数，从高到低排序，从排序时段调整商品的上、下架时间。 • 优化类目搜索流量：确定类目是否放对；核对类目属性，完善类目属性，并优化类目属性。分析类目属性流量，利用淘宝指数查询属性词搜索指数，对比各属性的指数值，选择适合的属性值，匹配、优化本店属性。 • 店铺权重的维护：主要包括消保+7天退换+公益产品、处罚降权、销售额、转化率、回头客+好评率+动态评分、有价值的收藏量、旺旺响应时间、店铺信誉等。 • 橱窗推荐：有效利用橱窗推荐。 • 微淘营销：通过微淘广播内容进行互动，包括商品推荐、活动、晒照片等，组织粉丝活动等。 • 微博、微信公众号等新媒体营销。 • 店内活动：包括打折、秒杀、团购、满送、抽奖、限时特价等。 • 视频直播等	
		02-03-05	优化付费流量	• 淘宝客。（1）加入淘宝客；（2）设置佣金比例；（3）新建计划；（4）招募淘宝客（阿里妈妈社区、门户网站、搜索引擎、导航网站、站长联盟等）；（5）维护淘宝客，建立店铺淘客群，及时更新店铺的优惠信息和佣金变动情况，提供店铺推广商品的图片、文案等，不定期举办淘客奖励计划或淘客大赛，增加淘客的积极性以及和店铺的互动，维护老淘客，吸引新淘客，促进店铺长远发展。 • 直通车推广。（1）新建计划；（2）选款，主要从商品款式本身（客单价、大众接受、有充足利润、评价好等）、数据（访客数、平均访问时间、跳失率）、店铺商品结构（可选择性、可搭配性、上新情况）等方面进行选择；（3）添加创意，制作直通车图；（4）添加关键词；（5）出价；（6）根据点击花费和排名，调整关键词和出价。 • 钻石展位。（1）选择资源位，选择站内的资源位，即名称带有"网络购物"的资源位；（2）制作钻石展位创意图；（3）新建计划；（4）确认投放人群；（5）出价	

工作岗位	工作任务	工作内容		工作职责	职业素养
02 运营	02-04 优化店铺转化	02-04-01	优化页面	●采集本店数据：采集单品数据，包括单品转化率、跳失率、访问深度；采集店铺数据，包括首页流量数据、DSR 数据。 ●采集竞品数据：包括竞品转化率、价格、评价、关联商品，DSR 数据。 ●对比本店和竞品数据：竞品转化高、访问时间长、评价好。 ●分析对比竞品促销方案，找出竞品可能促销方案，分析竞品促销方案效果。 ●汇总分析结果，形成调整方案，出具页面调整方向，对接美工、文案调整首页、主图、详情页、文案	
		02-04-02	优化评价	●实时收集单品评价，记录差评、好评。 ●对接客服维护评价：回复好评、解释差评、好评有礼	
	02-05 提高店铺客单价	02-05-01	采集影响客单价的相关数据	●对比本店与竞争店铺的商品价格。 ●分析关联销售。 ●分析客件数。 ●分析客服因素	
		02-05-02	增强关联销售	●找出强关联的商品。 ●把强关联的商品做套餐促销	
		02-05-03	对接客服做好引导	●对接客服做好引导，提高客件数	
	02-06 汇总店铺数据	02-06-01	汇总店铺数据	●填写店铺日常表格。 ●填写店铺推广表格。 ●填写店铺活动表格。 ●填写店铺销售表格。 ●制作周计划、月计划、年计划	
	02-07 老客户管理	02-07-01	建立客户分组	●建立客户分层：包括沉默客户、睡眠客户、流失客户、1 次购买新客户等。 ●使用客户标签：包括客户基本属性标签，交易属性标签。 ●设置会员制度：包括普通会员、高级会员、VIP 会员、至尊会员	
		02-07-02	设置老客户活动	●按照活动选客户。 ●按照客户标签，设置活动	
		02-07-03	选择信息推送方式	●可选择短信、电话、邮件、微博、微信、邮件等	
		02-07-04	总结活动效果	●对比不同推送方式的投入产出比。 ●备案投入产出比高的推广方式以便下次活动使用	

电子商务行业数据分析岗位工作标准

工作岗位	工作任务		工作内容		工作职责	职业素养
03 数据分析	03-01 采集数据		03-01-01	采集实时数据	•登录卖家千牛平台，进入生意参谋中的实时直播页面，实时查看访客数、浏览量、支付买家数等数据。 •根据实时来源、实时榜单、实时访客查看当前店铺实时数据，能及时提供运营所需要的数据	•工作严谨细致，有高度责任心和较强的逻辑思维能力，对数字较敏感，具有很强的市场预判能力。 •具备良好的沟通表达能力、团队精神；较强的工作主动性及抗压能力，工作细致耐心，有责任感，有较强的保密意识，团队合作意识强
			03-01-02	采集活动数据	•在店铺开展促销活动期间，进入生意参谋的作战室页面，查看活动期间的实时数据。 •采集活动期间的客群来源、地域分布、特征分布、行为分布。 •采集活动期间流量来源、优惠券、购物津贴等营销工具的使用情况	
			03-01-03	采集店铺流量	•登录卖家千牛平台，进入生意参谋中的流量纵横页面，查看流量概况。可以采集实时、1天、7天、30天的访客数、浏览量、转化率等数据。 •进入生意参谋中的流量纵横页面来源分析栏，采集实时、1天、7天、30天的店铺流量来源数据，店铺访客分别来源于手淘、淘金币、每日好店、自主访问的数据。 •进入生意参谋中的流量纵横页面选词助手栏，利用选词助手，采集引流搜索词、行业相关搜索词带来的访客数、下单转化率、全网搜索热度等数据。 •进入生意参谋中的流量纵横页面动线分析项，采集店铺客户浏览路径、浏览去向和页面分析数据	
			03-01-04	采集消费者信息	•进入生意参谋中的流量纵横页面消费者分析栏，采集消费者来源、地域分布、特征分布、行为分布等数据	
			03-01-05	采集店内商品数据	•采集店内商品数据。进入生意参谋中的品类罗盘页面商品360栏，有针对性地采集店铺内某商品的销售情况、价格、库存、流量等，有针对性地对内容进行采集，比如访客数、浏览量、收藏人数、SKU销售详情信息等	

工作岗位		工作任务	工作内容		工作职责	职业素养
03	数据分析	03-01 采集数据	03-01-06	采集行业数据	●进入生意参谋中的品类罗盘页面品类360栏，可以进行品类搜索，结合行业大盘情况，分析品类价格带、品类属性、流量、客群等。 ●进入生意参谋中的品类罗盘页面货源发现栏，查看同类目下可以选择的产品数据。 ●采集竞争商品数据：进入生意参谋中的竞争页面竞争店铺，采集竞争店铺的流量数据。 ●采集竞争店铺数据：进入生意参谋中的竞争页面竞争产品，采集竞争店铺内竞争产品的流量等数据。 ●采集竞争品牌数据：进入生意参谋中的竞争页面竞争品牌栏，采集竞争品牌的流量数据。 ●竞争配置：进入生意参谋中的竞争页面竞争配置，将同类目下表现优秀的店铺，或者与本店规模相差不大、未来一段时间努力目标的店铺设置为竞争店铺	
			03-01-07	采集异常数据	●收集异常运营数据：进入品类罗盘的商品洞察栏，采集流量、转化、差评、退款等异常预警数据，为运营分析做准备。 ●在无大型促销活动的情况下，交易情况较平常有明显的增加或者减少，应及时收集相关数据进行分析，找出原因，为运营提供有效的数据支持	
		03-02 分析数据	03-02-01	分析流量数据	●分析日常数据：对比已收集的1天、7天、30天的流量数据，分析流量趋势，总结店铺顾客的消费规律，包括时间、地域、商品选择方面的习惯等，为运营提供有效的数据支持。 ●分析活动数据：对促销活动期间（包括钻展、直通车、淘宝客）的销售数据进行统计分析，看是否达到营销方案中的营销目的或利润，提供数据报表和改善建议，提升营销效果。 ●生意参谋中的品类罗盘页面商品洞察中的异常预警，根据异常数据分析接下来的工作内容	●具有良好的数据敏感度与逻辑分析能力，及时发现数据变化可能带来的后果。 ●善于主动思考，具备较强的观察力和逻辑分析能力，对于工作内容和工作方法能持续改善和创新，敢于提出自己的想法。 ●具备强烈的进取心、良好的跨部门沟通及组织能力，积极发扬团队合作精神

续表

工作岗位	工作任务		工作内容	工作职责	职业素养
03 数据分析	03-02 分析数据		03-02-02 分析访客数据	●进入生意参谋中的流量纵横页面中的访客分析，根据访客的时段分布、地域分布、特征分布、消费层级等数据，分析本店铺的访客，精准定位目标人群，精准投放广告和定价等，为运营提供初步方案	
			03-02-03 分析商品数据	●进入生意参谋中的商品分析页面，对店内各个商品的概况、销售数据、异常商品进行数据统计，分析单个商品的销售走势，同类目竞争商品的名称、流量来源、关键词效果、退款率等数据，为运营提供数据有效的支持	
	03-03 管理报告		03-03-01 管理报告	●根据公司和运营的要求，针对店铺或者商品进行数据统计和分析后，将结果形成月、季度、年度数据分析报告，确保报表编制的准确性、及时性 ●定期进行数据分析报告撰写及数据汇报工作，为其他部门提供有效的数据支持，确保数据提供的准确性、及时性 ●负责对所有数据进行妥善管理保存，对移交、销毁等操作需及时记录	●具备较强的文字表达能力和基础的档案管理能力

电子商务行业推广专员岗位工作标准

工作岗位	工作任务	工作内容	工作职责	职业素养
04 推广专员	04-01 直通车推广	04-01-01 熟悉直通车推广准入条件并签订直通车服务协议	●了解参加直通车推广的条件：（1）店铺须加入淘宝消费者保障服务，并缴纳消保证金；（2）C店需二星以上等级；（3）店铺的销量大于0；（4）店铺动态评分各项分值均不得低于4.4分；（5）食品、保健品、化妆品需加入假一赔三；（6）用户遵守《淘宝规则》中的相关规定，未销售假冒商品，并未扣除达到规则规定的处罚分值。如关于严重违规行为相关规定而被淘宝处罚扣分累计超过12分且小于48分已满365天的，用户未因违反《淘宝规则》中虚假交易规定被扣分大于12分，或未处于因违反《淘宝规则》中虚假交易规定被扣分12分之日起90天内的等规则。 ●签订《淘宝/天猫直通车软件服务协议》。阅读直通车软件服务协议，了解服务条款，签订服务协议。 ●需要了解的几个关键词：支付费用、关键词、指定信息的内容、点击数。需了解的是服务需向阿里妈妈按点击次数支付费用。设置的关键词是由数字、字母、汉字等组成的字符串，该字串必须符合淘宝网站信息发布要求及淘宝直通车搜索关键词设置规范。指定信息必须是通过淘宝直通车软件服务输入的含有文字、图片和链接内容等有效的信息。点击数的统计以阿里妈妈的统计结果为准	●具有法律意识，遵守《淘宝规则》，在法律规定的范围内做事。 ●熟悉并遵守法律法规。 ●具有经营营利的意识

工作岗位	工作任务	工作内容		工作职责	职业素养
04	推广专员	04-01	直通车推广	04-01-02	分析竞品数据	在生意参谋中查看商品的行业数据、销售数据、购买人群、流量来源、竞品的卖点等数据，从直通车中查看数据（直通车的数据以15天为1个周期，如1—15日、2—16日）。 ●行业数据：查看当前本行业的销售排行榜，排在前几位的店铺名称、交易的金额、销售排在前列的商品，其搜索时搜索的关键词是哪个。如销售户外商品的店铺中，某一店铺的搜索词是一次性内裤、鱼竿、冲锋衣、冲锋衣男、冲锋衣女等词，就可以分析出此时间段为旅游旺季，同时根据搜索词在排行榜中的排行顺序在自己的销售商品标题中加入一些搜索靠前的词语。比如，在销售干果的店铺中，也可以查看排行的搜索关键词，在自己的店铺中选择使用搜索数量较多的词语 ●购买人群：查看购买商品人群。分析购买人群的访问时间、入店来源、年龄特征、访问位置等数据，从而更精准设置推广人群。分析访问时间数据时，分析出购买数量较多、较集中的时间段，此时间段就可确定为投放直通车推广的时间段。分析入店来源，可查看到是手淘淘金币、手淘搜索（关键词是哪个）、淘内免费、手淘首页、我的淘宝、直通车等中的哪种方式，如果是通过关键词搜索的，需要重点关注关键词，如果是淘宝首页，那就需要了解商品的主图等信息。分析年龄特征，分析购买者的年龄段（如18～25岁、25～36岁等年龄段），分析购买人群的购买力，确定投放直通车推广时的受众人群，如在服装类商品的数据分析中会发现18～25岁的购买人群的购买能力就次于25～36岁的购买人群，我们也可以分析出前者注重服装款式，而后者则注重服装的品质。 ●访客位置：查看访客来源的省市，是北上广还是江浙，或者是其他地区，同时分析购买数量较多的省市，从而确定直通车推广的投放区域。 ●流量来源：查看PC端和无线端流量来源的分布。从付费流量来源（直通车与淘宝客等）、淘内免费、自主访问等几种流量来源进行分析，分析访客数及所点击的百分比。分析流量来源，若发现PC端流量来源较多，则可向PC端投放推广，若无线端流量较大，而向无线端投放直通车推广，这样可带来较大的成交额与转化率。 ●竞品卖点：查看实时榜单，从浏览量、访客数、支付金额、支付买家数、支付转化率等参数分析。分析浏览量较多、成交较多的商品，从主图、详情、价格、商品标题、关键词等方面进行分析，从而找出商品的卖点。 ●分析本商品的推广出价是否高于平均出价，控制成本，使推广效果更佳	●分析、对比数据是销售的基础能力，在分析对比数据中要详细、细致，做到准确无误。 ●要善于抓取关键信息，随时与本店商品进行对比，将本店商品的优势体现出来

续表

工作岗位	工作任务	工作内容	工作职责	职业素养
04 推广专员	04—01 直通车推广	04-01-03 熟悉直通车推广计划中各度量的意思	在直通车推广中，有展现量、点击量、花费、点击率、平均点击花费等 20 余项试题，推广专业必须明确熟悉各度量的意义，便于分析直通车推广的效果。 ●展现量：指参与直通车推广计划的商品在 N 个无线端及 PC 端展现的次数，即淘宝直通车推出展现了 N 次机会。 ●点击量：指从 PC 端(掌柜热卖)和无线端(hot)点击商品并浏览商品的数量。 ●花费：指进行直通车推广计划的商品用去了多少推广费用。 ●平均点击花费：指总的花费金额/点击量，平均点击花费的费用即出价的高低决定直通车推广的展现先后顺序。如××包，A 店铺给出点击费用为 5.5 元，B 店铺给出点击费用为 5.8 元，C 店铺给出点击费用为 5.4 元，则在直通车推广展现机会时，B 店的商品排在最前面，A 店的商品排在第二，C 店的商品排在第三。 ●直接成交金额：指从 PC 端（掌柜热卖）和无线端（hot）点击商品并购买商品，交易成功后的总的交易金额，直接成交金额＝直接成交笔数×单件商品的成交价。 ●直接成交笔数：即通过点击直通车活动购买商品完成成交的笔数。如商品 A 在参加直通车推广，购买商品 A 就完成交易，这笔交易就是直接成交笔数。 ●间接成交金额：通过点击直通车推广商品 A 进入店铺，购买了其他未参加直通车推广的 B 或 C 等商品，则交易 B 和 C 的成交金额为间接成交金额。 ●间接成交笔数：通过点击直通车推广商品 A 进入店铺，购买了其他未参加直通车推广的 B 或 C 等商品，B 和 C 商品在购买时是一起付款，则称为一笔交易；若交易 B 商品时完成一次付款，交易 C 商品时又完成另一次付款，则这是两笔交易。 ●收藏商品数：通过直通车推广浏览商品，浏览此商品后点击收藏的买家数量。 ●收藏店铺数：即通过直通车推广浏览商品，浏览此商品后又进入店铺并收藏了店铺的买家数量。 ●投入产出比 ROI：ROI ＝总成交额/花费。如通过某一关键词，某天共消耗的推广费用为 300，而直通车带来的销量为 9 000，则 ROI=9 000/300=30。ROI 值越大，说明投入产出比越高，效益越好	●具有动态理解各参数的能力与意识

工作岗位	工作任务	工作内容		工作职责	职业素养
04	04-01	直通车推广	04-01-04	新建/修改推广计划	●设置推广关键词：直通车可以设置 200 个以内的关键词，但通常情况下设置的关键词不会超过 20 个。 （1）设置关键词：关键词即买家可能会使用此词搜索商品的词语。如在某智能锁的直通车推广中，关键词可能有密码锁、智能锁、指纹锁、防盗门指纹锁…… （2）设置关键词的出价：分别设置每一个关键词 PC 端和无线端的出价，无线端的成交量比 PC 端多，因此，在设置出价价格时，无线端的出价应该高于 PC 端的出价。 ●设置创意图：创意图有 4 张，分别将 4 张创意图上传上去。上传过程中注意图的顺序，第一张图是关键。 ●添加人群及溢价：访客人群包含商品定向人群、店铺定向人群、行业定向人群、基础属性人群，根据商品的实际情况设置商品的访客人群，添加了受众人群进行精准投放则应设置溢价，设置溢价后，其直通车点击费用则为出价 + 溢价。如 A 商品的直通车推广出价是 5 元，某一人群溢价 30%，店铺定向人群溢价 30%，则直通车推广费用为 5+5×0.3+5×0.3=8 元。 （1）商品定向人群：系统根据商品的情况，智能挖掘出对商品感兴趣的人群，有喜欢相似商品的访客人群和喜欢店铺商品的访客人群。如在智能锁的销售中，对搜索智能锁的人群设置溢价，其直通车推广排名将会更靠前。 （2）店铺定向人群：根据店铺的特征及对在本店铺或同类店铺产生过浏览/收藏/加购/购买行为的一类人群，分别根据不同人群设置溢价。如针对智能锁商品，对浏览过商品的人群设置较高的溢价时，则在此人群再次浏览此类商品时，搜索排名就会更靠前。而对收藏了此商品的人群也设置溢价时，在直通车推广时也会排名更靠前。 （3）行业人群：根据商品各部分不同材质、根据需要进行溢价设置。如某一智能锁会出现把手材质、材质、面板材质，其材质为不锈钢，在可设置不锈钢的溢价后，在搜索智能锁且为不锈钢材质时，其推广的排名又会靠前。 （4）基础属性人群：①人口属性人群：设置受众人群的名称、溢价、性别、年龄、月均消费额度。如销售太阳伞商品的，受众人群设置在 18 ～ 49 岁的女性，月消费额在 750 ～ 1 749 元的人群，根据商品价格再细化，更能精准地投放推广计算。比较，月消费费用在 749 元以下的人群，更适合价格在 10 ～ 25 元的太阳伞，月消费在 1 750 元以上的人群则适合价格稍高一点的太阳伞。②天	●新建推广计划时，必须按照运营主管的要求，准确地设置每一个参数，不允许出错。 ●在添加创意图时，能够准确无误地选择图片，不出现错误。 ●添加人群时，根据不同商品的特点、受众人群设置溢价，并检查是否设置正确

续表

工作岗位	工作任务	工作内容	工作职责	职业素养
04 推广专员	04—01 直通车推广	04—01—04 新建/修改推广计划	气属性人群：如雨伞则在雨天时更会自动在有雨的区域人群中进行推广。太阳伞则设置火热、高温的温度人群，在相应地方的人群中，会投放直通车推广。③淘宝属性人群：可以设置资深淘宝/天猫的访客、高消费金额的访客、喜好折扣商品的访客、高购买频次的访客，对于不同类型的访客设置不同的溢价。④节日属性人群：对于不同的节日（如双十一、双十二、三八妇女节等）设置不同的溢价。	
		04—01—05 查看推广结果，调整推广计划	开展直通车推广计划后，及时查看数据，需查看其推广效果，分别从实时数据、阶段时间数据、全部推广计划及某一商品的推广数据，及时了解推广数据，调整推广战略，更有效地实施直通车推广活动。 ●分析实时数据：分析今日花费、点击量、展现量、点击率、平均点击花费、总成交金额、投入产出比等数据，同时查看和对比、分析PC端和无线端的各个数据。 （1）今日花费是指一天的直通车点击费用，除查看总的费用外，还需要查看各时段的点击情况，分析各时段的点击情况，可以更有效地修改推广计划。如在实时数据效果中，我们发现16：00—20：00这一时段为推广的ROI最高值，那么就修改推广时间段，以便取得更好的投入产出比。 （2）点击量：查看今日的点击量，和昨天的点击量进行对比，分析点击增加或减少的原因。 ●查看全部推广计划：查看所有推广商品的花费、点击量、展现量、点击率等数据，并分析所有推广中，哪些属于推广投入产出比较高的计划，同时调整推广计划中的设置，以便取得更好的效果。 ●查看某一商品的推广数据：查看某一商品的花费、点击量、展现量、点击率等数据，同时查看前一日、本周的数据，并修改推广设置。如A商品推广花费了52元，占总花费的1/4，点击量有28个，占总点击量的2/5，展现量有6 096个，占总展现量的近1/4，成交金额为1 054，占总成交金额的1/5，且这些数据和前一日相比，均有下降，则分析产生此现象的原因，并调整投放的人群、修改关键词，以便取得更好的效果。 ●分析直通车流量时，需分析其出价是否高于平均出价	●时时查看推广数据，对数据的上升与下降要有敏锐的洞察力，并及时向运营总管汇报。 ●调整推广计划设置，根据运营主管的方案，调整运营中的关键词、溢价等数据。 ●按要求汇总并下载日数据、周数据，并汇总推广数据

工作岗位	工作任务	工作内容	工作职责	职业素养
04 推广专员	04-02	淘客推广	04-02-01 熟悉淘宝客的推广准入条件及推广原理	●淘宝客推广的准入条件：（1）店铺状态正常（店铺可正常访问）；（2）近30天内成交金额大于0；（3）C店淘宝店铺掌柜信用≥300分；（4）C店淘宝店铺近365天内未存在修改商品，如类目、品牌、型号、价格等重要属性，使其成为另外一种商品继续出售而被淘宝处罚的记录；（5）未被阿里平台处以特定严重违规行为的处罚，未发生过严重危及交易安全的情形；（6）店铺综合排名良好，DSR在4.5以上。 ●淘宝客的推广原理：淘宝客发送商品链接到社交平台后，购买者通过社交平台中的链接进入店铺购买商品，完成销售后收到一定的佣金。比如，A商品的销售金额为268元，其淘宝客的佣金为8%，则完成交易后淘宝客即可获得21.44元的佣金。 ●淘宝客的推广渠道：主要包括淘宝官方的推广渠道和其他的专业淘宝App。淘宝官方的推广有一淘、宝宝树、团长招商，其中一淘要求在同行中排名在100以上，淘宝的等级较高，审核较为严格	●分析、对比数据是销售的基础能力，在分析对比数据中要详细、细致，做到准确无误。 ●要善于抓取关键信息，随时与本店商品进行对比，将本店商品的优势体现出来
			04-02-02 熟悉淘宝客营销平台的相关操作	●熟悉界面各板块的位置：淘宝联盟官网，可通过官网或从千牛平台进入淘宝客推广平台，包含计划、活动、效果报表、账户4个内容。计划管理页面包含新建推广计划、管理推广计划两个内容；活动是参加活动的报名入口，效果报表是统计推广结果，账户则是显示账户信息。 ●熟悉添加计划的过程：活动报名——设置活动时间、活动商品、佣金等——选择淘客——开展推广。在选择淘宝客时，可以通过设置自选计划确定淘客的资格，吸引优质淘客推广商品。 ●不随意更改推广设置，保证店铺的信誉。店铺有等级，在淘客平台中，也有一定的信誉，从店铺开始淘客推广，商品佣金的比例、推广的效果、推广的次数等在淘客都能看到，随意中止、更改淘客推广活动，会减少淘客合作的愿望。 ●选择成长等级较高的淘客：淘客和店铺一样，具有一定的等级，他们有流量能力、成交能力，推广商品数量多、成交金额大的淘客等级高，寻找高等级的淘客对于商品的推广效果会更好，这也是优质淘客，这些淘客除看商品的佣金外，还注意商品本身的性价比	●建立店铺的良好信誉，在活动中必须严格执行活动计划。 ●熟悉平台的操作，随时了解平时的变化，并学习其规则及操作方法

续表

工作岗位	工作任务	工作内容	工作职责	职业素养
04 推广专员	04-02 淘客推广	04-02-03 设置淘宝客推广计划	● 熟悉淘客活动类型：在活动中，有推荐活动、官方活动、V标团长活动，其中官方活动对店铺的等级、成交量等具有一定要求的，较初级的店铺无法参加此类活动。淘宝联盟经常会发布活动，推广人员应长期关注活动并了解参加活动的要求，随时做好报名活动的准备。 ● 报名参加活动：在活动界面中选择符合自己商品的活动。选择参加活动的商品，可选择一个或多个商品参加同一个推广活动。 ● 设置推广计划：设置佣金比例，佣金比例在1.5%~70%，根据推广的目的设置不同的佣金比例。若是新商品，为了打开销售渠道，可以设置较高的佣金；若为了提交销售额，则佣金比例不宜设置过高	● 具有参与活动的意识，随时了解并掌握活动的动态及参与活动的条件，做参与活动的准备。 ● 具有敏锐的市场意识，随时计算商品的收益
		04-02-04 寻找优质淘客	● 新建定向计划，设置条件寻找淘客：在此计划中，根据自己店铺的情况设置淘客的要求，比如淘客的流量能力、成交能力及等级设置具体的要求。此后，会有淘客联系，再对淘客进行筛选。 ● 在淘客推广公司中寻找淘客：与淘客推广公司合作时，其推广费用包含淘客佣金＋服务费，淘客佣金是支付给淘客的推广费用，服务费是支付给淘客推广公司的费用。 ● 在主动联系的淘客中选择淘客：当发布推广计划后，会有淘客主动联系，在主动联系的淘客中，按本店的推广要求，择优选择淘客。	● 友善地与淘客及淘客推广公司交流，了解对方对佣金的要求，提出自己推广商品的计划与要求。 ● 在与淘客沟通的过程中能注意用语
		04-02-05 查看推广结果统计推广数据	● 查看数据： （1）查看实时数据：在活动计划中，查看付款笔数、付款金额、预估付款佣金，了解每日的推广效果。 （2）查看时段数据：分时间段查询数据，如查询1周、10天等时段的数据，了解这时候的推广效果、成交金额等。 ● 查看推广者数据：查看各推广者的推广效果，可查看到各推广者推广后的点击率、成交金额、佣金等	● 在查看数据中，能分析商品推广是否达到预期，并分析未出现预期的原因
	04-03 钻石展位推广	04-03-01 了解钻石展位推广原理	● 钻石展位推广前需参加学习，考核通过后才能参加钻石展位推广。 ● 钻石展位展示位：包含影视、综合门户、网上购物、娱乐八卦等站内外的展示，其中淘宝、天猫首页异于站内展位，其无线端及PC端，各频道展位都包含无线端及PC端展位。 ● 展位收费：按CPM竞价收费，即每千次展现收费。你出价6元，那么你的广告被人看1 000次收取6元。	● 具有法律意识，遵守淘宝规则，在法律规定的范围内做事 ● 熟悉并遵守法律法规。 ● 具有经营盈利的意识

续表

工作岗位	工作任务	工作内容		工作职责	职业素养
04 推广专员	04-03 钻石展位推广	04-03-01	了解钻石展位推广原理	●钻石展位展现逻辑：系统按出价高低顺序展现，价高者优先展现，出价最高的预算消耗完后，才展现下一位。购买流量数=预算/CPM单位×1 000。 ●钻石展位定向：对不同区域、不同性别、不同年龄阶段的人群设置不同的标签，可以根据访问情况设置定向投放，实现精准投放广告的目的	
		04-03-02	新建钻展投放计划（站内购物）	●选择资源位：在选择资源位时，可以参考系统推荐的资源位，即在系统展示的投放计划中选择日均可竞流量多、点击率较多的资源位。选择网上购物——选择本行业——按综合推荐指数排序——选择排名靠前的资源位。 ●上传创意图：不同的资源位其创意图的尺寸不同，上传美工提供的创意图片，填写创意基本信息（选择创意类型、选择图片等），等待后台审核。 ●新建计划：新建营销计划，选择展示网络，填写计划基本信息（计划名称、预算费用、投放日期、投放地域、准许时间等）。 ●填写推广单元信息（设置定向和出众），即设置流量的通投和精准投向。设置定向群体，综合消费者历史浏览、搜索、收藏、购买行为，确定消费者最可能点击的商品类型和价格，设置访客定向（10万以上的人群）、兴趣点定向（2~3个即可），设置出价后即可保存计划，完成钻石展位的设置	●具有参与活动的意识，随时了解并掌握活动的动态及参与活动的条件，做参与活动的准备。 ●具有敏锐的市场意识，随时计算商品的收益
		04-03-03	查看投放数据并解决常见问题	●查看投放数据：查看投放计划期间的每时间段、每日、每周、每月等时间的数据，并将数据及时上报给运营主管。 ●查看竞品的投放数据：查看竞品的投放资源位、投放计划、投放时间及展现收益数据，分析本推广计划商品与竞品的情况。 ●修改钻石展位计划：根据运营主管或运营总监的要求，修改计划中的创意图、投放预算、投放定向人群、投放时间等信息	●在查看数据中，能分析商品推广是否达到预期，并分析出现预期的原因
	04-04 站外免费推广	04-04-01	在微信等平台推广	●在推广平台中寻找推广人员，谈好价格，并将信息传给推广人员。 ●提炼商品特色，将商品文字或链接发送到朋友圈、微信群等地方，推广商品。 ●查看推广的数据，分析数据及推广成效	●具有安全推广意识，不能触碰法律红线
		04-04-02	在专业推广网站上推广	●查看小红书一类的推广网站，查看推广资质，提交报名及商品信息，等待审核。 ●设置推广时段、推广人群等信息。 ●查看推广的数据，分析数据及推广成效	●具有安全推广意识，不能触碰法律红线

电子商务行业客户服务岗位工作标准

工作岗位	工作任务	工作内容		工作职责	职业素养
05 客户服务	05-01 售前客服	05-01-01	熟悉页面描述	●做客户服务工作前，需要了解本店的商品，了解属于哪个商品品类，了解商品的大小、材质、功能、用途，与同类别的商品相比，有什么优、劣势，卖点在哪里。 ●在接待客户接待过程中，发现详情页描述有问题时，应及时跟掌柜或美工反映，及时修改。避免不必要的售后和投诉	●服务语气要让客户感受到尊重：首先礼貌用语是"您"不可用"你"，"请，稍等一下,马上，好嘞"，这样更让客户感觉你在尊重他，一律不可用一字之言，例如"哦""是"可以用"嗯嗯，没错哦"代替，多使用旺旺小表情，使聊天氛围生动。 ●详细解答，采用"问三答三"原则。 ●详细了解各平台规则禁忌问题。 ●服务要充满热情。回复问题要有热情，不能带有情绪，发出不耐烦的文字，会直接影响客户的购买心情，造成客户的流失，直接造成转化的数据下降。 ●旺旺上的信息都需回复，如果没有回复会直接影响到服务数据【响应时间长】。 ●备注要简单、清晰、明了，特别是售后客户，每次接待、处理应当都备注，以便下次接待可以清楚问题，备注要添加时间与责任人，以防下次处理可直接问之前处理的客服。不再重复问客户同样问题
		05-01-02	设置快捷键	●新店铺的售前客服应自己设置好快捷短语，这样有助于加深对快捷语的回复，提升工作效率	
		05-01-03	问候进店客户	●设置自动回复进店询单的客户，一般自动回复的格式为：【您好】+【店铺名，表示欢迎】+【客服名】+【店铺活动】+有什么可以帮到您？（服务意识）注：自动回复内容会随店铺活动随时调整	
		05-01-04	介绍商品	●向客户介绍商品时要及时、准确、详细。 ●遇到不懂的问题需请教接待过的同事或掌柜，不能回复不清楚、不知道等；如果在接待中对客户问到的新品问题不懂的，要第一时间到详情页大概浏览一下，以便及时回复客户的问题。 ●下班时再看一下新上的商品基本信息，不清楚的及时问掌柜，与组员交接好当天了解需注意的事项	
		05-01-05	介绍商品材质	●接待售前需要对店铺的每款商品材质都熟悉，特别是服装类目，接待回复面料时一定要注意，不清楚、不确定的要第一时间查看页面描述。 ●材质不能乱回复，回复错就会造成投诉，材质投诉对商品的影响很大。 ●发现掌柜或主管培训的材质和页面的材质不一样时，需要和掌柜进一步确认到底是什么材质，描述有问题要第一时间让掌柜或运营及时修改，避免造成麻烦	
		05-01-06	介绍活动	●主动联系运营问清楚活动类型，并向客户介绍活动操作方式(如需先领券拍下是多少价格，券到哪领取等)。附加其他商品同样活动及发货时间信息（店铺活动都是经常更换的，但运营未必会及时通知到位）。 ●活动熟悉后要与客服团队成员间做好沟通、交接工作	

工作岗位	工作任务	工作内容		工作职责	职业素养
05 客户服务	05-01	售前客服	05-01-07 解答差评	•客户可能会用店铺中出现的差评来表达对商品的质量等方面的质疑。对于询问的客户，要耐心、正面、真诚地回答。 •回复时，先介绍商品的特点、卖点、优势，再解释评价差的原因。如亲亲，我们这款商品是全网销量最高的哦，材质样式实用性都是比较好，很多老客户会回购，由于商品不可能每个人都能满意，自然评价有好有坏的呢，好的都是占多数的。 •也可以说明是同行这边羡慕嫉妒恨，用了很多小号来打击（前提是对商品足够了解，否则适得其反）。 •可以回复商品的品质已经得到了改进（如现在商品做好了，之前的评价都是之前的品质。也可以和客户说，亲，现在您看的评价都是××时间的，现在我们的商品都已经升级过了，您可以看下××号之后的评价都没有问题啦，请放心购买哦，不会有质量的问题啦）	
			05-01-08 处理断货缺码	•遇到客户需要的货拍不了，要问下仓库或掌柜是否还有库存；再明确回复多久有货或不生产。 •如没有客户需要的商品了需推荐其他款样式给客户参考，尽可能地介绍推荐的商品的优点、卖点，把客户的注意力转到推荐的款式上，这样可以提升服务专业水平，尽可能地提高数据转化	
			05-01-09 衔接发货时间	•每个店铺仓库截止打单发货各有不同，回复时切记不可承诺发货时间，但必须表达尽快发货的意愿。 •活动时，发货时间也要跟商家核对清楚，大概多久发出自己要清楚。 •需要了解每家店铺仓库实际发货情况再回复	
			05-01-10 安排快递	•买家来咨询快递问题时，刚好店铺没有买家要求的快递，要询问下买家我们发的快递是否能到或问下买家地址是哪里，我们可以查看下；能到的给客户进行说明可以发。 •不能到的商家，若有邮政可以推荐客户发邮政快递，介绍说明村镇有邮局都是可以送到的	
			05-01-11 处理推荐	•推荐客户尺码或尺寸，都应当问清楚所需的数据，不可盲目地回复、推荐，避免造成售后问题	

续表

工作岗位	工作任务	工作内容		工作职责	职业素养
05 客户服务	05-01 售前客服	05-01-12	议价	•在规范、公平、明码标价，坚持原则不议价的情况下，可以通过适当优惠或赠送小礼品的方式满足个别买家追求更加优惠的心理。 •如果买家说贵的话，这个时候可以顺着买家的意思，承认自己的商品的确贵，但是要委婉地告诉买家要全方位比较，一分钱一分货，还要看商品的材质、工艺、包装、售后等。 •绝不能有高高在上的心态，做出一副爱买不买的态度来对待买家，或者很死板、不会变通政策（注：也可引导客人参加店铺活动，如两件包邮，优惠券的使用，套餐搭配，满减活动等）	
		05-01-13	处理承诺	•约定大于规则原则。如有承诺买家提前发货或送礼品或改商品等，务必登记好并及时跟踪订单。 •如果商家延迟发货和有违背承诺的，需及时联系客户解释清楚是什么原因造成的，并与客户协商或补偿处理，避免投诉。订单有变更需联系买家，在旺旺上取得同意，作为凭据	
		05-01-14	解答邮费	•了解清楚客户地址和本店铺邮费政策再进行答复。运费需要问清楚客户的地址，再进行回复，如果是偏远地区的客户要先了解清楚是否包邮，再进行回复（除非全店全国包邮可不用问买家是哪里的，否则必须做到先询问买家是哪里的再做明确答复）	
		05-01-15	推送新品	•商家有新品或要推的款式，除了设置好自动回复，在接待完售前成交的客户，也可以推送商品给客户，只要有优惠客户都会买单，可促成商品的推广	
		05-01-16	处理好评返现	•根据店铺运营安排实事求是地回答。但要对好评进行引导。"没有返现亲爱的，真是抱歉的哦""暂时没有这样的活动的哦""商品的价格我们都是好特惠促销的，您有需要的商品欢迎随时再下单哦"	
		05-01-17	介绍赠品问题	•根据店铺运营安排实事求是地回答。 •如果没有赠品，就让客户明白一分钱一分货的实情（如亲，其实返现礼物什么的都是羊毛出在羊身上，这个道理我相信亲爱的其实明白的，我们是直接让利于民，质量才是关键，我相信亲爱的，您也是看中商品质量的嘛） •让客户明白我们都是微利（如亲爱的，咱们都是小生意，微利商品，赠品只是我们的一个小心意哦，重在您买的商品喜欢，我们促销的是实在的价格，保证好服务和品质的哦，赠品都是不重要的……）	争议解决：接待过程中也经常会出现一些买家刁难的问题。碰到刁难的买家千万不要急躁，急躁就输了。议价、赠品、快递查询、售后等环节经常碰到。首先，这问题还是要自身掌握一定的销售

工作岗位	工作任务	工作内容		工作职责	职业素养
05 客户服务	05-01 售前客服	05-01-18	处理大额订单	• 清楚店铺优惠权限，可以自己做主给客户多少优惠（如，相框店客户拍下满 20 080 元，自己就可以直接给客户最低优惠 80 元）。 • 遇到有不清楚的可以向掌柜申请，看能优惠多少（如，鹿贲美客户要 100 套 6 件套，这时不清楚怎么优惠的，就可以先问下掌柜，也可以把客户信息转给他）	技巧，买家遇到多了，处理多了，自然而然地也知道如何处理好应对刁难客服的买家。要见招拆招，尤为重要的一点，一定要知道，买家刁难你他图什么，这样就能很顺利地解决好每个刁难你的买家！ • 客户标注。需要跟单的客户应先标注好，以免客户拍下后未能及时备注，造成错误订单。或者其他应当跟单处理的漏掉，再次造成售后比较难处理。 • 掌柜信息查看。任何时候、任何地点，一定要及时注意查看掌柜这边微信、QQ 对接的信息，再忙也要第一时间关注。以免造成后续麻烦。如，A 店中午 12 点已经更改了快递信息，掌柜已经第一时间通知到客服，客服没有及时查看，导致 12 点之后到 16 点之间的咨询订单全部错误，造成了诸多的售后问题。所以掌柜或运营信息务必要第一时间查看，做好交接工作，并回复"信息已了解"，或者"好的，收到"
		05-01-19	处理应急订单	• 急要的单子要求当天发出的，要跟仓库核实是否能发货，客户要求的也不要随意承诺，可以让客户拍下并给他备注优先安排发货，再通知仓库今天发货（如，亲亲，拍下我帮您备注、检查好优先安排发货哦，我会叮嘱仓库帮亲安排的哈，请亲不要着急呢）	
		05-01-20	处理买家定制产品	• 有些商品需要定制，接待时一定要核实清楚，定制所需和资料备注清楚，清晰简单。或者转给售后客服进行接待	
		05-01-21	处理下单退货	• 接待客户中遇到下了单但不要的情况，询问什么原因，尽量能不退就不退。如果发货了不要的，联系仓库找包裹件；若不好找的，让客户到时拒收，我们联系退回	
		05-01-22	核对地址	• 每个客户拍下付款，都应核对地址，以免客户地址错误，到时再联系修改地址，会造成时间上的耽搁，影响客户的购物体验，这样不仅耽误售前回复时间，也会造成对商品不好的评价	
		05-01-23	发货卡点	• 下午 4 点结束当天的发货时，刚好有客户卡点拍下并要求今天发出的，需跟仓库核对是否能发货，可以发的货让仓库一起安排，不能发的货要跟客户解释清楚，不能随意承诺可以发货	
		05-01-24	交接客服挂号	• 如果店铺有多个子账号接待，有事要挂起时，需要核实其他账号是否正常接待。 • 挂起要通知组员，因为挂起流量会增大。 • 不能随意挂账号，避免子账号无人接待，客户到主账号咨询	
	05-02 工作交接	05-02-01	交接工作	• 组员之间每日店铺的信息变更，应当登记并告知组员，如下次忘记可以直接查看信息备忘录，减少问题的出错率	
		05-02-02	备注客户信息	• 需要跟单的客户应先标注好，以免客户拍下后未能及时备注，造成错误订单。或者其他应当跟单处理的漏掉，再次造成售后就比较难处理了	

续表

工作岗位	工作任务	工作内容		工作职责	职业素养
05 客户服务	05-02 工作交接	05-02-03	反馈数据	●对确定好的目标数据，每个店铺宜设定1%～5%每日的变动数据值提醒，低于设定的目标值要找出问题原因，问题点出现在哪里，要怎么解决，如何解决，需要谁来解决，多长时间能解决	
		05-02-04	查看掌柜信息	●任何时候、任何地点，一定要及时注意查看掌柜这边微信、QQ对接的信息，再忙也要第一时间关注，以免造成后续麻烦。如，A店中午12点已经更改了快递信息，掌柜已经第一时间通知到客服，客服没有及时查看，导致12点之后到16点之间的咨询订单全部错误，造成了诸多的售后问题。所以，掌柜或运营信息再忙都要第一时间查看，接收并了解，做好交接工作，并回复掌柜"信息已了解"，或者"好的，收到"	
		05-02-05	处理盗图举报	●收到举报信息要及时地向掌柜反映，让掌柜查看、处理。一般这种盗图投诉都是比较着急的，务必在第一时间通知到位，而不仅是通知。掌柜联系不上则联系售后客服或仓库，总之，能联系上的方式都要联系一次，确保能采用的方式通知到位。保证服务的店铺不受任何影响	
		05-02-06	处理发票问题	●天猫必须开发票，不可乱回复说没有，C店有些店铺可以补点开发票的，一定要了解清楚。开的是普通发票还是增值税发票都要了解，一般发票都是开千元内的，万元以上订单则需要两张以上，视情况而定。 ●对发票问题不了解或者遇到没有见过的问题，一定要询问掌柜，了解清楚并记录在交接问题上。在对待发票问题上一定要特别谨慎	
		05-02-07	处理预售问题	●店铺有预售款，我们需要了解清楚拍下多久可以发货，有几个款式产品是预售的。 ●需登记清楚交接给晚班客服，避免组员对店里产品信息变更不清楚造成接待承诺性问题	
		05-02-08	完成目标问题	●由组长设定上、下旬目标值，随时抽检组员店铺绩效数据，对数据低的需辅导组员提升各方面数据；目标公布下来当天客服登记数据时，需核对目标相差值，数据需跟晚班组员通知到位，对于数据低的情况，需讨论问题出在哪，怎样才能提升数据	
		05-02-09	处理质量问题	●因店铺而异，根据自己的售后权利进行高效的处理。收到有质量问题的，前期先协商补偿，实在不行，商品单价不高的，申请补发；商品高的可退回来更换。有售后的转售后接待，需要跟客户说明情况，再转接，不要直接转	

工作岗位	工作任务	工作内容		工作职责	职业素养
05 客户服务	05-02 工作交接	05-02-10	处理广告推送	●若遇到推广告的来联系的情况，先核实清楚是什么问题再回复，有用的信息截图给掌柜留言	
		05-02-11	处理官方小二信息	●电商官方有小二来找（橙色标识，阿里巴巴集团工作人员），先跟掌柜讲再转接过去处理，有售后转接售后接待。此问题务必第一时间转接，如未及时转接则会造成重大损失，造成的实际损失由当班人员承担	
	05-03 售中客服	05-03-01	处理客户查件	●急客户之所急，耐心细致地解答客户问题（如，亲！实在抱歉，给您添麻烦了，请您不要着急，我会马上帮您查询一下，等下主动告诉您查询的结果）	
		05-03-02	接待客户吐槽	●不反驳，但要从不必要的交谈中撤离（如，亲，后续有什么问题，联系我们给您处理哦。祝亲生活愉快！满意的话，给我们五颗星奖励哦）	
		05-03-03	处理客户催件	●急客户之所急，耐心细致地解答客户问题（如，亲爱的，您的件正在去您那边的路上哦，由于快递件多，系统消息是滞后的，到了派件程序就及时派件，消息是系统上没有更新的哦，也请您千万不要担心，我们也会帮您催的，这个件会保障送到，也请您在此期间保持手机畅通，有任何问题随时和我们在线客服联系哦）	
		05-03-04	修改收货地址	●及时解决客户问题（如，好的呢亲爱的，麻烦您把要改的地址手打一份发过来哦，我这边联系仓库给您更改哦）	
		05-03-05	处理客户未签收问题	●急客户之所急，耐心细致地解答客户问题（如，亲爱的，实在抱歉，给您添麻烦了，请您不要着急，有任何异常情况和问题，我们都会给您全心服务好的，那麻烦您去门卫或者收发室等经常放件的地方看下好吗？或者问下家人朋友有没有帮您代签的呢）	
		05-03-06	处理送货延迟	●急客户之所急，耐心细致地解答客户问题（如，亲爱的，麻烦您那边晚点的时候跟踪看下物流消息哦，由于订单量大，我们是按照顺序安排下去的，您的订单已经安排了，很快就会发车的，有任何问题您随时和我们沟通哦）	
		05-03-07	处理未收退款	●急客户之所急，耐心细致地解答客户问题（如，好的呢，麻烦亲到时帮忙拒收一下哦，显示退回了，小的让售后帮亲安排处理退款呢，实在非常抱歉啦，耽误了您的时间）	

续表

工作岗位	工作任务	工作内容		工作职责	职业素养
05 客户服务	05-03 售中客服	05-03-08	跟单服务	•需要跟单的客户应先标注好，以免客户拍下后未能及时备注，造成错误订单。或者把其他应当跟单处理的漏掉，再次造成售后就比较难处理了	
		05-03-09	处理发错快递	•表达歉意，安排更换或补发（如，实在非常抱歉啦，给亲添麻烦了，您看快递可以给您送到吗，如果送不到我们这边联系快递退回，给亲重新补发其他快递呢，可以收到时辛苦下亲取下件呢，实在辛苦亲了。）	
	05-04 售后客服	05-04-01	处理商品破损	•表达歉意，安排更换或补发，并尽量降低店铺损失（如，嗯，好的亲，真是抱歉的哦，看到您的图片了，给您添麻烦了哦，您那边看下这样可以的吗？要是您不急用，我们这次给您返回3元到支付宝补偿，您还有需要时再重新下单买下，可以吗？要是急用无其他需求，您和我们说下，我们给您安排更换补发，可以吗？）	
		05-04-02	处理发错、少发货	•表达歉意，最好客户能接受产品，并补差价（如，亲亲，实在非常抱歉，给亲添麻烦了，您看这产品是否能接受呢，或者问下有没有亲戚朋友喜欢，帮忙推荐下呢，我们这边给亲补偿点差价，您看如何呢？） •客户实在接受不了的，退回商品，然后更换商品，快递费由客户先垫付，然后由掌柜退费给客户。（如，由于小的没有检查好给您造成不愉快的购物体验，实在万分抱歉，还望亲谅解，退回时先帮忙垫付下运费，到时我们收到退回的商品，重新给亲发货，运费也会打到亲支付宝里哈） •处理少发的情况要先核实，后补发（如亲亲，实在非常抱歉啦，能否把全部收到的商品排放整齐拍下照片发给我呢，我这边核实一下哈，少发了我让仓库给亲重新安排补发过去，给亲造成不愉快的购物体验，实在万分抱歉啦，请亲谅解）	
		05-04-03	退差价	•及时办理退差价的情况（如，好的呢，还麻烦亲帮忙确认收货并评价一下哦，然后支付宝账号和姓名发我下哈，我这边登记好后48小时内让财务给亲处理打款呢。）	
		05-04-04	处理好评返现	•根据店铺运营安排实事求是地回答。但要对好评进行引导（如，亲爱的，真是抱歉哦，暂时没有这样的活动的哦，商品的价格我们都是好特惠促销的，您有需要的商品欢迎随时再下单哦。）	

续表

工作岗位	工作任务	工作内容		工作职责	职业素养
05 客户服务	05-04	售后客服	05-04-05 处理发票问题	●客户若索要发票，不能说没有发票，具体情况要先和掌柜沟通然后回复（如，亲亲，实在非常抱歉啦，给亲添麻烦了，由于前期活动订单量大没来得及给亲安排，我这边跟售后讲下，帮亲安排补开下哦，麻烦您把抬头和税务登记号发我下呢。）	
			05-04-06 处理未送赠品情况	●处理未送赠品的情况要先核实，后补发，最好退等价，降低物流费用（如，亲可以把全部收到的商品拍下照片发我下吗，我这边核实下呢，少发了下次购买我这边一起给亲补发过来，您看可以吗？实在不行，我这退亲2元差价作为补偿。）	
			05-04-07 处理质量问题	●有照片为证的质量问题，立即表达歉意，并及时处理，或退货，避免投诉（如嗯，好的亲，真是抱歉哦，看到您的图片了，给您添麻烦了哦，您那边看下这样可以的吗，要是您不急用，我们这次给您返回3元到支付宝补偿，您还有需要时再重新下单买下，可以吗？要是急用无其他需求，您和我们说下，我们给您安排更换补发，可以吗？）	
			05-04-08 处理商品与描述不符	●有照片为证的情况，及时处理，通过退差价让客户接受这个商品，若客户不接受商品，在客户退回商品后，补发相对应的商品（如亲，可以拍下照片发我看下吗？可能是分配错货了，实在不好意思啦，如果能接受的话，我申请给亲退点差价呢，实在不合适，退回来给亲更换下，退回运费先垫付下哦。）	
			05-04-09 处理客户对产品想象不一的问题	●表达商品与描述是一致的，如果客户不满意，就按照平台要求退、换货（如，亲，我们商品都是如实描述的哦，如果您对收到的商品不满意，我们支持7天无理由退、换货服务。不是质量问题退回，运费亲自己承担下哈，看下有没有亲戚朋友喜欢的呢，帮忙推荐下呢，这边可以申请给亲优惠点，退换寄回运费也要不少呢。）	
			05-04-10 处理投诉举报	●表达歉意，并及时处理，化解矛盾，或大事化小（如，实在抱歉啦，给亲添麻烦了，我这边帮亲转接售后呢，她会帮亲处理好的。）	
			05-04-11 处理7天无理由退货	●表达歉意，并及时处理，由买家承担运费（如，我家是支持7天无理由退、换货的哦，在不影响二次销售的情况下是可以退、换货的哦。）	
			05-04-12 处理包装包装问题	●首先表达歉意，如果只是包装出问题，争取得到客户谅解。如果商品质量受到影响，安排退换货，并将情况汇报给掌柜（如，亲，我们发货前都会检查商品包装的呢，运输过程中难免会磕磕碰碰，由于快递给亲造成不愉快的购物体验，实在是抱歉。您检查下商品有无破损，如有质量问题，小的会帮亲处理好的哈，请亲放心哟。）	

电子商务行业文案策划岗位工作标准

工作岗位	工作任务	工作内容		工作职责	职业素养
06 文案策划	06-01 产品广告文案	06-01-01	调研分析商品与市场	•采集同行业商品信息及相关商务信息，获取竞争商品的功能及性能指标，收集相关商品的用户体验。 •对目的市场进行调研，调研市场主流商品，调研客户需求，分析客户痛点，分析市场容量及发展趋势。 •撰写调研分析报告，根据客户需求及痛点，分析商品与主流竞争商品的优势与劣势	•使用多种网络工具采集商务信息，信息全面，条理清晰； •市场调研全面、准确，分析有理有据； •撰写商情分析报告，逻辑清晰，客户需求及痛点明确，优劣简洁、明了
		06-01-02	撰写维护网页文案	•围绕商品，分析客户需求及痛点，对商品进行直观、富有吸引力的描写，突出商品优势，使商品符合品牌特质（天猫首页、二级页面及线下商品）。 •跟踪、收集网络购物的最新流行趋势、卖点，配合美工，挖掘商品卖点，进行卖点的软文包装（商品页面）。 •根据需要，对线上、线下商品进行文案修改和维护	•抓住客户需求及痛点，文案足够吸引目光。 •能够紧跟最新流行趋势，吸引点击量。 •具备PS处理能力。 •文案维护和更新及时
		06-01-03	撰写维护平台文案	•围绕商品，分析客户需求及痛点，对商品进行直观、富有吸引力的描写，突出商品优势，使商品符合品牌特质。 •跟踪、收集网络购物的最新流行趋势，配合美工，挖掘商品卖点，进行卖点的软文包装。 •根据需要，完成微博、微信、博客、QQ空间等其他商务载体平台的文案撰写、更新及维护	
	06-02 活动促销文案	06-02-01	调研促销活动	•获取竞争商品促销活动等商务信息，获取新兴促销形式及方案。 •跟踪网络流行趋势，及时获取当下热门话题和事件。 •调研客户对促销活动的期望及兴趣点。 •分析可行的促销活动方案，准确估计活动成本及收益	•及时获取网络流行信息，抓住热点话题及事件。 •准确把握客户心理，瞄准客户兴趣点，达到客户期望。 •对促销活动的成本和收益有一个大致的估计
		06-02-02	设计维护网页活动文案	•设计简洁鲜明的活动标题与标语，紧跟时下热门话题及事件，同时紧扣消费者心理，能够迅速引起消费者的好奇心，提升消费者购买的可能性。 •根据可行的促销活动，撰写详情页面活动内容，内容排版设计应当抓住消费者心理，简洁明了、鲜明地突出重点。 •充分考虑活动可能出现的各种情况，撰写活动须知，以应对活动中出现的各种情况。 •及时更新活动内容及状态，根据情况对活动的开始、变更及结束做出实时反应	•活动策划需尽可能全面地考虑到各种情况，避免频繁更改，引起客户的反感。 •及时更新活动状态，避免客户产生得而复失的感觉，降低客户好感度。 •活动本身应贴近客户心理，抓住客户诉求。 •活动的文案呈现应直观并富有吸引力，争取在最短时间内引起客户兴趣。 •具备PS处理能力

工作岗位	工作任务	工作内容		工作职责	职业素养
06 文案策划	06–02 活动促销文案	06–02–03	设计维护其他平台活动文案	•对微博、微信、博客、QQ 空间等平台的促销广告进行编辑和发布，对商品进行直观、感性、富有吸引力的描述，突出商品卖点，提高商品描述的转换率。 •跟踪活动发布后各平台用户的反应，根据实际情况，对活动内容做出及时的解释，必要时对活动做出调整。 •及时更新活动内容及状态	

电子商务行业美工岗位工作标准

工作岗位	工作任务	工作内容		工作职责	职业素养
07 美工	07–01 装修店铺首页	07–01–01	设计店铺整体风格	•按照运营总监思想或运营助理要求，选择或设计适合商品特色的店铺风格。 •选择店铺色调搭配	•对工作有热情，责任心强、能承受一定的压力。 •服从公司指挥，认真执行公司的工作命令，一切行为不得损害公司利益和形象。 •思维开阔，亲和力强，容易与人沟通，耐心、细心。 •熟悉 Photoshop、Illustrator、Dreamveawer、flash 等设计软件。 •具有品牌视觉。在网店装修过程中运用视觉规范流程装修首页，树立店铺形象。 •对店铺装修布局合理，风格统一，色彩搭配协调
		07–01–02	制作店标	•根据公司顶层的店铺设计要求，调整店标的尺寸、色彩、表现方式等。 •调节店标尺寸，使之符合淘宝要求（淘宝尺寸为 100 mm×100 mm）。 •制作店标动图，调整店标色彩，时时与店铺促销思想保持一致	
		07–01–03	制作 Banner	•收集或制作 Banner 所需的各种素材。 •制作淘宝需求尺寸的 Banner 广告图片，尽量展示商品的独特之处，让人过目不忘。 •设计广告图片的展现形式，动图或静图	
		07–01–04	设计制作海报	•收集制作海报页面的相关素材。 •收集店铺的活动信息，规划活动海报，尽量使页面具有吸引力。 •设计制作海报静图、文字描述、动画等	
		07–01–05	制作商品促销页	•收集促销商品的素材。 •制作商品促销页，使之与店铺运营思想一致，促进商品的点击率。 •分割与上传店铺商品	

续表

工作岗位	工作任务		工作内容		工作职责	职业素养
07	美工	07-01	装修店铺首页	07-01-06	美化店铺介绍视频	●按照运营总监、店长指导思想，选择店铺介绍视频的风格，确定视频大小及时长。 ●剪辑展现店铺特点的视频分镜头。 ●连接分镜头，确定各镜头出场的顺序、特征要有利于展现店铺风格。 ●制作介绍店铺经营理念的文字、辅助动画，吸引用户前往店铺	
		07-02	设计制作商品主图	07-02-01	美化第1张主图	●差异化设计主图，能从颜色、风格、卖点、个性等方面设计主图，使之能代替详情页面信息。 ●创新性设计主图，能结合好商品的卖点，制作吸引客户眼球的图片元素，以便增加点击率	●严禁盗图，以免发生商业纠纷。 ●具有营销视觉。熟知视觉营销、视觉传达，能准确地传递信息，引入优质流量。 ●懂得自我沉淀。作为设计者，应该懂得自我沉淀，提高个人设计水平。在设计感觉困惑时，多思考、多交流，总结经验，思考分析。能系统化地整理自己的设计思路、设计素材、设计图稿
				07-02-02	美化第2张主图	●美化第2张主图，能从商品内容表现角度进行图片制作，表现商品质量、内涵特征，使用户详细了解商品内容。 ●美化商品内容图片的表现形式，能体现卖点，打消客户的顾虑，让客户觉得就算买了不满意还是可以退的，给客户安全感，比如说有任何不满意包退、7天无理由退货等	
				07-02-03	美化第3张主图	●美化第3张主页，能从商品的不同角度美化图片，主要是从客户角度美化主图。 ●制作和美化促销点图片元素，让客户感觉到商品很优惠，现在买最为划算	
				07-02-04	美化第4、第5张主图	●美化第4、5张主图，要体现商品类别描述，是第1张主图的补充说明。 ●能从商品细节方面美化商品图片，一个标点、一个文字说明都要注意，避免引起客户的理解误会	
				07-02-05	制作主图视频	●收集主图和描述图片。 ●分析主图和描述图片表达商品的特征内容。 ●选择适合表现主图商品的背景音乐。 ●制作标准的9秒主图视频，助推店铺商品	
				07-02-06	上传主图和主图视频	●收集、整理店铺平台主图的上传方法。 ●进入卖家中心，根据提示和要求上传主图视频。 ●调整上传的主图视频，使之能完美表现主图，不出现漏边、缺角等情况	

续表

工作岗位	工作任务	工作内容		工作职责	职业素养
07	美工	07-03	设计制作商品详情页	07-03-01 美化商品图片	•美化商品图片，调整商品图片的亮度、饱和度、清晰度、尺寸大小等。 •抠图、背景处理、添加文字、添加水印，合成商品展示图片。 •收集体现商品特征的素材，协助展示图片传达的商品性能，如在宽松款式图片上加风吹起来的毛制品等。 •补充商品图片细节。在商品图片上加上表达商品性能的配件，并使之与商品图片融为一体	•具有敏锐的触觉。对时尚或新鲜的事物有敏锐的触觉，把时尚或流行元素融入作品中。 •具有商品视觉。了解或掌握商品摄影，提供创意策划，了解消费者心理学，引导消费者激发兴趣，挖掘商品卖点，产生共鸣，最后下单。 •了解商品的细节、材质、颜色、大小尺寸等，并将其提炼到详情页中。 •能挑选商品进行关联，搭配推荐。 •说明售后，避免不良纠纷问题
				07-03-02 排版详情页	•收集、整理店铺平台上详情页的尺寸。如，淘宝的宽度要求是 750 像素，天猫的宽度要求是 790 像素，单张切片高度不超过 1 500 像素。 •排版详情页：根据店铺平台详情页尺寸、店长促销思想进行排版，设计中体现卖点，展示商品优势特点，提升点击率。 •确定详情页风格：浏览参考优秀商品详情页，准备 1～3 个不同风格类目的页面，取其优点，去其糟粕，设计和制作自己的店铺详情页	
				07-03-03 制作焦点海报、优惠券	•收集店铺促销焦点相关的图片、配件元素。 •制作焦点海报。 •确定优惠券的尺寸、颜色、传达的焦点信息，如优惠券的发放人群、店铺传达的思想等。 •制作优惠券。注意不同人群对优惠券的字体、颜色、传达信息的关注度不同，应有针对性地进行设计和制作	
				07-03-04 美化关联	•筛选关联商品的类别和数量。关联商品数量不要过多，一般 3 个，3 行就可以了，数量太多会让买家失去浏览下去的兴趣。 •美化商品关联。关联的商品要有适用性、经济性，抓住客户图便宜的心理，增加客户购买欲望，促进主商品的销售力度	
				07-03-05 美化卖点	•整理卖点。浏览同行的详情页，取长补短，综合整理出商品的卖点，记录、罗列同行卖点，去掉我们没有的卖点，保留我们有的卖点，然后调整卖点的顺序，明确详情页的卖点内容。 •调整卖点顺序。主打的卖点优势靠前放，客户首要关心的卖点靠前放	

续表

工作岗位	工作任务		工作内容	工作职责	职业素养
07	美工	07-03 设计制作商品详情页	07-03-06 描述售后	●准确表述信息，商品和事实要相符。 ●重点提醒容易产生误会的信息，比如色差问题，由于天气等不可抗因素导致的物流问题，定制导致的延迟发货的问题等，而这些提醒应放在最上方醒目的位置	
			07-03-07 制作商品视频	●分析商品性能、参数、特点、使用方法。 ●制作详情页标准视频，使用户通过看视频就能了解商品的详细情况。 ●美化详情页视频。如将表现商品独有特征的细节特写、添加文字说明等	
			07-03-08 上传详情页图片和商品视频	●利用服务市场的点点视频工具上传详情页视频。 ●调节视频在详情页中的表现形式，使之与详情页完美融合，不出现漏边、显示不完等情况	
		07-04 设计制作活动报名图片	07-04-01 直通车创意图	●定位设计：首图 310×310 像素，根据直通车的投放计划来确定该商品推广所要投放的位置，通过分析消费人群的喜好以及消费能力和生活习惯等因素来确定好设计的风格、颜色以及促销的方式等，使商品更容易被买家接受。 ●重点展现商品卖点：设计直通车推广图片，要将商品的卖点重点突出、展现，同时还要使商品保持清晰度。 ●突出商品的主体地位：懂得选择背景色，制作中使用与商品本身差异大的颜色，保证商品的主体地位。 ●优化文字内容：明确分析好商品以及其受众，从而提炼出最吸引目标人群的信息。 ●跟踪直通车图的点击率、转化率、访问量，对效果不好的，及时更换新图	●具有良好的美术功底与创意能力。 ●具有营销头脑。 ●具有丰富的想象力和创造力。 ●了解所要推广的商品的特性，还要清楚地知道推广的目的。 ●能提炼商品的卖点、优势、关键词。 ●对效果不好的，及时更换新的直通车图或钻石展位图
			07-04-02 钻石展位图	●负责淘宝钻石展位的操作优化和推广思路。 ●配合运营人员制作钻石展位图。 ●根据不同的钻石展位类目，制作不同尺寸的钻石展位图。 ●负责上传钻石展位图。 ●跟踪钻石展位图的点击率，转化率，及时更新钻石展位图	

电子商务行业摄影师岗位工作标准

工作岗位	工作任务	工作内容		工作职责	职业素养
08 摄影师	08-01	拍摄商品图片	08-01-01 沟通交流	●与客户或美工交流，确定拍摄商品。 ●提供参考样片。 ●研究商品材质，并确定交片时间	●对具备一定的艺术修养，了解构图样式，例如对称型、S型、斜线型、X型等。 ●具备光线感知力，确定曝光量是否精准，白平衡是否准确，水平线是否平行等。 ●身体健康，不能是色盲
			08-01-02 大数据指导	●通过大数据分析，锁定商品定位、分析消费者心理	
			08-01-03 分析商品亮点	●商品拍摄时，应注意角度、商品的材质，应使成片光泽均匀、颜色纯正、表面无杂质、曝光过度、褶皱等问题	
			08-01-04 确定风格	●根据商品特点及客户需求，确定拍摄风格、色系，以及是否需要模特	
			08-01-05 模特交流	●如果商品需要模特，根据商品特点寻找模特，并提出风格要求	
			08-01-06 准备拍摄道具	●准备好衬托商品的道具，如用于对比、烘托、陪衬的物件	
			08-01-07 选择模特	●根据商品特点以及客户要求，选择模特，指导模特的拍摄造型，以烘托商品特质	
			08-01-08 准备灯光	●及时准备好闪光灯、背景灯、背景板、反光板等设备，根据材质不同，确定相应的布光方法，达到表现商品特质的最佳效果	
			08-01-09 检查设备	●检查机身、镜头、电池等设备，确保能够正常使用	
			08-01-10 制作拍摄记录表	●根据商品制订拍摄记录表，包括商品货号、颜色种类、拍摄的角度，这样便于查看有没有漏拍的素材	
			08-01-11 拍摄详情图	●右侧45°图（静物图）； ●正面图（静物图+配件安装图各一张）； ●左侧45°图（静物图）； ●全家福（商品、防尘袋、身份卡、所有配件等）； ●商品实物对比图； ●尺寸对照拍摄（长、宽、高各一张）； ●正面图； ●背面图； ●底图（注意校正反光及发黑）； ●商品内部容量图（放入相关物品）； ●商品包装图（商品外包装、包装盒等）； ●内部图（需明确展示内部结构）； ●配件图； ●细节图（多张）； ●商品吊牌（身份卡、条形码、价格牌）	

续表

工作岗位	工作任务		工作内容	工作职责	职业素养
08 摄影师	08-01 拍摄商品图片	08-01-12	拍摄主图	●拍摄商品全景，便于展示商品以及后期美化	
		08-01-13	拍摄其他图	●拍摄同款商品其他型号、角度全景	
		08-01-14	服装类	●明确服装针对人群，分析服装特点，判断是否需要模特、内外景拍摄、装饰物搭配。 ●远、全、中、近、特景拍摄，着重拍摄服装材质、亮点、标牌、LOGO 等特征性部位。 ●规避商品瑕疵	
		08-01-15	家电数码类	●确定针对人群，分析商品特点。 ●寻找商品亮点，突出数码商品科技感。 ●重点拍摄商品亮点。 ●多景别、多角度拍摄 1～3 张	
		08-01-16	美妆洗护类	●确定针对人群，分析商品特点。 ●玻璃制品化妆品瓶身，置于纯白背景下，采取俯拍视角，凸出商品质感。 ●塑料制品化妆品瓶身，必须进行艺术布光，确保瓶身质感。 ●根据商品选择模特，确保突出商品效果	
		08-01-17	玩具类	●针对儿童群体，分析商品卖点。 ●远、全、中、近、特景拍摄，着重拍摄玩具材质、亮点、标牌、LOGO 等特征性部位。 ●确定拍摄场景	
	08-02 拍摄视频	08-02-01	明确拍摄意图	●与客户或美工交流，确定视频时长。 ●确定商品介绍是以视频为主还是以图文介绍为主。 ●商品型短视频的要求： 　时长：1 分钟以下（10～30 秒最适宜）； 　画质：高清，720px 以上； 　视频格式：mov，mp4，f4v，flv； 　尺寸：16：9； 　短视频内容要求：单品展示，以介绍商品的功能、特点为主。 ●内容型短视频的要求：需要通过内容平台与达人合作进行投稿；系统不会对发布在店铺、详情页或微淘里的内容作过多要求；3 分钟以内，有一定可读性，主要包含评测、教程、百科、故事等不同类型	

工作岗位	工作任务	工作内容		工作职责	职业素养
08	08–02 摄影师	拍摄视频	08–02–02 分析商品亮点	●通过大数据分析，确定商品定位、分析消费者心理。 ●分析商品亮点、特点，找到最切合商品特征的拍摄角度与拍摄场景	
			08–02–03 拍摄准备	●根据与客户、美工的交流，填写拍摄脚本。 ●准备好拍摄所需要的灯光、脚架、滑轨、辅助道具、拍摄场景、模特等	
			08–02–04 拍摄素材	●商品远、全、中、近、特景分别拍摄5s的视频。 ●微俯、平视、侧方各角度均要拍摄，便于后期剪辑。 ●使用1 080 px全高清格式进行拍摄	
			08–02–05 拍摄主图视频	●根据商品特征，拍摄具有代表性的各景别镜头。 ●根据主图1：1正方形特征，拍摄时要注意裁图后的效果	
			08–02–06 拍摄详情页视频	●拍摄素材，展示商品细节和优点，素材成片比控制在5：1左右。 ●根据商品构思简单剧情	
09	09–01 电商财务	会计	09–01–05 货品成本核算管理	●熟悉各种套装的构成方式，核算各套装的单位成本。 ●根据销售额、订单等数据，计算当月经营利润，核算当月平台固定成本、运营成本、货品成本和人员成本，尤其是特殊场景订单、补单订单。 ●进行支付宝对账和订单运费对账，核算物流费用成本	
			09–01–06 工资管理	●计算运营、客服绩效提成。 ●计算月度工资，保证运营提成、基本工资等各项目计算准确	
			09–01–07 报表编制	●编制资产负债表和利润表，保证各项目数据真实、准确。 ●编制进销存报表和进销存存货成本总表，为单位领导提供准确数据。 ●编制商品成本汇总表和商品信息表，为单位领导提供准确数据	
			09–01–08 财务分析	●随时掌握银行存款和现金余额，了解可以使用的现金流。 ●进行财务情况说明，为公司决策提供依据。 ●配合运营、采购等部门，进行各种市场容量预测、市场价格预测及财务预测等	

续表

工作岗位	工作任务	工作内容		工作职责	职业素养
09 电商财务	09-01 会计	09-01-09	税务申报	●根据国家税收规定，主动联系税务专管员，定期进行纳税申报和税款缴纳。 ●熟悉票据购买流程，验旧购新发票	业务能力。财务人员专业基础知识扎实，业务技巧精湛，精通税法等法律知识和金融、管理等经济知识。 ●沟通能力。财务人员能协调公司内部各部门及工商、税务、银行等单位的关系，确保部门、单位关系和谐。 ●原则和灵活性。财务人员既要遵守财经纪律和职业道德，又要灵活应变公司内部和周围环境的变化，最大程度保证公司利益。
		09-01-10	档案管理	●装订公司会计档案并分类。 ●保管公司会计凭证、账簿、报表等财务资料和档案	
		09-01-11	财务监督	●监督财务计划、预算执行情况，如遇到不合理情况，及时调整预算。 ●监督公司资产使用和管理，保证资产安全完整。 ●监督公司运营情况，做好风险控制预备方案	
		09-01-12	资金融集	●资金短缺时，进行筹资处理或筹资方案制订。 ●资金充足时，进行投资处理或投资方案制订	

电子商务行业出纳岗位工作标准

工作岗位	工作任务	工作内容		工作职责	职业素养
10 出纳	10-01 会计	10-01-01	现金办理	●严格执行国家现金管理制度收付现金，超过库存规定的现金及时存入银行。 ●及时办理现金的日常业务，登记现金日记账，编制资金收支日报表，每日盘点现金；保证账实相符，做到日清日结。 ●根据审核无误的会计凭证，办理现金的收付业务。 ●不得坐支现金，不得"白条"抵库，不挪用公款，严禁私设小金库	业务能力。财务人员专业基础知识扎实，业务技巧精湛，精通税法等法律知识和金融、管理等经济知识。 ●沟通能力。财务人员能协调公司内部各部门及工商、税务、银行等单位的关系，确保部门、单位关系和谐。 ●原则和灵活性。财务人员既要遵守财经纪律和职业道德，又要灵活应变公司内部和周围环境的变化，最大程度保证公司利益。
		10-01-02	银行存款办理	●根据线上、线下每日的收支情况，登记支付宝日记账、银行存款日记账。 ●根据审核无误的会计凭证，办理银行收付业务。 ●负责线上、线下业务资金的往来核对工作。 ●定期与银行对账单，核对账目，编制银行存款余额调节表。 ●不出租、出借银行账户，不签发空头支票，支票发出要及时登记，收回时要随时注销	

续表

工作岗位	工作任务	工作内容		工作职责	职业素养
10 出纳	10-01 会计	10-01-03	有价证券保管	• 妥善保管好现金、支票及有价证券，支票账册、空白银行票据和领用的票据本，票据使用完后应及时交会计销号。 • 根据预算，对所需的发票进行采购，并做好登记。 • 根据日常业务的办理需要，及时购买票据及结算凭证，并进行登记。 • 负责开具各项票据。 • 负责保管财务专用章	
		10-01-04	工作交接	• 调离本岗位时，要将保管的款项、有价证券、账簿、票据、支票和未了事项等编制移交手册，核对库存现金和有价证券，办妥交接手续	
		09-01-05	开票管理	• 根据销售额、订单等数据，计算当月经营利润，核算当月平台固定成本、运营成本、货品成本和人员成本，尤其是特殊场景订单、补单订单。 • 进行支付宝对账和订单运费对账，核算物流费用成本	

电子商务行业采购专员岗位工作标准

工作岗位	工作任务	工作内容		工作职责	职业素养
11 采购专员	11-01 询价比价	11-01-01	品名料号	• 弄清楚询价项目的品名和料号，注意品名的书写，以能从字面上看出产品的特性与种类为佳	为了避免日后造成采购与供应商各说各话，以及在品质认知上的差异，对于询价时应提供的资料在准备上就不能马虎。因为完整及正确的询价文件可帮助供应商在最短的时间提出正确、有效的报价
		11-01-02	需求量	• 产品需求量的多寡影响报价，注意不要过于"膨胀"需求量，虽"膨胀"需求量有可能获得短期的采购收益，但真正采购后供应商会相应提出补偿，应以长期配合、持续供货为目的进行需求量估计	
		11-01-03	产品描述	• 必要时需提供规格书，用于描述产品品质，可能包括材料规格、样品、色板等便于沟通和传达的产品信息	
		11-01-04	品质要求	• 详细描述询价产品的品质，规范要求的方式可能有很多种，根据产品的不同特性尽量详尽描述，内容包括但不限于以下几个方面。 ①品牌：购买具有品牌的产品时适用。 ②同级品：具有能达到相同功能的产品，决定是否允许使用可替代的同级品报价也应在询价时注明，同级品的确认使用必须要得到使用单位的接受。	

续表

工作岗位	工作任务		工作内容		工作职责	职业素养
11 采购专员	11-01	询价比价	11-01-04	品质要求	③商业标准：商业标准对于商品的尺寸、材料、化学成分、制造工艺等，都有一个共同的完整描述，使用商业标准可以免除对商品品质上的误解。 ④样品：获取询价商品的样本	采购员有职责负责建立供应商管理的体系，以便及时拟订采购计划，实施采购操作细则，保证生产计划的顺畅进行
			11-01-05	比价	●对询价的多家供货商的同类商品进行对比，选取质优价廉的供货商对象。 ●电子平台询价采购能够做到相对传统询价采购更加便捷、信息公开、比较对象丰富的优点，优先选用电子平台询价采购	
	11-02	供应商管理	11-02-01	针对新商品供应商	●通过询价比较，寻找并开发合格的商品供应商	
			11-02-02	针对长期供应商	●对以往合作良好的供应商建立合格供应商名单，并跟踪供应商供货质量及交付情况，作为对供应商再评价的信息	
	11-03	采购过程控制管理	11-03-01	制订采购计划	●从数据专员处了解采购需求，根据采购需求，制订采购计划，并经运营总监审批通过	
			11-03-02	采购实施	●在合格供应商名单中选择相应供应商进行价格比较，经审批核准后，实施采购	
			11-03-03	明确要求	●针对采购物资需求，编制材料订购单，明确品种规格、数量、货期及质量要求	
	11-03	采购过程控制管理	11-03-04	跟踪沟通	●采购过程中，采购专员应保持与供应商沟通，及时了解供应商备货进度，一旦有延误付款的迹象，应及时跟催并反馈给运营负责人，以便及时调整运营计划	
			11-03-05	接收交付	●对已经确定交付时间的物资，采购专员应该及时通知仓库做好库区规划和接收准备	
			11-03-06	货款结算	●与供货商沟通付款条件，确认货款方式，及时付款	
	11-04	沟通协作管理	11-04-01	与运营主管对接	●与运营主管进行对接，了解企业的运营计划，为制订采购计划做好中、长期准备	

工作岗位	工作任务	工作内容		工作职责	职业素养
11 采购专员	11-04 沟通协作管理	11-04-02	与数据专员对接	●与数据专员进行对接,了解需要采购的商品的品种、数量、规格等信息,制订采购计划单	
		11-04-03	与仓库主管对接	●与仓库主管对接,确认仓储安全库存,了解商品到位情况,对特殊商品或集中推送商品、新商品、重要商品等,应协助仓库管理人员确认到货商品是否与订货要求一致,发现异常情况应及时上报,以便及时调整生产进度	
	11-05 针对不同类商品的采购	11-05-01	针对日常性商品的采购	●应根据仓库预警进行数量统计,低于最低库存量的商品品种,及时采购补充	
		11-05-02	针对爆款(集中推送)商品的采购	●需提前2~3月或半年准备采购	
		11-05-03	针对代购类商品的采购	●先销售后采购发货,此情况较复杂	
		11-05-04	针对大批量商品的采购	●驻场盯货,没有专利时,防止商业机密泄露	

电子商务行业仓库主管岗位工作标准

工作岗位	工作任务	工作内容		工作职责	职业素养
12 仓库主管	12-01 熟悉公司和货品	12-01-01	了解情况	●了解本部门及本公司的人员组织构架、企业文化、经营理念。 ●了解与本部门有直接业务往来的部门有哪些,所处位置,负责人是谁,由谁引进商品。 ●了解本仓库进出、退调货的操作流程。 ●熟悉货品编码、品名、规格、价格。 ●学习仓储管理系统的使用	●具有丰富的商业知识,熟悉所经营的货品,掌握其理性化性质和保管要求,能根据货品特点,有针对性地采取管理措施; ●了解和掌握仓储管理的相关技术和知识,并能熟练运用现代信息技术; ●熟悉仓储设备及其性能,能合理、高效地安排和使用仓储设备
		12-01-02	查看货品	●查看本仓库是否符合仓储规范标准,否则进行全面整理,使其符合6S要求。 ●查看仓储管理系统中进仓、已出仓、退货中的货品信息。 ●货品的防护和安全性	

续表

工作岗位	工作任务	工作内容		工作职责	职业素养
12	仓库主管 12-02	管理运营	12-02-01 掌握库存	●借助仓储管理系统全面掌握仓库各品牌库存情况，根据销售进度和品牌主管对接采购计划	●能查阅财务报表，进行经济核算、成本分析、价格管理和决策。 ●有一定的组织协调能力和管理能力，能为公司的发展出谋划策
			12-02-02 现场管理	●到岗后巡视仓库，检查是否有可疑现象，及时发现问题并妥善处理。 ●检查防虫蛀、防鼠咬、防霉变等安全措施和卫生环境是否符合要求。 ●根据销售情况，及时调整货品货架的摆放。 ●做好月底仓库盘点工作，及时总结月末库存数报财务主管，做好各种单据的归档管理工作。 ●配合公司其他部门开展工作，做好横向沟通。 ●检查管理员到岗履职情况，监督好所有货品的保管工作，所有货品进出仓库均须有相关人签字	
			12-02-03 品质管理	●及时与品牌主管沟通厂家到货情况，并安排人员做好货品入库准备。 ●及时与品牌主管沟通当天的销售、发货情况，并及时调拨货品，做好发货准备。 ●对货品的出入库要及时验收、记账，做到账物相符，发现问题及时反馈。 ●定期对仓库货品盘点、清查，发现账物不符时，找出原因，及时调账或上报公司领导处理；就残次品、库存时间较长的货品向公司提出处理意见	
			12-02-04 安全管理	●根据货物的进出量及时调整库区货品的摆放位置，使仓库利用更加合理。 ●负责对仓库进行分区管理，各类货品要分区放置，摆放整齐并做好标识。 ●设备是否能安全使用，操作是否正确。 ●现场是否畅通，是否摆放与工作无关的物品，货品堆放是否安全	
			12-02-05 反馈问题	●做好工作总结，如实反映工作情况和工作中遇到的问题，积极提出合理的建议	
			12-02-06 人员架构	●库管人员的培训教育考核。 ●深入沟通，了解、发现库管人员的优、缺点。 ●合理选人、用人、留人	

电子商务行业配货员岗位工作标准

工作岗位	工作任务	工作内容		工作职责	职业素养
13 配货员	13-01 配货	配货	13-01-01 规范配货	●熟悉商品：熟记商品编码规则，熟记商品存放区域及位置等。 ●准确查看订单信息：查看订单时，必须准确查看订单中商品名、商品型号、颜色及数量等数据。 ●准确、快速配货：根据打单员提供的订单进行配货，注意不能出现型号、色号配错或配混。 ●特殊商品的配货：①大件商品，如家具等，用专用工具如大型推车进行揽货；②易碎商品，如玻璃制品等，需用有泡沫等材料垫底的工具进行揽货；③异形商品，如衣架等，需要根据商品的形状进行揽货。 ●检查商品：保证所配商品及商品包装完好无破损。 ●货物检验：检验货物是否与订单上的信息一致，包括商品、商品型号、颜色及数量等，如有误，及时重配；如无误，交打包员进行打包。 ●分开配货：不同客户的货要分开配，不能混配。 ●特殊要求配货：如客户备注有特殊要求的，一定要按照客户的要求进行配货。 ●配货顺序：按订单时间先后进行配货，有特殊需求的客户优先配货	●沟通能力：能协调沟通采购、仓库主管、客服等部门的关系，能与各部门和谐相处，与相关部门沟通、协调工作时热情，语气语调适度。 ●原则和灵活性：能够按照要求完成配货任务，拿货过程中不错拿、漏拿。 ●对工作有热情，责任心强，能承受一定的工作压力。 ●服从公司指挥，认真执行其工作命令，一切行为不得损害公司的利益和形象； ●严格遵守公司规章制度，认真履行工作职责。 ●以客户要求为核心，不明确客户要求时需要与客户耐心沟通。 ●按时、按质地完成上级交代的其他事情
			13-01-02 货物缺少	●在配货的过程中，若发现商品不够，及时告知仓库主管，由仓库主管告知采购进行补货	
			13-01-03 出现商品标签不一致	●当出现商品和标签不一致时，应暂停配货并及时反馈给仓库主管	
			13-01-04 拣货顺序	●配零货必须先拣完货架上的货。 ●配整件货可直接拿整件不必分零。 ●有保质期要求的货物遵循"先进先出"原则，如食品等	
			13-01-05 核对订单及货物	●每天下班前核对库存与实物数量，并及时修正库存数量。 ●每月进行盘存，及时修正库存数量与实物数量不符的现象	
			13-01-06 货物配错	●在配货过程中发现错误，及时将错配商品放回原位	
	13-02 上货	13-02-01 货物上架		●根据货物放置区域及编号进行上架	工作认真、细心，有责任心

续表

工作岗位	工作任务	工作内容		工作职责	职业素养
13 配货员	13-03 其他	13-03-01	仓库卫生	●在配货过程中不乱丢垃圾，垃圾放在进垃圾袋里。 ●在配货过程中产生的大垃圾，及时整理，规范到一个特定的放置地点。 ●每天下班前清理仓库，清洁地面，保证卫生，创造一个整洁的仓库环境，使员工在良好的卫生环境下工作	工作认真、细心，有责任心
		13-03-02	爱护设备	●在配货过程中爱护商品，爱护设备，不损坏设备及商品	
		13-03-03	安全事项	●在拿货过程中注意自身安全，凳子、楼梯等相应支撑物应该牢固可靠。 ●检查消防安全隐患，监督、保障商品及人员安全	

电子商务行业打包员岗位工作标准

工作岗位	工作任务	工作内容		工作职责	职业素养
14 打包员	14-01 打包	14-01-01	核对订单	●核对订单与配货信息。 ●核对配货数量是否与订单中的货品数量一致； ●核对各货品的品牌、型号是否与订单一致； ●核对货品是否有坏、损等情况； ●处理、更换货品，更换配货型号与订单型号不一致的货品，增加未配齐的货品，联系处理坏损的货品，如客户备注有特殊要求的，一定要按照客户的要求进行配货； ●配货顺序：按订单时间先后进行配货，有特殊需求的客户优先配货	●工作认真、细心，有责任心
		14-01-02	包装商品（打包）	●选择大小恰当的打包盒，将货品放入包装盒后，装好填充物，用胶带缠绕，保证货品在运输过程中不被遗漏、损坏。对于不同类型的货品，打包时具有不同的注意事项； ●打包易变形、易碎的货品：需要在空的地方填充满填充物，保证货物在运输过程中不被损坏； ●贵重商品的打包：首饰类商品一般都需要附送首饰袋或首饰盒，通过优质的服务，让客户感受到贴心，充分关注客户的心理需要；高档商品主要考虑商品的保密性、安全性，比如一般常用的方法：经济实惠的包装纸，一定要用填充物充分填充并精美包装，以便首饰盒或首饰袋在纸盒里不晃动，	●职业操守原则：不要自作主张把货品的价格标签放入包装箱内等； ●细致周密原则：货品的说明书以及日常护理手册等指导性资料，应在包装时同商品一同包装，体现一流物流仓库的专业性；

工作岗位	工作任务	工作内容		工作职责	职业素养
14 打包员	14-01 打包	14-01-02	包装商品（打包）	纸箱4个角一定要用胶带包好。与此同时，如果有液体货品和该货品在同一个包装袋里，一旦液体货品的包装不严密，出现泄漏，该货品就会被浸泡，因此，货品一定要包装好。同时，附送一张商品说明卡，这样显得比较专业。 • 衣服、皮包、鞋子类商品：这类商品在运输途中必须注意干净、染色、磨损、无规则折痕等因素，在包装时，可以用不同种类的纸张、牛皮纸、白纸等，单独包好，以防止脏污，比如皮包可预先用胶带封好口，再用纸包住带子并贴胶带固定，以减少磨损。再如邮寄衣服时，要先用塑料袋装好，再装入防水、防染色的包裹袋中；用布袋邮寄服装时，宜用白色棉布或其他干净整洁的布等包装	• 精益求精的原则：在完成货品的包装以后，务必检查货物是否干净整洁，否则当客户拿到货品时会产生负面心理反应，甚至对商家的满意度下降。 • 体贴性原则：要使客户拿到货品的第一反应是对物流仓库有所认可和赞赏，则需要打包员认真用心地工作，这也是打包员高素质、高情怀的体现，比如自己弄张小卡片或小饰品等放在货品里送给买家，会让买家有一种超值的感觉
				• 液体类商品：液体类商品比较特殊并且包装难度大，应充分考虑其特殊性、安全性、经济性，邮局对液体类商品有专门的邮寄办法，即先用棉花裹好，再用胶带缠好。比如香水，可以到五金行或专门的塑料用品商店，买一些透明的气泡纸，香水盒上多裹几圈，然后用透明胶带纸紧紧封住，为了确保更安全，可以把裹好的香水放进小纸箱里，同时塞些泡沫塑料或者报纸，这样可以体现电商打包员的专业性	
				• 精密电子商品：精密电子商品包括电话、手机、电脑显示器等。打包员必须耐心、细致，考虑周全，面对这类怕震动的商品，一不小心就会给商家和客户带来巨大的损失，这类货品的常用包装方法为，先用泡绵、气泡布、防静电袋等包装材料把货品包装好，然后用瓦楞纸在商品边角或者容易磨损的地方加强包装保护，并且用填充物，如报纸、海绵或者防震气泡布等有弹力的材料，将纸箱空隙填满，这些填充物可以阻隔及支撑货品，吸收撞击力，避免货品在纸箱中摇晃受损。这类货品的安全运、精美包装，可极大地提高客户的回头率，同时，提升商家对一流物流仓库的信任；	

续表

工作岗位	工作任务		工作内容	工作职责	职业素养
14 打包员	14-01 打包	14-01-02	包装商品（打包）	●书刊类：书刊类货品相比其他货品包装要简易一些，一般情况下，书拿回来后先用塑料袋套好，以免理货或者包装的时候弄脏，也能起到防潮作用，再用报纸中夹带的铜版纸做第二层包装，以避免书籍在运输过程中被损坏，外层用牛皮纸胶带进行包装，如打算用印刷品方式邮寄，用胶带封好边与角后，要在包装上留出贴邮票盖章的空间，包裹邮寄方式则要用胶带全部封好，不留一丝缝隙，按邮局的规定，四周都要用胶带贴好，1 kg以上要打"井"字绳，否则不予邮寄，以保证运输途中货物的安全性	
	14-02 联系快递员	14-02-01	张贴快递单	●核对客户信息，精确、工整张贴，并撕下自己的那一联。 ●对不同地方的商品进行分类放置，可快速安排投递及计算运费 ●放置货品时有安全安排，不发生货物倒塌、压坏的情况	●工作认真、细心，有责任心，保证打包货品的美观性、完整性
		14-02-02	联系快递	●及时联系快递人员，尽快将快递发出。 ●快递人员在接货过程中，检查快递包装的完整性，避免纠纷	●准确性、及时性
		14-02-03	积极配合仓库主管完成其他日常性工作	●整理货品，熟悉货品。 ●高效完成工作，做到零失误率。 ●高峰期认真履行加班制度。 ●配合仓库主管的日常工作	●执行力强，能吃苦耐劳，能积极融入团队，协助团队完成工作

电子商务行业打单员岗位工作标准

工作岗位	工作任务		工作内容	工作职责	职业素养
15 打单员	15-01 打印订单	15-01-01	整理、打印订单	●熟悉打印订单的操作方法，熟悉订单打印系统，会快速安装订单打印机、放入打印纸。 ●确定订单打印的最晚时间，保证完全打印本时间前的所有订单，并将订单交给配货员配货。 ●核对订单，确定订单是否打印，不漏打、不重打	●忠于电子商务工作岗位，自觉履行电子商务人员的各项职责，反对不良思想和作风。 ●求实求新、勤劳踏实，具有实干精神，能够脚踏实地，埋头苦干，任劳任怨。

续表

工作岗位	工作任务	工作内容		工作职责	职业素养
15 打单员	15-01 打印订单	15-01-02	追查订单	●配合售后、售前客服，确认订单修改、追件查单。 ●查询问题订单，如长时间未送达订单、查询订单逗留的原因	●廉洁奉公、正直诚信，以国家、人民和本单位的整体利益为重
		15-01-03	处理线下订单	●填写线下订单的收发货联系人、收发货地址。 ●线下订单出入库，打印订单	
		15-01-04	联系快递取货	●及时联系快递取货。 ●空闲时配合仓库打包	

电子商务行业直播岗位工作标准

工作岗位	工作任务	工作内容		工作职责	职业素养
16 直播	16-01 打造直播间	16-01-01	确定直播间风格	●了解直播间装修的一些风格：主要有现代简约风格、北欧风格、韩国MV风格。现代简约风格，大量使用钢化玻璃、不锈钢等新型材料，能给人带来前卫、不受拘束的感觉。现代简约风格讲究空间简约，色彩就要跳跃出来。大量运用苹果绿、深蓝、大红、纯黄等高纯度色彩，用色大胆而灵活，充满现代时尚感，对比强烈。北欧风格常用的装饰材料主要有木材、石材、玻璃和铁艺等，以黑白色为主，在室内设计中，黑白色属于"万能色"，可以在任何场合同任何色彩搭配。韩国MV风格，线条硬朗、简洁，体现出朴素、内敛的风格。造型上简单、大方，不会有粗犷、奢华的设计。装修元素是织物、丝纱、壁纸、大理石、仿古砖等，使用含蓄淡雅的色调，常使用粉色、米色和咖啡色。 ●确定直播间的装修风格： （1）通过分析自己的行业属性、用户群体、运营规划定位自己的直播间装修风格，直播间要坚持人性化的设计理念，让人感觉舒适温馨； （2）与装修公司或装修人员沟通衔接，使直播间的装修符合需求。 ●装饰直播间。利用墙纸布置直播间背景墙，利用装饰品装饰直播间，使直播间风格尽量简洁一些	●具有一定的审美能力，特别是对色彩搭配的合理性有所了解。 ●具有一定的装饰能力，能利用装饰品装饰直播间，打造直播间的风格。 ●具有一定的沟通能力

续表

工作岗位	工作任务	工作内容	工作职责	职业素养
16	直播 16-01	打造直播间	16-01-02 确定直播间场地大小	• 了解不同商品对直播场地面积的要求，如直播服饰一般要15 m² 以上，美妆至少5 m²，一般20～40 m²。 • 了解不同商品对直播场地层高的要求。如直播服饰，层高要求较高，一般在3 m以上。 • 根据商品确定直播间场地的面积和层高。在条件允许下挑选5×6 m的房间作为直播间，一是灯光能够灵活地布置，不至于糊脸上，布景也能做出比较好的层级效果，二是设备、样品、操作台能运转开。层高3.5 m以上，这样布置的顶光不至于出镜、在画面里形成抢眼的光斑。 • 户外直播时，挑选合理的户外直播场地	• 用心挑选直播场地。 • 户外直播时，注意安全
			16-01-03 布置直播间光源	• 了解直播间的光源：直播间主要包括3大光源：环境光、主光源（环形灯、LED灯、柔光箱）、射灯。光源的色温有几个临界值，包括3 000 k（暖白光）、4 000 k（冷白光）、5 700 k（白光）。 • 熟悉直播间光源的布置方法与技巧：灯光会影响画质，要保证环境光足够，主光放置在主播的正面，与视频摄像头上的镜头光轴形成0～15°夹角，从这个方向照射的光充足、均匀，使主播的脸部柔和，起到磨皮美白的效果。辅助光从主播左右侧面呈90°照射，在左前方45°照射的辅助光可以使面部轮廓产生阴影，打造立体质感。从右后方45°照射的辅助光可以使后面一侧的轮廓被打亮，与前侧光产生强烈反差，更利于打造主播整体造型的立体感和质感。但要注意光比的调节，避免光线太亮使面部出现过度曝光和部分太暗的情况。轮廓光应设置在主播身后的位置，形成逆光效果。从背后照射出的光线，不仅可以使主播的轮廓分明，更可以将主播从直播间背景中分离出来，突出主体。顶光是从主播上方照下来的光线，产生浓重的投影感，有利于轮廓造型的塑造，起到瘦脸的作用。需要注意的是，顶光位置最好不要离主播位置超过2 m。背景光起均匀室内的光线的作用，使主播美肤的同时保留直播间的完美背景。	• 安全使用布光设备。爱护布光设备。 • 具有对光的敏感性，对光照美感的把握适度

工作岗位	工作任务	工作内容		工作职责	职业素养
16 直播	16-01 打造直播间	16-01-03	布置直播间光源	•布置直播间光源：根据直播间场地，选好主播站位后，开始布置合理的光源，达到美化主播皮肤、提升产品质感的目的	
		16-01-04	准备直播设备	•了解直播设备类型、作用、优缺点。(1) 手机，优势：方便、易操作、随时随地开播(适合市场、代购)；劣势：网络不稳定，无法使用后台插件。(2) 罗技摄像头，优势：设备小巧、空间占地小、成本也不高；劣势：画面效果不是最优。推荐罗技 C920、C925e、C930e、C1000。(3) 电脑、摄像头、声卡、话筒、支架、其他配件的组合：适合网速 100 M 以上的直播间。优势：画面效果佳，网速稳定；劣势：位置固定，空间占地大，成本较高。•选择适合的直播设备。根据商品特点，直播的条件限制等，选择合适的直播设备	•安全使用设备；•爱护直播设备
	16-02 选择合作商家和商品	16-02-01	选择商家	•在阿里 V 任务→更多→商家广场，找到有直播需求的商家进行合作。•在手机淘宝→淘宝直播里面找商家合作。•选择商家的方法。店铺选择维度：等级 3 钻以上，5 钻、蓝冠最佳；动态评分：高于同行业的平均水平	•友善地与需求商家交流洽谈，了解对方给出的佣金，提出自己的计划与要求。•注意文明用语。•具有渠道方的敏锐度。
		16-02-02	选择商品	•了解淘宝规则，选择淘宝平台允许发布的商品。•不能出售假冒、盗版商品。•检查商品是否存在质量问题，检查商品的型号是否正确，参与直播的款式是否齐全，是否有货不对版的情况等。•检查商品本身的设计、规格参数、颜色等。确认商家给的文案以及商品介绍资料是否完整，确认商品的款式是否符合直播的内容，商品的历史销售评价是否良好，尽量不要有中差评等	•具有法律意识，遵守淘宝规则，选择在法律规定范围内的商品。•直播前，检查直播商品。•养成查看商品评价的习惯，不选择有差评的商品进行直播
	16-03 内容营销	16-03-01	熟悉淘宝直播平台管理规范	•了解淘宝直播平台管理规范，一共有 5 章，共 11 条。•熟知《淘宝直播平台管理规范》违规处理一览表	•具有法律意识，遵守淘宝直播平台的规则，在法律规定的范围内做事。•熟悉并遵守法律法规

续表

工作岗位	工作任务	工作内容		工作职责	职业素养
16	直播 16-03	内容营销	16-03-02 策划直播方案	●确定直播主题：如节日的主题，双十一、元旦节等；活动的主题，上新活动、周年庆活动等；日常直播，如教粉丝画眼影、新娘妆，服装搭配等。 ●确定直播类型：如淘宝达人直播、淘宝店铺直播、淘宝全球买手直播、天猫直播。 ●确定直播目标：直播目标包括内容直播和销售直播。内容直播的目的是增加观看人数、停留时长、新粉、最高在线人数。销售直播的目标是增加购买人数、进店人数和转化率。 ●制订直播方案：包括直播时间、运营方案（活动内容和形式）、直播进度规划、预算及效果、应变措施等	●确保直播方案的可实施性和完整性。 ●注意直播方案的保密性
			16-03-03 编写直播脚本	●编写内容提纲。 ●梳理直播流程。 ●编写预设问题及回答话术。 ●通过直播脚本，对直播的内容进行预演	●认真、细致、谨慎。 ●具有设想问题的思维和准确、有技巧地回答问题的能力
			16-03-04 使用中控台	●进入中控台：打开千牛工作台，在"营销"菜单下找到"店铺营销工具"，点进"店铺营销工具"后，往下拉，在中间靠下位置找到"淘宝直播"的功能，进入淘宝直播中控台。 ●填写直播信息，包括标题、简介、封面等。 ●补充说明直播：在直播准备页面，填写一些图文信息来补充说明直播，比如几号商品怎么使用，优惠力度怎么样之类的，或者填写今天直播的一些亮点内容，商品的利益点。 ●推流方式：使用中控台推流，可以选择是通过设备推流还是手机扫码推流，如果是选择设备推流，则将相应的地址复制到相应的设备上，就可以开启直播；如果是选择手机扫码推流，则打开手机扫淘宝，然后点击页面上的确认按钮，就可以开启直播	●具有营销意识。 ●能提炼出商品的利益点
			16-03-05 设置直播预告	●发布直播预告：预告需在开播前一天16:00以前发布。预告会在主页显示，有一个提醒的作用，提醒观众，什么时候会有直播。在"千牛→自运营中心→淘宝直播→我的直播"里设置直播预告。 ●设置直播标题：10字以内，注意用词。 ●设置直播内容简介。	●注意直播预告可以删除，但一定不能过期，否则会扣分。 ●封面要有创意，能够吸引粉丝观看。 ●直播类目一定要选择正确，否则会没有流量。

工作岗位	工作任务	工作内容		工作职责	职业素养
16	直播	16-03	内容营销		
		16-03-05 设置直播预告		• 设置封面：2张图片+1个视频，目的是吸睛。 • 添加标签：根据商品的类目，从系统的类目中选择合适的赛道，一般选择商品占比60%的类目标签。 • 设置开播时长：直播一般需要3小时以上。 • 设置开播时间。 • 点粉丝推送：让粉丝看到直播预告推送信息，以便粉丝到直播时间观看直播	• 选择合适的开播时间，建议新直播选择早上、晚上，凌晨之后直播，下午流量不太好，最好不选择下午直播
		16-03-06 排列商品		• 了解商品排列原则：跑量款，占20%～30%，客单价80～200元间需求度高的商品，累计销量，获得粉丝信任。评价款，占20%～60%，客单价60～180元，大众能接受，较多购买（放在中间）。品质款，质地较好，客单价200元以上，体现品位，吸纳高客单粉丝（放在底部）。热销款，第一款产品会被推送到热款链接，性价比高，吸引粉丝（放在顶部），最后放； "3+1"夹心原则：3个平价跑量款中间，加入1个品质款。 • 进行商品的排列：在主播购物袋中展示出来，以便顾客查看与购买	• 责任心强。 • 具有搭配商品或归类商品的能力。 • 具有洞悉粉丝购买心理的能力，从买方考虑商品的排列
		16-03-07 讲解商品		• 掌握商品讲解的9大环节：①产品简况；②需求引导；③限时限量；④直播优惠；⑤用户评价；⑥深挖优势；⑦卖点罗列；⑧店铺详情；⑨产品品牌。按照九大环节进行商品讲解。 • 聚焦粉丝关注度在主推精品上，避免分散粉丝关注度，主推款放在有限靠前位置。介绍3～5个商品，再重复介绍一次爆款商品	• 直播时，精神饱满，学会自嗨，是主播的必修课。 • 商品展示完整，口齿伶俐，讲解清楚。 • 与粉丝互动，注意文明，有礼貌。 • 具有从消费者心理特征挖掘买家痛点的能力
		16-03-08 开展直播活动		• 了解直播中常开展的活动： （1）关注发红包。关注每满多少就发红包等。此类活动能够在最短的时间内通过一些小钱吸引一些粉丝的关注，对于刚起步的直播间来说，容易产生较好的数据。 （2）点赞上粉丝福利。这个活动一般是用于增加粉丝黏度，比如点赞满多少，就上粉丝福利款。但这个活动需要注意，商品不需要多贵，但一定要保证质量，否则容易死粉。	• 具有开展活动的意识，随时了解并掌握活动的动态及粉丝参与活动的情况，利用活动增加粉丝黏性。 • 建立店铺的良好信誉，在活动中必须严格执行活动计划。 • 具有敏锐的市场意识，随时查看活动的收益

续表

工作岗位	工作任务	工作内容	工作职责	职业素养
16 直播	16-03 内容营销	16-03-08 开展直播活动	（3）幸运抽奖。这个活动一般用于带动直播间的气氛和增加粉丝黏度，有些主播会一开始就直接来一波关注抽奖，也有些主播会在直播中间热推商品过去之后，进行抽奖，维持粉丝的情绪。这个具体看主播的目的，这种活动是比较受粉丝欢迎的。 （4）秒杀活动。这个活动有利于促进前期的直播间转化成交的数据，这类活动要注意，秒杀商品一定要跟正价商品一致，不然就是对粉丝的伤害。 （5）猜价格。猜中价格或越接近正确价格的粉丝，奖励优惠券等。 （6）吊胃口。主要用于商品的预热过程，当你把商品细节描述完后，粉丝觉得价格、商品都心仪的时候，不上链接，持续预热，直到真正上新的那天进行大抢购。 ●根据直播方案，开展直播活动，提高粉丝关注率，提高商品转化率	
		16-03-09 粉丝的线上互动和维护	●掌握与粉丝互动的技巧，与粉丝积极互动。常见的互动方式有：①丰富的肢体语言——吸引粉丝互动；②段子大放送；③分享人生经历、感受，引起共鸣；④点赞/截屏抽奖。 ●提升粉丝在直播间的停留时间。常见的方式：①饥饿营销：限量抢购，每场直播选出适合做限时秒杀的商品；②内容有趣味性；③送礼物：购买商品的粉丝可以参与抽奖，抽中的返还付款金额等	●拥有跨界的知识体系。 ●在某一领域有过人之技。 ●反应速度快，具有临场应变能力。 ●要有耐心。 ●会找话题，会聊天。 ●会化妆打扮，会穿搭。 ●具有转粉能力
		16-03-10 录制直播	●在直播时，将直播内容进行录制。这样，顾客在选择该商品时，可以点击直播看点进行回放。一般来说，直播讲解必录	●具有录制直播的意识。 ●通过查看录制的视频，找到直播中的缺点，优化自己以后的直播
	16-04 直播数据分析与优化	16-04-01 查看直播数据	3种方法可以查看淘宝直播数据： ①在生意参谋中查看通过手机淘宝直播的访客数和下单转化率，路径为：卖家中心→生意参谋→流量分析→看板→转化，查看数据。 ②PC直播中控台，查看数据。 ③淘宝达人主播：可进入阿里创作平台→统计→内容分析→渠道分析，查看数据	●时时查看直播数据，对数据的上升与下降要有敏锐的洞察力，并及时向运营总管汇报。 ●具有动态理解各数据的能力与意识。 ●按要求汇总并下载日数据、周数据，并汇总直播数据

工作岗位	工作任务	工作内容		工作职责	职业素养
			16–04–02	通过分析以下数据分析直播商品销售情况： ①商品客单价。商品客单价从某种程度上反映了消费群体的许多特点，以及销售类目的盈利状态是否健康。 ②商品的点击、收藏、加购、订单、退货数。 ③商品平均转化率。商品平均转化率是指所有到淘宝店铺产生购买行为的人数和所有到达店铺的人数的比率。 ④主播个人销售转化率。 ⑤同标签主播数据对比。通过对比同行业竞争对手的数据，分析在同行业中的排名，找到差距，改进直播	●分析、对比数据是销售的基础能力，在分析对比数据中要详细、细致，做到准确、无误。 ●要善于抓取关键信息，随时与本店商品进行对比，本店商品的优势
		分析直播商品销售数据			
16	直播	16–04	直播数据分析与优化	分析直播后台流量数据	16–04–03	通过以下数据来分析直播流量情况： ①累积观看人数。累积观看人数是指本场直播来自所有渠道的观看人次，显示在直播间的左上角，这个数据很影响是否能获得浮现权； ②最高在线人数。最高在线人数是指本场直播来自所有渠道的实时在线同时观看本直播的人数。这个数据可以考核实时直播对消费者眼球的吸引力，在一定程度上代表了直播间的内容是否让消费者感兴趣； ③商品点击。商品点击是指本场直播中，在手机淘宝上点击商品的人次。商品点击是衡量主播在直播时，粉丝们对这个商品是否感兴趣的一个标准； ④近1小时最高整体进入、整体离开。通过这个数据来监测直播间每一天粉丝在哪一个时间段进来得比较多； ⑤直播间流量来源。通过这个数据，可以查看直播间粉丝主要是从哪些流量口进来的； ⑥粉丝人均观看时长。粉丝在本直播间的平均停留时长，是一个能否得到浮现权的衡量的数据，如果这个数据能持续保持高的话，那么要有浮现权是比较容易的； ⑦观看指数。通常情况下，该数字大于1，越大代表粉丝观看时长越长。该数字小于1，则粉丝观看时长太短，不健康； ⑧粉丝回访。粉丝回访代表着粉丝对直播间感兴趣； ⑨新增粉丝。新增粉丝数的多少，是衡量直播间能否打动粉丝的指标	●分析、对比数据是销售的基础能力，在分析对比数据中要详细、细致，做到准确、无误。 ●要善于抓取关键信息，随时与本店商品进行对比，本店商品的优势

续表

工作岗位	工作任务		工作内容		工作职责	职业素养
16	直播	16-04	直播数据分析与优化	16-04-04	优化直播效果	●通过分析最高在线人数、商品点击、粉丝回放等数据，分析粉丝对该场直播是否感兴趣，优化直播内容，提升效果。 ●通过分析近1小时最高整体进入、整体离开这两个数据，分析粉丝在哪一个时间段最多，可以在这个时间段做一些营销活动，把粉丝留住，把直播间的数据做得更好。 ●通过分析直播间流量来源，改进直播间，从而让这些入口进来更多的流量。通过分析直播商品的转化率、收藏率、顾客的客单价数据，可以诊断出直播间的状况，反推直播间运营情况，进行合理的调整，以便获取更多的流量，提升直播业绩	●在查看数据中，能分析直播是否达到预期。 ●未达到预期效果，则反思如何优化直播，提升直播业绩

工学结合教学
管理机制篇

现代学徒制试点项目学分制管理制度

为了深化我校教育教学改革，适应市场经济与社会发展对人才多规格、多层次、多样化的要求，充分调动教师和学生的教与学两方面积极性、创造性，鼓励学生个性发展，培养学生特长，做到因材施教，提高教学质量，学校决定全面推行学分制来促进教育教学改革与教育教学制度创新。通过学分制的实施，改变对学生的评价方式，使学生可以每学完一门功课，每获得一项技能，每取得一种证书都兑换成相应学分存入"学分银行"，待学分累积到规定的总学分后，即可毕业。

一、指导思想

坚持"以服务为宗旨，以就业为导向"的办学理念为指导，以"校厂一体、二元合一"的人才培养模式为指引，按照"学生→学徒→准员工→员工"四位一体的人才培养总体思路，满足学习社会化、终身化与个性化需要，以实施学分制为契机，不断深化教育教学改革，推进全面素质教育，调动学生学习的主动性与积极性，使我校教育教学工作真正面对社会需求，面向全体学生，使每个学生都能得到适合自身特点的最优教育和全面发展，从而达到培养"合格＋特长"的育人目标，使我校教育教学质量得到新的提升。

二、学分银行

学分银行的主要内容为累积学分，不管是课程学分、思想品德素质（德育）学分还是奖励学分、课外活动学分，最终所得的学分都将累加计入学生的个人总学分。例如，在课程学分中，不管是专业课还是文化课，学完一门算一门学分，然后按每门课程学完应得学分累计，像在银行存款一样。只要在一定的时间内修足规定的学分，就可以获得某种荣誉或拿到毕业证书。学分银行的建立，使学生可以随时了解自己的学分积累情况，选择有利于学分积累的课外活动补充自己的学分，从而调动学生的学习积极性。

三、实施学分制的原则

在制定学分制过程中必须坚持以下原则。

1.规范性与灵活性统一。实施学分制既要满足学生选择课程的需要，又要遵循职业教育规律，强化职业技能，确保教育教学质量和培养目标的实现。根据中等职业学校的培养目标，学生必须掌握一定的专业理论知识。如学生不能取得某必修课规定的学分，允许学生用选修课的学分或其他学习成果折换成学分来代替，只要学生取得规定的总学分，就可以毕业。

2.整体化与个性化统一。实施学分制必须服从育人的目标，注意学生综合素质的提高，注意核心能力的培养。同时又要尊重学生的自主选择，保证有较大的空间让学生自由发展，使学生能够根据个人的兴趣和条件选择专业、课程和学习时间，能够根据个人特长展示自己德、智、体、美、劳等方面的才华，能够使学生以成功者的姿态走向社会。

3.适应性与实践性统一。勇于改革，敢于创新。各系部要深化课程改革，不断地研究与学分制相适应的现代课程模式，增强课程的灵活性、适应性与实践性，及时构建并更新适应经济建设、社会进步和个人发展需要的课程体系；树立以人为本的教育教学理念，改革我校教学组织和教学管理制度，将教育教学的目标分解细化，只要学生在某一小目标中达到要求，即能取得学分，使学生取得学分的目标更具体、更直接，更能调动学生的学习积极性；树立大教学观念，改变学分仅仅是教学管理制度的狭隘观念，明确学分制是一种教育教学管理制度，学分是学生综合素质的一种量化分值。综合素质不仅是文化科学素质，还包括思想品德素质、身体心理素质等。

四、课程设置

根据学分制的实施要求，各专业要把课程分为必修课、选修课：

1.文化基础课：根据中等职业教育专业人才培养的目标和规格，学生必须学习的课程，目的是确保专业人才的培养规格和质量。

2.专业理论课：根据中等职业教育专业人才培养的目标和规格，学生必须学习的课程，既是为实习打基础，也是为了确保专业人才的培养规格和质量。

3.选修课：可以是体现职业专门化、拓宽学生知识面的课程、讲座或训练，也可以是培养和发展学生的兴趣特长，提高学生全面素质而开设的第二课堂。选修课由负责教师申请安排，时间可以是下午课后或晚自习。

4.实训课：按照现代学徒制人才培养方案统一安排的校内外实训、企业实践等课程。

五、学分的构成

学分是评价学生学习量和学习成效的单位，是确定学生能否毕业的重要依据。学生的总学分主要由以下5部分组成。

1.德育学分：根据学生在思想品德、遵纪守法、行为规范等方面的表现，实行德育学分。德育学分的评定按《学生手册》由班主任提交，学生工作办公室审核，教务处录入。对有违反各种纪律行为者要加强考核。

2.课程学分：学生在校修读的各门课程（包括课内实验）的学分。在学期考试结束后由任课教师提交。

3. 实训学分：按照教学计划统一安排的校内外实训学分。实训成绩以企业导师评价为主，学校导师日常考勤为辅，根据学生的实训态度、实训表现、实践能力、实训考核等做出书面考核评定，取得相应实训学分，在学期考试结束后由学校导师提交。

4. 奖励学分：学生参加国家、省、市、校级各种知识、技能、体育或艺术等竞赛获奖者，获得奖励的学生，经学校相关部门认可后，均可奖励一定学分。奖励学分标准及计算方法见附表1、附表2。附表1中未列出的证书由教务处进行核定。

5. 其他学分：入学教育、劳动周、就业教育、军训、社会实践、社会调查、第二课堂、选修课等所获学分。该学分的计算由学生工作办公室和班主任负责，对学生在活动期间各方面表现做出评价，并将学分以班为单位报教务处。各系部组织的第二课堂由负责组织的教师提交学分申请表，各系部审批认可，报教务处。

六、学分的计算

1. 每门课程学分以该门课程在教学计划中安排的学时数为主要依据，以学期为计算单位，每个学期按18周计算。

2. 一般必修课课程（含一体化教学、项目教学）的计算办法以该课程的总学时数除以18，为该门课本学期的学分。

3. 集中进行的实践教学环节（如实习、实训、入学教育、课程设计、进厂实习等），每周为2学分。

4. 学分比例：必修课考核总评成绩与学分之间的换算关系如表1所示。

表1　必修课考核总评成绩与学分之间的换算关系

百分制/分	90~100	80~90	70~79	60~69	50~59	40~49	40以下
获总学分比例	1.0	0.9	0.8	0.7	0.6	0.5	0

5. 奖励学分的确定：奖励学分每学期申报一次，每学期第15周由学生本人填写申请表（附表2），申报项目的截止时间为每学期第15周的星期五。每学期第16周以班级为单位交各认定部门进行审定，第17周交教务处审核。

6. 替代学分制：学生在校期间无法完成必修课或选修课相应的学分，可根据自己的实际情况向学校申请借贷学分，如某生在某一门专业课程中无法获得相应的学分，可利用其特长或获得的其他证书（如驾照、普通话等级证、技能等级证等）挣得其他学分予以偿还，若无其他特长或证书也可通过参加公益劳动、志愿者服务等形式挣得学分予以偿还，以替代专业课无法完成的学分。替代学分是为了使学生能够用自己的特长替代其弱项，必修课考试不合格的学生也能够通过自己其他方面的努力顺利毕业。

附表 1 中未列出的证书由教务处进行奖励学分的核定。

7. 德育学分规定：德育基础分为 100 分。根据学生在思想品德、遵纪守法、行为规范等方面的表现，实行德育学分。德育学分的评定按《学生手册》有关规定由班主任负责给出，由学生工作办公室审核，审核盖章后由班主任输入，再将成绩单交回教务处。

七、学分的确认与登记

1. 教务处是所有学分最终确认和登记的主要组织和实施部门。

2. 由各教学系部依据教学计划规定的课时设定每门课程（理论课、实践课）学生拟得的学分并报教务处备案。每学期结束前任课教师在规定的时间内把学生的总评成绩以百分制输入，成绩单送到教务处留底。教务处按照百分制与学分之间的比例设定转换参数（德育分可不用转换）。

3. 集中进行的校内实习、进厂实习、课程设计、实验等由指导教师在课程结束时按教务处要求以百分制把学生的评定成绩输入并将成绩单报送到教务处留底。

4. 学生考取专业技术或技能资格等级证书或参加各类竞赛获得名次，由学生本人填写申请表（附表 2），申请项目的截止时间为每学期第 15 周的星期五；每学期 16 周以班为单位由班主任交各认定部门按有关规定完成初审、学分换算审定；第 18 周各班主任把初审后的申请表交教务处审核，由教务处进行学分确认及登记。

八、学分免修与重修

入学教育、军训、实习实训、德育、规定的社会实践不得申请免修。必修课和选修课符合下列情况的，学生可以申请免修。

1. 已经在本校取得学分的课程。

2. 学生在学校认可的校外教育培训机构获得相同或高一层次的单科结业证书，学校承认其学时，并可取得对应本校课程的学分。

3. 残疾学生身体健康原因。

4. 学校认可的其他情况。

5. 学生参加技能比赛停课辅导，相关课程可免修、免考，并按 80 分以上给予成绩。

6. 学生申请免修和重修的程序：学生本人申请，班主任签字，教务处批准。由于病残提出免修体育课的学生，经教务处批准可免修，学生可获得该课学分。

九、缓考与补考

1. 学生因病或其他客观原因不能参加正常考试的，必须事先凭有效证明提出申请，经班主任及教务处批准后可缓考。

2. 课程考核总评成绩不合格者安排补考一次，补考后以高的分数换算学分。

十、毕业与结业

1. 具有学籍的学生完成本专业教学计划，修满各系教学计划规定的学分，准予毕业，发给毕业证书。各专业允许学生的学分为教学计划安排的该专业所有课程学分总和的60%。

2. 学生自己积极参与各类活动，提前修满教学计划规定的全部学分，可申请提前毕业，经学校审核可提前毕业。同时学校鼓励提前修满学分的学生选修第二专业。

3. 受过处分的学生，凡毕业时未撤销处分的，作结业处理，暂不发毕业证书。

4. 尚未获得毕业时规定学分数（欠10学分以下）的学生，只发给结业证书；学生在毕业后一年内应自修，并向学校提出补考申请，补考全部合格后即可发毕业证书。

5. 作结业处理离校的学生，由学校发给结业证书，允许学生在离校两年内，返校申请重修不及格课程，并按规定交纳重修费，重修合格者准予换发毕业证书。逾期不返校重考，或者重修后仍未达到规定总学分者，不再换发毕业证书。

6. 毕业时，获得的学分比规定的学分少10学分以上的学生，作肄业处理。

附表1 奖励学分标准及计算方法

序号	项目	条　件	奖励学分/分	认定部门
1	德育	优	1	学生工作办公室
2	获荣誉称号	校级三好学生或优秀学生干部	2	学生工作办公室团委
		市级三好学生或优秀学生干部（或获其他市级荣誉称号）	3	
		省级或省级以上三好学生或优秀学生干部（或获省级或省级以上荣誉称号）	4	
3	职业技能资格证书	中级职业技能证书	3	各系部
		高级职业技能证书	6	
4	外语	英语 AB 级	2	组织培训考试部门
		全国英语等级考试1级	2	
		全国英语等级考试2级	4	
		全国大学英语四级	5	
		全国大学英语六级	6	
5	普通话	普通话三级甲等	1	基础部
		普通话二级甲等及以上	2	
6	计算机	省计算机中级（或 NIT 单科）	2	组织培训考试部门
		省高校一级（或全国一级）、专业软件	3	
		省高校二级（或全国二级）	4	
		省高校三级（或全国三级）	5	

序号	项目	条　件	奖励学分／分	认定部门
7	义务劳动	参与实验室或校园内卫生	20小时计1学分	各系部学生工作办公室
8	体育比赛	校级比赛第一、二名	1	体育教研室
		校级比赛第三、四名	0.5	
		市级体育比赛第一、二名	3	
		市级体育比赛第三、四名	2	
		市级体育比赛第五、六名	1	
		省级比赛前三名	4	
		省级比赛四、五、六名	3	
9	文艺活动	校级比赛第一、二名	1	学生工作办公室团委
		校级比赛第三、四名	0.5	
		市级文艺比赛一等奖	2	
		市级文艺比赛二等奖	1	
		省级文艺比赛一等奖	4	
		省级文艺比赛二等奖	2	
		省级文艺比赛三等奖	1	
10	技能比赛或科技制作比赛	校级比赛第一名	2	组织比赛培训部门
		校级比赛第二名	1.5	
		校级比赛第三名	1	
		市级比赛一等奖（前三名）	4	
		市级比赛二等奖（四、五、六名）	2	
		市级比赛三等奖	1	
		省级比赛一等奖（前三名）	6	
		省级比赛二等奖（四、五、六名）	4	
		省级比赛三等奖	3	

附表2　奖励学分申请表

姓名		系部		班级	
学号		申请学期		填表日期	
序号	申请条件（附相关材料）			学分	认定部门（签名）
1					
2					
3					
4					
5					
6					
审核意见： 审核人（签名）					年　月　日

电子商务现代学徒制学分互换管理办法

为深化学校教育教学改革，推进电子商务现代学徒制项目的建设，保障学校教学、企业实践顺利开展，鼓励学生主动参与、积极实践，提升现代学徒制班级的教学质量，特制定本办法。

一、指导思想

深入"产教融合，校企合作"的培养理念，以"双元融合、师徒携接、产学一体"的人才培养模式为指引，按照"学生→学徒→准员工→员工"的人才培养路径，以实施学分互换为契机，实现学生由学生身份向学徒身份的过渡，全面实施现代学徒制。

二、互换课程的构成

根据现代学徒制班级的实施阶段，把课程分为校内课程与实践课程。

1. 校内课程：根据中等职业教育专业人才培养的目标和规格，按专业课程体系开设的必修课程。目的是按本专业的培养规格和质量培养专业人才。

2. 实践课程：在参与实践课程学习过程中，中止校内相应学期的课程学习，参加专业部引入的企业专业方向开设的专业实训课程。目的是培养学生的岗位职业能力，使其学习企业相应的专业技能。

3. 德育课程：根据学生在校期间的思想品德、行为规范，包含上课时间出勤、教室内一日三扫、寝室内务整理与出勤等方面的表现，纳入德育课程中。目的是让学生按学校及企业的要求严格要求自己，将学生培养成达到企业职业素养、符合企业需求的职业技能型人才。

三、学分的认定

按照学生所处的学习阶段，完成本阶段内课程的学习且考核到达合格及以上者，均可取得相应课程的学分。对3类课程的学分认定做到以下要求。

1. 校内课程学分认定：根据本专业的课程体系的课程安排，学生完成相应课程的学习，参加学校组织的区统考、校统考考试，按学校学期成绩的计算方法达到及格及以上者，均能获得校内课程相应的学分。

类别	描述	等级	备注
校内课程 学分认定	完成课程学习，按学习态度＋学习过程＋学习结果的结合，成绩未达60分者	不合格	补考
	完成课程学习，按学习态度＋学习过程＋学习结果的结合，成绩达60分以上者	合格	
	完成课程学习，按学习态度＋学习过程＋学习结果的结合，成绩达70分以上者	良好	
	完成课程学习，按学习态度＋学习过程＋学习结果的结合，成绩达85分以上者	优秀	

2. 实践课程学分认定：根据企业设置的课程内容，按时参加实践学习，按企业设置的职位晋升机制，电子商务视觉营销专业方向的学生，凡完成专业实践课程的学习，经过2个月学习后，通过P1等级的考核晋升到P2等级者，即认定为完成实践课程的学习，科任教师即可将实践课程的学分与校内课程学分互换，完成课程体系中相应课程的学习。电子商务店铺运营专业方向的学生，凡完成专业实践课程的学习，通过2个月学习后，通过小白的考核者，即认定为完成实践课程的学习，科任教师即可将实践课程的学分与校内课程学分互换，完成课程体系中相应课程的学习。

专业方向	等级	描述	等级	学分互换
视觉营销	SS	通过几个月的学习，中途退出，到上一个年级重修课程	不合格	否
	SS	通过几个月的学习，中途未退出，且由SS级晋升到P1，到期末考试时仍在班级继续学习者	合格	是
	P1–P2	凡通过考核，由P1晋升到P2	良好	是
	P3	凡通过考核，由P2晋升到P3及以上者	优秀	是
（店铺运营） 网店运营	SS	进入运营组学习，因不服从企业的管理，中途退出者，到低一个年级重修课程	不合格	否
	SS	通过2个月的学习，完成店铺创建、数据分析、图片处理等内容的学习，中途未退出者	合格	是
	P1	通过2个月的学习，被分配到行政、摄影、美工、运营等小组，创建了店铺，运营店铺具有成交数量，店铺的销售订单数达5笔者	良好	是
	P1.5	通过2个月的学习，被分配到行政、摄影、美工、运营等小组，创建了店铺，运营店铺具有成交数量，店铺的月销售额达2 000及以上或销售订单数达10笔以上者	优秀	是

3. 德育课程：根据学生在校期间的思想品德、行为规范，包含上课时间出勤、教室内一日三扫、寝室内务整理与出勤等方面的表现，纳入德育课程中。目的是让学生按学校及企业的要求严格要求自己，将学生培养成达到企业职业素养、符合企业需求的职业技能型人才。

四、补考与重修

1. 补考：在校内课程学习阶段，学期成绩未合格者需参加第二期举行的补考，若仍未合格，则需参加期末前的补考工作。

2. 重修：在企业实践课程学习阶段，凡中途退学的学生均进入下一个年级学习，重修部分课程，并达到合格及以上。

附件：电子商务现代学徒制晋升机制

电子商务现代学徒制晋升机制

管理序列	职级名称	晋升标准	参加时间	岗位薪资/元	所在时期
SS	预备生	达到100张/天以上成交可晋升P1	4个月	0	项目实施期
P1	助理	达到200张/天以上成交可参加晋升P1.5考核和答辩	4个月	1 000	
P1.5	储备基础运营师	通过1个月考核和答辩可晋升P2	1个月	1 500	
P2	基础运营师	P2独立服务企业，项目结束前可参加P3考核和答辩	5个月	2 000	
P2.5	储备初级运营师	通过1个月考核和答辩可晋升P3	1个月	3 000	就业创业期
P3	初级运营师	1周年或M2特批可参加P4考核和答辩（4：6分成，对应M0）	1.5年	4 000	
P4	中级运营师	2周年或M2特批可参加P5考核和答辩（3：7分成，对应M1）	2～3年	8 000	
P5	高级运营师	可转岗负责总监M2工作（2：8分成，对应M2）	3～5年	10 000	

×××网络技术有限公司　　　　　　　　×××职业教育中心

2019年9月　　　　　　　　　　　　　　2019年9月

教学质量监控管理办法

第一章 总则

第一条 教学质量监控管理工作是提高教学质量的关键和保证，为了进一步促进我校教学质量管理的科学化和规范化，切实提高管理水平和教学质量，特制定本办法。

第二条 教学质量监控的主要任务是，根据教育部、重庆市教委相关文件精神，结合我校教学管理的各项规章制度，对教学工作的各环节进行监控，及时反馈教学信息，不断调控和优化教学过程，提高教学质量。

第三条 我校教学质量监控体系包括学校校级领导、教务处、督导室、专业部、合作企业等。

第二章 主要内容和形式

第四条 教学质量监控工作的主要内容包括人才培养方案的制订和执行，教师的教风和教学效果，学生的学风和学习效果，教学的组织和管理，教学环境和教学条件等影响教学质量的各种因素和各个环节。

第五条 监控形式包括听课、各项检查、各类评价量表等。

第六条 反馈形式包括校级领导、学校教务处、督导室、专业部巡课反馈，评教信息反馈，教学日志反馈，各级听课及教学常规检查反馈，教学质量评价表反馈等。

第三章 组织机构及职责

第七条 教务处是学校教学管理的职能部门，是监控执行中心，对教学质量监控起组织协调、分析反馈的作用。其职责是组织专业部开展日常教学检查和监控工作，做好教学工作信息的收集和反馈工作，建立和完善教学质量监控的档案管理工作等。

第八条 专业部教学质量监控小组是开展教学检查和监控的基层组织机构，由专业部长和教学助理承担具体工作。其主要职责是负责本专业部教学质量监控的具体工作；负责收集、反馈本专业部教学质量监控工作的有关信息；及时向学校教务处反馈专业部教学质量监控工作的意见、建议。

第九条 分管教学的副校长为教学质量管理第一责任人，是提高教学质量的主要保障。其主要责任是审议教学质量管理的有关制度，主持教学质量监控的实施等工作。

第四章　管理制度

第十条　听课制度。学校教务处、教科室、专业部、教师深入课堂听课（包括文化课、专业课及现代学徒制班的课），全面了解教师与学生的教与学，及时解决问题。教务处、教科室、专业部应组织教师听课。

第十一条　教学督导员制度。督导员应按照教学督导工作要求，进行日常的教学督导工作，包括听课、检查、调研、提出意见和建议、总结和反馈等工作。

第十二条　评教制度。每学月组织师生开展评教活动，凡承担教学任务的所有教师（含企业导师）均要接受学生评教，也要对所任教班级学风进行评价。

第十三条　常规教学检查制度。主要包含教学日志检查、晚自习检查、作业抽查等。

第五章　附则

第十四条　本规定由教务处负责解释。

第十五条　本规定自发布之日起执行。

课程建设管理办法

第一章 总则

第一条 为了贯彻落实党的教育方针政策，深化教育教学改革，加强现代信息技术与教育教学深度融合，推进优质教学资源共享，加强课程建设，推动课程体系改革与教学内容更新，不断提高课程建设质量，保证课程建设的可持续发展，促进教育教学质量不断提高，特制定本办法。

第二条 根据教学改革发展形势，学校课程建设分为 3 个方面：一是常规课程建设；二是现代学徒制系列课程建设；三是重庆市专业群课程建设及重庆市骨干专业课程建设。

第二章 基本原则及标准

第三条 课程设置与建设的基本原则。

根据学校人才培养目标定位、素质教育基本要求、创新创业教育的基本要求、专业质量标准和专业培养方案，以及教育教学发展改革的需要来建设。

1. 坚持需求导向。服务学生专业发展、创新驱动发展，对接行业岗位职业能力，推动人才培养与经济社会协调发展。

2. 严格质量标准。遵循教学质量国家标准，优化课程体系，注重课程的有效衔接，将毕业要求分解落实到课程体系和教学环节中，建立培养目标。

3. 突出特色优势。依托学科优势，凸显专业特色，将专业特色融入课程体系中，设置科学合理、具有系统性、前瞻性、特色鲜明的专业教育课程。

4. 深化教学改革。推进网络在线课程资源建设，加强精品在线开放课程建设，进一步深化课程体系、教学内容和教学方法等方面的改革与创新，注重学生能力和素质的培养。

5. 强化创新教育。将创新创业教育贯穿人才培养全过程，各专业按培养目标设置创新创业相关课程和实践环节，增设创新创业类、综合研究性讨论课程，强化学生实践能力和创新创业能力培养。

6. 实行分类培养。课程的设置建设，要主动适应区域经济发展和行业产业转型升级，满足多元化人才需求、多样化人才培养模式改革，以培养高素质技能型人才。

7. 加强校企协同。加强校企合作、开展协同育人，有效保障实践教学的开展和学生应用能力、创新创业能力的培养。

8. 广泛征求意见。邀请相关主管部门、学校、企业等参与课程设置建设，广泛调查与研究，综合各方的意见和建议，科学设置专业课程，完善和优化课程体系。

第三章　课程设置与管理

第四条　课程设置与管理实行学校、专业部两级管理。

1. 教务处负责全校性基础课程和选修课程的设置与管理。

2. 各专业部负责本专业部各专业的课程设置与管理，组织专业教研组开展课程改革与建设，组建课程团队建设，指定课程负责人，审定选用教材等。

第五条　课程管理采取统一归口原则，一门课程原则上只能由一个教研组负责管理。

第六条　新开设的通识教育课程、创新创业教育课程，专业部应报教务处审核批准。

第四章　课程建设

第七条　课程建设应强化质量意识，根据经济社会发展需要，跟踪本专业发展最新动态，吸收本专业的最新成果，充分体现教学内容的科学性和先进性。注重精品资源共享课建设经验，按照课程建设质量标准，提高课程建设质量。

第八条　课程建设的主要内容包括教学队伍、教学内容、教学方法与手段、课程资源（网络资源、试题库、教学录像等）以及课程教学大纲（课程标准）。

第九条　所有课程必须有教学大纲，课程教学大纲由课程所在教研组按教学大纲要求编写（引进外单位的网络在线课程除外），经专业部审定后执行，并报教务处备案。

第十条　课程建设的基本要求。

1. 教学队伍：要形成数量适当的课程教学团队，课程负责人或主讲教师师德好、教学能力强、教学特色鲜明，教师团队结构合理。

2. 教学内容：要符合人才培养目标定位和学生发展要求；注意与企业技术骨干合作，建设符合专业发展和行业产业需求的教学内容。

3. 教学方法：重视启发式、讨论式、参与式等教学方法在教学中的应用；注重培养学生的批判性和创造性思维，激发创新创业灵感，培养学生的学习能力。改革考核方式，注重过程考核，推进终结性评价与形成性评价相结合。

4. 教学手段：积极探索"O2O"混合式教学模式，合理、充分利用现代教育技术，不断激发学生学习兴趣，提高课堂教学效果。

5. 课程资源：网络教学资源、试题库、教学录像等。网络教学资源建设丰富，并经常更新，运行良好，能充分发挥辅助教学作用。能建立一套科学、规范、完善的考核办法（命题、考核方式、评分、试卷分析与总结等整个考核过程），适合建立试题库（试卷库）的课程，原则上应建立试题库（试卷库），实行教考分离。要求录有教学视频的课程，建立课程教学视频库，作为课堂教学与课外学习相结合的辅助手段。

第十一条 为进一步加强课程建设，各专业部及教研组加强课程资源建设，为学生提供灵活多样的学习方式，搭建开放共享的课程学习平台。

现代学徒制课堂教学考核办法

为了强化现代学徒制班级学习管理，规范学生行为，营造创业创新的学习氛围，提高实践与创业质量，不断提升学生的综合素质，特制定本考核办法。

一、考评办法

班级学习管理采用量化考核，每月考核总分为 50 分，其中基础分为 40 分（学校检查考评 20 分，企业考评 20 分），加分 10 分。学校检查分为领导考评和教师考评两部分。学校领导考评由校级领导、督导室、教导处、值周行政、部长以视频抽查等方式进行定期或不定期检查考评，教师考评由任课教师每月根据《课堂教学日志》进行考评（根据任课教师每月《课堂教学日志》进行考评）。企业考评通过《现代深造制企业导师教学质量评价标准（学徒用表）》进行考评。加分通过企业导师带领学生完成业绩效果考评。

二、考评细则

（一）基础考评

1. 学校、专业部检查（20 分）

（1）教学资料上交、数据填报。

（2）课堂情况。

（3）晚自习情况。

（4）活动组织。

（5）学习成效。

2. 任课教师考核（20 分）

（1）班风、班貌。

（2）课堂纪律。

（3）学习态度。

（4）作业完成情况。

（5）班主任与任课老师沟通。

（二）业绩考核（10分）

三、考评具体细则

课堂教学考核细则

考核项目及权重	考核指标	计分细则	对应考核资料
学校、专业部检查（20分）	1. 资料上交、数据填报（4分）	未按时上交、填报相关教学表册、材料、数据等，而在规定时间内补完未造成影响的，扣2分/次；此项分扣完为止；但若造成重大影响的扣10分/次	班级上交、填报资料情况记录
	2. 课堂情况（6分）	教学巡查记录，"中"扣0.5分/次，"差"扣2分/次，此项分扣完为止	教学巡查记录公示表
	3. 晚自习情况（4分）	晚自习考核，"中"扣0.1分/次，"差"扣0.2分/次；看娱乐视频扣1分/次，此项分扣完为止	晚自习情况公示表
	4. 活动组织（2分）	未按要求组织教学相关活动扣1~2分/次，此项分扣完为止	活动组织情况记录
	5. 学习成效（5分）	月考成绩、期末成绩总分等在全校同班级类别中的排名分四等，排名第四等扣5分/次，此项分扣完为止	成绩统计分析表
任课教师考核（20分）	班级学风（20分）	任课教师评班级学风成绩×20%	月评教成绩
加分（10分，所有加分不超过10分）	1. 资料上交、数据填报	完成资料、数据好，被学校领导会上点名表扬加2分/次	班级上交、填报资料情况记录
	2. 课堂情况	教学巡查记录，"优"加1分/次，"良"加0.5分/次	教学巡查记录公示表
	3. 晚自习情况	晚自习考核，"优"加0.2分/次	活动组织情况记录
	4. 活动组织	教学相关活动组织好加2分/次；教学相关竞赛活动成绩按积分分为3个等级，第一等加3分/次，第二等加2分/次，第三等加1分/次	教学竞赛统计成绩
	5. 学习成效	月考成绩、期末成绩等在全校同班级类别中的排名分四等，排名第一等加5分/次	成绩统计分析表

附件1　教学巡查情况等级量化细则

评价等级	课堂情况
优	班级课堂秩序好，90%以上学生学习积极性高、师生互动好，学习氛围浓
良	班级课堂秩序较好，80%以上学生学习积极性较高、师生互动较好，学习氛围较浓
中	班级课堂秩序一般，30%以上学生学习不认真，出现5人（包括5人）以上学生玩手机、睡觉、吃东西等情况提醒后能改正
差	班级课堂秩序乱，约50%的学生不学习，做与学习无关的事情

附件2　创业创新业绩加分原则

1. 按学期初制订的计划，完成计划业绩的 200% 加 10 分。

2. 按学期初制订的计划，完成计划业绩的 100% 以上加 7 分。

3. 按学期初制订的计划，完成计划业绩的 80% 以上加 5 分。

4. 按学期初制订的计划，完成计划业绩的 50% 以上加 3 分。

附件3　晚自习考核量化细则

评价等级	课堂情况
优	自习秩序好，90% 以上学生做与学习有关的事情
良	自习秩序良好，80% 以上学生做与学习有关的事情
中	自习秩序一般，50% 以上学生做与学习无关的事情，提醒后能改正
差	自习秩序乱，约 60% 的学生做与学习无关的事情，提醒后仍然不改正

附件4　×××职业教育中心班级学风考评表

班级：		任课老师：				
评价内容	评价标准	考核分值 / 分				得分 / 分
		A	B	C	D	
班风班貌	A. 学生精神状态良好，课桌摆放整齐； B. 有不规范现象，经提醒后能改； C. 常有不规范现象，经提醒后仍改正不到位； D. 屡教不改	10	6	4	2	
课堂纪律	A. 无迟到、早退、睡觉、玩手机、吵闹现象； B. 少数人有上述现象，经提醒后能整改； C. 上述现象人数超过 20%，影响上课； D. 上述现象人数超过 40%，影响教学	15	11	7	3	
学习态度	A. 主动、互动好； B. 课堂沉闷； C. 有无教材、教具现象； D. 课堂气氛差（顶撞记零分）	15	11	7	3	
作业完成情况	A. 按时上交 100%； B. 按时上交 90%； C. 按时上交 80%； D. 低于 80%	5	3	2	1	
班主任与任课老师沟通	A. 密切配合科任教师工作； B. 能解决问题； C. 联系少，不能解决问题； D. 缺乏联系、负面影响较强	5	3	2	1	
总分						

电子商务现代学徒制试点班级教学质量监控标准

为了健全我校现代学徒制项目教学质量监控管理办法，及时、全面地了解此类班级的教学基本情况，加强教学质量监控，确保教学秩序的稳定和教学目标的实现，促进教风、学风建设，特制定本标准。

一、教学质量监控管理机构

现代学徒制班级的管理由学校及企业共同承担，设立教学质量管理办公室，由学校教导处、专业部及企业部分管理人员参与管理。

组长：×××

成员：×××

二、教学质量监控标准

序号	指标	详细描述	权重	评价等级			
				优秀	良好	合格	不合格
				10～12分	9～11分	6～8分	6分以下
1	课堂教学秩序	（1）严格执行学校及企业的管理制度，不迟到、不早退、不旷课； （2）上课认真，尊重老师与导师，严格遵守课堂纪律	15分				
2	教学资源准备	导师上课前做好教学准备，备好课，资源准备充足	10分				
3	导师指导能力与指导方法	导师专业知识全面、技能熟练，善于沟通、协调、配合，能圆满完成指导任务	10分				
4	学徒学习状态与效果	学徒能快速掌握专业知识与技能，积极性高，乐于学习；能掌握或完成教师（导师）交给的学习任务，完成效果好	15分				
5	岗位技能指导进度	严格执行计划进度，合理动态调节	10分				
6	技能训练	能熟练地掌握岗位操作技能，创造能力有较大提高	15分				
7	创新创业成果	学生积极参与教学实践，参与企业跟岗、顶岗实习，在校开展了创业，创业的业绩好	15分				

续表

序号	指标	详细描述	权重	评价等级			
				优秀	良好	合格	不合格
				10～12分	9～11分	6～8分	6分以下
8	岗位学徒报告、总结	大多数实训报告填写认真，导师评语具体、确切，总结全面翔实	10分				
	总分						

三、教学质量管理流程

1.每学月开展一次教学评价。

2.学校教导处与专业部、企业加强平时的管理。

×××职业教育中心

×××网络技术有限公司

2018 年 9 月

学徒学习管理考评细则

为了保证现代学徒制班级学生的学习效果，提高学生及家长的满意度，特制定此学习管理考评细则。

一、迟到、早退

周一到周五：8：15—20：30，周六、周日：8：30—20：30

迟到1—5分钟（扣1分），6—10分钟（扣2分），11—15分钟（扣3分），16—20分钟（扣4分），21—25分钟（扣5分），26—30分钟（扣6分）

二、未完成当天任务，视程度扣1～5分。

三、上班时间做与工作无关的事情，如吃东西、睡觉、玩手机、闲聊等扣5分。

四、不服从上级管理，扣8分。

备注：

1.本考核由小组长执行，每天晚上下班前统计小组成员扣分情况。

2.本考核适用于所有学员，4个星期为一个学月，每人每学月100分，连续4个星期无任何扣分，得本月优秀员工奖。

3.累计扣分10分自行反省，累计扣分20分，按学校相关规定给出相应的纪律处分直至开除学籍。

4.以上事项均可申诉，但均须先做好本职工作。

×××职业教育中心

2019年1月20日

课堂管理制度

为了加强教学过程的管理，规范教师的教学行为，确保课堂教学质量，根据区教委工作部署，遵照《×××区中学教师教学工作"六认真"》规定，结合学校实际，特制定本制度。

1. 全体教师严格执行学校统一规定，按时到安排的地点准时上课（含辅导、监考、教研活动等）。如有迟到、早退、旷课等情况，按照学校《出勤管理制度》进行处理。

2. 严格按课表上课，不得随意调课。如需调课，按学校请假流程（行政办公室领取请假条——办公室主任签字——教务处主任签字——交调课人员调课）办理，临时提出的，教务处原则上不予受理。

3. 教师到课堂后，严格遵守《学校教职工安全责任》的规定，清点学生人数，如有无故缺课学生及时上报班主任（无法联系班主任时，请联系专业部长）；不允许学生离堂（班主任或者学校领导其他安排除外）；对课堂违纪学生，教师不得赶学生出教室，确保学生上课期间的安全。

4. 教师应加强课堂管理，上课期间尽量杜绝学生打瞌睡和玩手机，有效管理学生，保持良好的课堂教学秩序。

5. 教师着装得体；课堂上严禁打、接电话（临时处理课堂突发事件急需上报相关部门和领导除外）；严禁酒后行课。

6. 教师按教学计划持教案（电子教案）上课，严禁无教案上课和随意更改教学内容；严禁播放与教学内容无关的视频；教学语言清晰、富有激情，45岁以下教师用普通话教学，45岁以上教师提倡用普通话教学；必须有板书且工整、规范（室外课除外）；课后应布置适量的作业，并及时、认真批改和评讲。

7. 实训课，师生在课前5分钟到达实训室门前，教师集合、清点学生人数；认真指导学生操作；如遇突发事件，做好应急处理并及时上报专业部长；可提前5分钟做下课准备，清理和交还实训器材、工具等；认真填写《实训记录》和《学生实训手册》。

8. 体育课，任课教师必须组织学生集合、清点人数；认真做好准备活动；讲清楚运动注意事项，准备好必要的安全防范措施，严格实行体育用具使用前的安全检查；凡出现受伤情况，应及时送往校医务室或医院，并及时向教务处汇报；上课期间必须安排运动项目，不得放任学生自由活动，或私自离开运动场；上室内课时应安排内容，不得上自习；可提前5分钟做下课准备，清理和交还体育器材。

9. 全科阅读课，师生在课前5分钟到达图书室门前，教师集合、清点学生人数；教师负责阅读课的秩序管理，协助图书室管理员借阅书籍。

10. 学生午餐时间分批次进行。严格按学校统一安排的楼层班级分批下课，不得提前下课（包括体育课）。

11. 认真、翔实填写每课《教学日志》和每月《班级学风考评表》。

12. 课堂评价

（1）认真执行上述规定的为合格课，效果特别好的为优质课。

（2）违反上述规定之一的课为不合格课。两次不合格课，学校对其通报批评，在一学期内，不合格课累计超过 5 次，学校取消教师下期上课的资格。

附：

1. 由校级领导、督导室、教务处、值周行政、部长、视频抽查等进行定期或不定期教学巡查。将巡查到的课堂优秀情况和课堂不良情况如实反馈给专业部，并在教务处公示栏进行公示，并给予批评教育。严重者由学校进行处理。

2. 除以上条例外，专业部可根据本部特点作其他相关要求。

3. 本办法自公布日起执行，解释权归学校行政会所有。

×××职业教育中心

2014 年 9 月 10 日

教学常规管理办法

为了扎实推进教育教学改革，规范教学行为，引领教师发展，健全我校教学常规管理办法，全面提高教育教学质量，根据重庆市和×××区教委关于教学管理的相关要求，切实抓好"教学六认真"制度，结合我校实际，特制定本办法。

一、课前准备认真

1.学习课程标准（或修订课程标准），明确课程的发展方向、培养目标、课程教学内容、教学策略和教学方法，确立有利于学生全面发展、个性发展、终身发展的教学设计理念。

2.钻研教材。通读教材，对照课程标准，领悟教材编写意图，创造性地使用教材。根据学生知识建构的需要，重组教材，根据教学内容和需要，补充教材；合理开发和利用身边的、适合学生专业特点的课程资源，丰富学生的学习内容，以满足学生发展的需要。

3.分析学情。要深入了解学生，提高教学的针对性和实效性。对学生认知基础、知识水平、思维水平、生活经验、兴趣爱好、学习习惯、情感态度、爱好特长、学习潜力等进行全面、细致的分析。

4.进行教学设计。教学设计坚持实用为本，要充分体现为学生学习服务的理念，努力利用优质教学资源、借助信息化教学设计，把先进的教学思想通过教学设计贯穿教学的每个环节，使三维目标得到充分落实，真正实现课程功能的根本转变。

5.制订学期教学计划。在认真学习课程标准，钻研教材，深入了解学生情况的基础上，结合新学期课程教学在三维目标等方面应达到的基本要求，按期撰写出切实可行的学期教学计划。

二、课堂教学认真

1.营造宽松民主、协作团结的学习氛围。要建立新型的师生关系，与学生平等相处，互动交流，使学生能在支持性的环境中主动学习；善于创设各种情景，激发学生主动求知的欲望；要切实转变教学角色，为学生的学习营造宽松的探究环境，真正成为学生学习的组织者、引导者。

2.规范教学行为。严格执行课程标准，按课表上课，不迟到、不早退、不旷课、不擅自离开课堂；老师要以人格魅力去影响学生，做到仪表端庄、感情真挚、教态自然、语言准确生动、书写规范工整；板书要突出重点，展现过程；正确熟练地使用教学仪器和设备，科学合理地运用现代教育技术手段，运用教学评价的激励若能，激发学生主动学习，严禁体罚或变相体罚学生。

3. 组织课堂教学。充分认识学生的认知结构特点，根据教材结构与学生的认知结构建立高效的教学；从学生的实际出发，有效地组织教学活动，充分体现学生学习的主体性，教学方法的创新和教学过程的开放性；千方百计引导学生通过自主、合作、探究与实践，经历知识的形成过程，获得真实的情感体验，全面达成教学目标。

4. 创设课堂教学环境。积极创造条件实现信息技术与学科课程的整合。实现教学内容的带教方式、教学的学习方法、教师的教学方式与师生的互动方式的变革。各种教法均要考虑学科的内容和特点，有效地激发学生的学习积极性，培养学生掌握和运用知识的能力，使每个学生得到充分的发展。

5. 进行教学反思。努力运用先进的教学理念对课程教学的效果及时进行总结与评价，有助于提升教学实践和理性层次。每位教师可根据自己的教学实际选择一门课程进行重点反思，教学反思篇幅可长可短，切实做到真实反映教学情况，认真分析教学得失，不断改进课堂教学，提高教学质量。

三、批改作业认真

1. 认真设计作业。根据教学目标和学生的学习情况设计有针对性的作业，设计作业既要有利于知识的理解和巩固，又要有利于学生实践能力和创新能力的培养。要鼓励和培养学生的自主设计作业的能力，养成主动学习的良好习惯。

2. 分层布置作业。根据学生学习基础、兴趣特长分层布置作业，以适应不同学生发展的需要。作业要突出教学重点、难点；作业形式灵活多样、实用，作业难度、分量适中，要求明确。课堂作业要当堂完成。严禁用增加作业量的方式变相体罚学生。

3. 及时批改。课堂作业做到全批全改，及时发放，作业中的错误应及时纠正。批评简明，针对性强，富有激励性，书写规范，做好批改记录以便讲评。要把教师批改作业与学生自主评价、自主修改作业有机地结合起来。

四、辅导学生认真

1. 进行全程、全面辅导。辅导应贯穿学生学习全过程，包括课前、课中、课后。辅导包括指导学生完成作业，理解教学内容，解答学生疑难，教导学生端正学习态度，指导学生学习方法等。辅导应面向全体学生，关注学生的个体差异。辅导的方式包括针对学生共性问题进行集中辅导，针对个性问题进行个别辅导。

2. 实施分层辅导。针对不同层次或差异的学生，采取不同的辅导方式。对学习信心不足或学习有困难的学生，要给他们多一分关爱、多一些机会、多一些成就感。对学有余力或某种特长的学生，要加强指导和培养，为他们提供超前学习或发挥特长的条件，尽可能地满足他们的学习需求。

3. 开展实训指导。实训课程应针对学生的技能基础，有针对性地设计实训内容，创设科学的实训环境，指导学生进行实训。对于创业创新等实训项目，教师应根据工作实际，设置生产性实训内容，带领学生开展就业、创业实训。

五、教研活动认真

1. 建立与课程相适应的校本教研、培训等机制。要完善教研组织，建立直接服务于教学、服务于教师专业成长的、开放的学校教研网络；要建立教学研究的导向机制、激励机制、保障机制；要整合教师个人、教师集体和校内教研专业人员等各方面的资源，形成对话机制，营造良好的教研氛围，为教师的专业发展、成果提供条件。

2. 进行以"三课"为载体的案例。案例研究要以课程理念为导向，以促进每个学生的发展为宗旨，重点研究课程中面临的各种具体问题，把学习、设计、行动、反思贯穿始终，提升自己的专业水平、技能水平，提高教研活动的有效性。

3. 设计教研活动方案。方案应有明确的指导思想，具体的目标和主题；活动内容预设与生成相结合，富有针对性；活动方式多样，富有开放性；活动过程安排有序，富有创新性。

4. 开展教研活动。按照教研活动方案认真组织、实施，同时根据活动的开展应做到"三定"（定时间、定主题、定中心发言人）和"三有"（有计划、有记录、有反思）；努力探索合作教研、虚拟教研等新型教研方式。

六、教学评价认真

1. 多元化评价学生。以课程标准为基本依据，充分体现评价目标多元、评价内容全面、评价形式多样的特点。在评价目标上，应考虑通过评价促进学生多方面发展和进步；在评价内容上，既要注重知识与技能的评价，也要关注过程与方法以及情感、态度、价值观的评价。在评价的形式上，把对学生在学习过程中的表现与学习结果结合起来，把课堂观察、作业分析、期末考试、成长记录等形式结合起来，全面考查学生的发展水平。

2. 考试是评价的主要方式之一，应与其他评价方式相结合。对于文化基础课程与专业核心课程采取考试的方式进行考核，考核时根据考试目的、性质、内容和对象，选择相应的考试方法；要充分利用考试促进每一位学生进步，考试形式可采用笔试、口试、实践操作等多种形式。

3. 做好评价结果的处理和利用。采取学习态度、学习过程、学习结果相结合的方式评价学生。

现代学徒制学员评教制度

为了保证现代学徒制班级的教学质量，提高学员和家长的满意度，增进师生互动、教学互动，进一步完善现代学徒制班级的教学质量监控机制，充分调动学生参与教学评价的积极性，特制定本制度。

评教活动每学月进行一次，由学校统一组织，班主任积极配合开展，学员本着对学徒制班级教学质量负责、对导师负责，也对自己负责的态度认真、客观地进行评价，以保证评教结果的准确性。

教学活动是学员与教师的双边活动，学员是教学活动的主体，学员通过切身感受和相互比较形成对教师带徒态度、带徒过程和内容、带徒方法的评价意见，对于评定导师的教学质量更具真实性和客观性，学员评教结果是对教师进行教学质量评估以及是否继续评聘的重要依据。

评教具体内容见《现代学徒制学员评教细则》。

×××职业教育中心

2019 年 1 月 20 日

双导师管理与考核篇

关于现代学徒制"双导师"教师遴选办法与聘任标准

为吸引企业优秀技术骨干到学校指导现代学徒制班学生实践、创业，加强"双导师"队伍的管理，促进学校管理规范化、制度化、科学化，依据《中华人民共和国劳动法》《中华人民共和国劳动合同法》等法律法规和学校管理制度，特制定本制度。所有来自企业的、指导学生实践、创业的技术人员在学校工作期间适用本制度。

一、学校导师聘任条件

1. 遵守国家的法律、法规以及方针政策，坚持四项基本原则。

2. 原则上要求具有现代学徒制所涉及的企业工作岗位的工作经历，至少要通过企业的现场调研，熟悉所任教课程所涉及的岗位工作对知识、技能和基本素质的要求。

3. 具有大学本科及以上学历或中级及以上专业技术职称。

4. 业务基础扎实，具有承担本专业（课程）教学任务的业务能力和教学水平。

5. 具有良好的职业道德和协作能力，能服从学校的教学管理，遵守企业和学校的各项教学规章制度。

6. 年龄 60 岁以下，身体健康。

二、企业导师的聘任条件

1. 遵守国家的法律、法规以及方针政策，身体健康的企业在岗员工。

2. 具有良好的职业道德和协作意识，能服从学校的教学管理，遵守企业和学校的各项教学规章制度。

3. 具备 3 年及以上企业岗位工作经历、大专以上学历，并符合以下条件之一者：中级及以上专业技术职称、获得高级及以上职业资格等级证书、中层及以上领导职务。对企业推荐的具有 5 年以上岗位工作经验的优秀员工，可不受上述学历、职称和职务的限制。

三、聘任程序

1. 根据电子商务专业教学计划，统筹制订"双导师"聘任计划。

2. 电子商务专业部与企业协商确定"双导师"人选，组织填写"现代学徒制'双导师'聘任审批表"，并根据"双导师"的聘任条件对任教资格进行审核。

3. 电子商务专业部对拟聘用的"双导师"，经项目负责人和企业相关负责人同意后，将"现代学徒制'双导师'聘任审批表"报教导处审批。

4.对经审批通过的"双导师"，由项目负责人与企业导师签订聘任协议，并收集企业导师的身份证、学历证书、学位证书、专业技术职务任职资格证书和各种技能资格证书等复印件，建档备查。

×××学校

××××年×月××日

现代学徒制"双导师"教师考核办法

现代学徒制教学实行学校和企业按照现代学徒制教学的基本要求分别实施考核，考核要纳入学校的常规考核，考核的结果记入"双导师"的业务档案。

一、奖励

1. 学费收入的 80% 划拨到现代学徒制专业，作为专项教学经费，其中，30% 左右用于企业教学管理和企业导师课酬等。

2. 专业教学标准制定、专业课程资源开发等纳入学校教研、教改课题，下拨专项经费，并按教研、教改项目的相关办法实施管理。

3. 现代学徒制的课程课酬标准原则上高于校内标准。

4. 学校组织导师到企业一线进行专业实践与锻炼，享受校内教师进修待遇，企业按照企业员工的管理办法对学校导师实施考核和奖励。

5. 学校导师在同等条件下享有优先进修、交流学习、培训等权利。

6. 企业导师申报校内、外教研、教改、科研课题，享受校内老师申报课题的同等待遇；企业为其教研、教改、科研创造条件，提供支持。

7. 企业导师享受校内导师进修、交流学习、培训等同等的机会和待遇，企业为其外出学习、交流和培训等提供便利条件。

8. 企业导师具有校内评优、评先的资格，并享受学校教师同等的奖励，企业对获得奖励的企业导师给予企业岗位晋级的优先权。

9. 除享受学校、企业的奖励外，单列现代学徒制"双导师"团队评优评先项目，并给予高于学校同等奖励标准的奖励。

二、处罚

1. 未按照本规定履行教学职责，视情节的轻重给予适当的处罚，并记入教学业务档案，作为学校和企业评优、评先资格审定的依据。

2. 未提供相关教学资料的，扣除课酬的 10%，并且不能享受"双导师"的一切奖励。

3. 学校质量管理办公室和企业组织学徒完成的教学评价结果不合格的，取消专项现代学徒制评优、评先资格和导师资格。

×××学校

××××年××月××日

附件

电子商务现代学徒制导师教学质量评价表（学生用表）

导师姓名		班　级			评价时间	
课　程			授教地点			
评价项目	评价内容	优 9～10分	良 8～8.9分	中 7～7.9分	及格 6～6.9分	差 5.9分以下
带徒态度	解答问题及时，耐心细致，不敷衍学徒					
	关心学徒，能主动帮助学徒解决工作中的问题					
带徒过程和内容	岗位操作技能娴熟，示范规范					
	带教内容与专业密切相关					
	指导讲解清晰，描述准确，通俗易懂					
	能在规定的时间内完成带教任务					
	能进行工作纪律和职业道德教育					
带徒方法	鼓励学徒提出问题和质疑，重视教学效果反馈					
	带徒方法适当，能正确处理师徒关系					
	注重对学徒的工作纪律管理					
对导师的总体评价：						
对导师的综合评价和建议：						
你最需要导师帮助和指导的方面：						
你认为最好的导师带教方法是什么？为什么？						

电子商务现代学徒制导师评学质量评价表（导师用表）

班　级		评价时间				
课　程		授课教师				
评价项目	评价内容	优 9～10分	良 8～8.9分	中 7～7.9分	及格 6～6.9分	差 5.9分以下
学习态度	按时到指定地点上课					
	上课过程中不做与课堂无关的事情，如吃东西、玩手机等					
学习过程	认真听讲，紧跟老师的节奏					
	积极举手发言，能够大胆提出与别人不同的看法，并清楚表达自己的意见和观点					
	善于与他人合作，虚心听取别人意见					
	小组合作时能和小组成员一起合作完成任务					
学习效果	能按照老师要求完成任务					
	能根据多种方法完成当天任务					
	能利用当天知识举一反三地完成相似任务					
	能帮助同学一起完成任务					
对学生的总体评价						

关于现代学徒制"双导师"管理办法

为吸引企业优秀技术骨干到学校指导现代学徒制班级学生实践、创业，加强"双导师"队伍的管理，促进学校管理规范化、制度化、科学化，依据《中华人民共和国劳动法》《中华人民共和国劳动合同法》等法律法规和学校管理制度，特制定本办法。所有来自企业的、指导学生实践、创业的技术人员在学校工作期间适用本办法。

一、"双导师"的聘用与归口管理

（一）聘用管理

"双导师"的选聘和管理，按照"部门归口"的原则，由所属专业部提出用人需求和推荐人选，报分管校长审核后，按程序组织招聘。

（二）档案管理

学校行政办公室（人事）负责对所有"双导师"的人事关系和业务档案进行统一管理。各职能部门将"双导师"的劳动合同、人事信息、资质证件、考核情况等相关材料收集、整理后，按时交学校行政办公室（人事）归档管理。

（三）业务管理

各专业部根据相关法律法规和各岗位的具体要求，制定并完善相应的管理方案，明确岗位的工作时间、工作内容、职责范围、劳动报酬标准及考核办法等内容，对本专业的"双导师"的业务工作实行规范管理。

二、劳动合同的签订

凡符合签订劳动合同条件的"双导师"，由学校统一编制劳动合同范本，各专业部按照"归口管理"的原则逐一与"双导师"签订聘用劳动合同。各专业部制定的岗位职责、管理方案、考核办法等文本作为劳动合同的附件，与劳动合同具有同等法律效力。

劳动合同的基本内容要求：

（一）合同期限

所有的"双导师"原则上签订"固定期限"。

（二）劳动报酬

1.计酬制度：所有"双导师"均执行"综合计算工时制度"。

2.劳动报酬组成："双导师"的劳动报酬由基本工资、效益津贴、考核津贴、奖励津贴等部分组成。

基本工资的标准以相应的基本工作量为基础，原则上不低于上年全市职工最低工资水平，如有调整，自人社部门公布当月起执行。基本工资按自然月发放，工作未满整月的按实际工作天数计发。

效益津贴主要根据导师带领团队创收的效益确定。创业团队在导师的带领下，团队成员创收利益，学校、企业、导师、学生按一定的比例计发。

考核津贴、奖励津贴标准根据岗位管理需要设定。

（三）其他福利待遇

1. "两节"的慰问：合同期内的教师节和春节，学校对"双导师"实行慰问。

2. 寒假和暑假期间的待遇：寒暑假期间未指导学生实践、创业，无基本工资。

（四）人员的解聘与续聘

各专业部根据导师的情况，根据岗位需求和考核结果提出"双导师"的解聘或续聘意见，报分管校长审核，经校委会批准后执行。

解聘人员涉及经济补偿的，由相关职能部门和行政办公室（人事）根据《中华人民共和国劳动合同法》的相关规定和学校考核情况提出解决方案，交校委会批准后执行。

三、用工协议的签订

凡符合签订劳动合同条件的临聘人员，由学校统一编制用工协议，各专业部按照"归口管理"的原则逐一与临聘人员签订用工协议。

各专业部制定的岗位职责、考核办法等文本作为用工协议的附件，与用工协议具有同等法律效力。

用工协议的基本内容要求：

1. 协议期限：以"完成一定任务"为时间期限，原则上不超过一学期。

2. 劳动报酬：协议用工人员在完成学校安排的工作后，学校按用工协议约定的标准支付劳动报酬。

3. 人员的解聘与续聘：协议期满即行终止，经双方协商一致，可以续订。

本办法解释权归学校校委会和法律顾问所有。本办法自公布之日起执行。此前有关制度与本办法不符的，以本办法为准。

×××学校

××××年××月××日

关于现代学徒制"双导师"教师培养管理方案及管理办法

一、培育原则

"双导师"培育坚持校企"互聘共培"的原则。互聘是指学校聘用企业技术骨干作为现代学徒制企业导师，企业聘用学校骨干教师作为技术顾问；共培是指学校对聘用的企业技术骨干进行职业教育教学能力培养，企业对学校骨干教师的岗位技能进行培养，形成一支能适应现代学徒制教学设计、教学实施和教学考核评价的"双导师"团队培养，"双导师"团队在课程教学过程中相互合作、相互学习、持续提升。

二、培养目标与内容

（一）培养的主要目标

近期目标：适应现代学徒制人才培养教育教学和教学改革与创新的基本需求；具备为合作企业员工的岗位培训和技术升级攻关服务的基本能力，改善实施现代学徒制专业的双师结构。

1. 中期目标：提升现代学徒制"双导师"队伍的整体水平，形成一支相对稳定、能为校企双方服务的高素质"双导师"团队。

2. 长期目标：把"双导师"团队培养的成功经验推广、应用到全校，从根本上解决我校"双师"结构问题。

（二）培养的主要内容

1. 职业教育理念的更新培训：主要包括国内外现代职业教育发展的动向和成功案例，国家职业教育改革的最新精神和解读，我校人才培养改革的理念、总体思路和具体实现的路径。培养的核心重点内容是现代学徒制的人才培养理念。

2. 内涵建设方法的培训：重点内容是如何通过政、行、校、企的多方协同合作，实现专业建设、人才培养模式、企业员工在岗培训和联合技术攻关的改革与创新，以达到校企等多方的协同创新发展；深化完善从专业职业岗位能力分析入手，开发基于工作任务的课程、构建基于工作过程的课程体系，推动人才培养模式的改革与创新。

3.学校导师企业岗位能力提升培育：重点是熟悉与专业相关行业发展的现状与趋势，合作的大型骨干企业生产情况，结构调整和技术升级中遇到的主要问题等。

4.企业导师执教能力的培训：主要是现代学徒制教学个人、教学文件的撰写培训，课程的开发、教学方法和教学手段等课堂教学常规培训。

三、培养途径与措施

（一）主要途径

1.选派"双导师"参加国内外进修培训，更新职业教育理念，学习专业内涵建设的先进方式与方法，提升企业导师的执教水平。

2.根据学校专业内新建设的规划，邀请国内外相关专家到校做专题讲座和现场培训。

3.从学校专业内涵建设的优秀集体中推选代表"现身说法"，以典型案例解析和研讨的形式对全校教师进行培训和指导。

4.选派专业带头人、负责人或骨干教师到企业挂职，熟悉合作的大型骨干企业生产情况、结构调整和技术升级中遇到的主要问题等情况，进行跟岗、顶岗访学训练。

5.邀请行业、企业专家到校分专业作专题报告与研讨，让所有的专业教师都能了解行业发展的现状与趋势、合作的大型骨干企业的基本生产情况和面临的主要问题等。

6.成立专业课程教学"双导师"组，在教学过程中互相学习、互相帮助、共同提升。

（二）主要措施

1.完善学校的"双导师"等级认定标准，并出台等级晋升的相关激励措施。

2.进一步规范专业带头人、专业骨干教师、"双师型"的具体标准和晋级的相关激励措施。

3.将校企合作"互聘共培"纳入校企合作的主要条款，使校企"互聘共培"的"双导师"工作落到实处。

4.进一步规范学校教师到企业挂职锻炼和学校聘用企业人员的相关规定，激励学校教师到企业挂职锻炼和企业人员接受学校聘用。

5.学校规定现代学徒制的每门专业课程都要成立课程教学"双导师"组，并实施课程组内教研和教学。

×××学校

××××年××月××日

关于现代学徒制"双导师"双向挂职锻炼的管理办法

一、双向挂职锻炼的对象

1. 经企业批准派进学校的专业技术人员。

2. 经学校批准派到企业挂职锻炼的教师。

二、双向挂职锻炼的主要形式

1. 企业派出专业技术人员到学校开展课程讲授、实训室建设等，并到技能工作室工作。

2. 学校选派教师到企业挂职锻炼可采用集中跟班、专业实习、合作研发、技术服务等集中或分散方式。

三、挂职锻炼人员的主要任务

1. 到学校挂职锻炼的企业人员：重点参与专业建设、课程开发、课程授课，指导学生实习、实训，帮助学生就业、创新创业，参与项目研究，开展专题讲座、专项技能培训，指导师生技能大赛等。

2. 到企业挂职锻炼的教师：参与生产经营活动和企业技术开发，帮助企业解决技术难题，完成企业安排的各项工作任务。发挥企业的资源优势，积极协调有关企业为学校建立校外实训基地，并接收学校教师顶岗实践和学生的集中实习、实训；采集本专业教学需要的行业标准、岗位标准等。挂职锻炼期间还要结合企业优势，学习专业发展新知识、新技术、新工艺，熟悉专业相关岗位职责及管理制度等。

四、挂职锻炼人员的待遇

1. 到学校挂职锻炼的企业人员：承担教学任务的酬金发放标准按照我校《兼职教师聘用协议》中相关条款执行。其他待遇按协议约定执行。

2. 到企业挂职锻炼的教师：按照学校和企业签订的协议及学校相关规定执行。

五、挂职锻炼人员的管理、考核

1. 到学校挂职锻炼的企业人员：人事处和相关单位、部门共同负责建立企业挂职锻炼人员工作档案，承担教学任务的，按学校《兼职教师聘任及管理办法》相关规定执行；承担其他任务的，按照协议约定执行。

2.到企业挂职锻炼的学校人员：到企业挂职锻炼的学校人员的管理与考核按照学校《教师企业实践管理办法》执行。

　　　　　　　×××学校　　　　　　　　　　　　×××网络技术有限公司
×××× 年 ×× 月 ×× 日　　　　　　　　　×××× 年 ×× 月 ×× 日

教师企业实践管理办法（试行）

为建设高水平职业教育教师队伍，进一步贯彻落实《国务院关于加快发展现代职业教育的决定》（国发〔2014〕19号）的要求，依据《教育部关于建立中等职业学校教师到企业实践制度的意见》（教职成〔2006〕11号）和教育部等7部门印发《职业学校教师企业实践规定》（教师〔2016〕3号），为规范教师到企业参加实践活动的管理，有效利用社会资源，促进教师专业发展，提升教师实践教学能力，全面提高学校教育质量，特制定本办法。

一、指导思想

依据高水平师资队伍建设目标，以提升教师队伍"双师"素质为中心，以中青年教师为重点培训对象，坚持有计划、有目标、多样性、灵活性、时效性原则，并与专业建设相结合。

二、对象及范围

学校在岗专职的专业课教师、专业基础课教师、实践指导教师、文化课教师。

三、内容与形式

1. 教师企业实践的主要内容：了解企业的生产组织方式、工艺流程、产业发展趋势等基本情况，熟悉企业相关岗位职责、操作规范、技能要求、用人标准、管理制度、企业文化等，学习所教专业在生产实践中应用的新知识、新技术、新工艺、新材料、新设备、新标准等。

2. 教师企业实践的形式：到企业考察观摩、接受企业组织的技能培训、在企业的生产和管理岗位兼职或任职、参与企业产品研发和技术创新等。鼓励探索教师企业实践的多种实现形式。

3. 教师企业实践要求：可以采用集中与分散两种形式，每学年的寒暑假进行3周以上的生产实践锻炼。脱产3个月以上的生产实践锻炼的，实践地点由学校、专业部根据实践要求联系落实，教师本人联系的企业经学校、专业部审核同意后实施。同等条件下，优先考虑本专业的校外实训基地。

四、组织与管理

1. 时间规定：根据教育部有关规定，中等职业学校专业课教师（含实习指导教师）要根据专业特点每5年必须累计不少于6个月到企业或生产服务一线实践。公共基础课教师也应定期到企业考察、调研和学习。教师的企业实践以不影响正常教学、科研和其他工作为原则（教师企业实践原则上安排在寒暑假）。

2.组织管理：专业部对到企业实践的教师进行指导和总结，要及时掌握教师在企业的实践情况，做好沟通联络工作；教师在实践期间要按所在企业的作息时间，以员工和实习学员的双重角色，履行相关职责，向相关人员虚心学习，保持与专业部的联系，主动向专业部汇报自己的实践情况。

五、申报与审批程序

1.专业部根据教学需要和教师专业特点制订教师企业实践计划，明确教师企业实践的企业和岗位，学期初报教科室，学校审批同意后实施。

2.专业部按照计划确定参加企业实践教师的名单，填写企业实践审批表，签署意见后报教科室，提交学校批准。

3.专业部会同学校教科室安排教师进行企业实践。各专业组织教师开展企业实践，学期末整理教师企业实践资料（审批表、考核表、工作总结），并报教科室备案。

4.专业部因各种原因要改变实践计划、单位、时间者，须征得学校同意。

六、考核与奖励

1.教师企业实践前，需要填写"×××××学校教师企业实践审批表"，回校后一周内提交"×××××学校教师企业实践考核表"和企业实践总结。以上材料交教科室存档。

2.教师实践期间，待遇不受影响，教师职称评审、聘任、工资、奖金等按同等人员对待。

3.学校鼓励教师在实践期间参加企业的技术研发、技术改造、项目攻关，引进对口的科研项目，建立产、学、研相结合的校企合作关系等，并对学校学科、专业建设作出明显成效和贡献的教师，学校给予一定奖励。

4.学校教科室、专业部负责教师企业实践的组织和管理，各个专业部负责本专业部教师企业实践的具体组织和实践。

七、本办法自发布之日起实行

附件：

1.×××学校教师企业实践审批表

2.×××学校教师企业实践考核表

×××学校

××××年××月××日

附件1：

×××学校教师企业实践审批表

一、教师情况					
姓名		性别		出生年月	
所在专业部		所教学科		职称	
到校时间		工龄		手机号码	
二、实践申请					
申请实践的时间和岗位					
申请实践的企业名称					
申请实践类型	□全脱产		□短期实践		□其他
三、审核意见					
专业部意见	负责人签字：　　年　月　日				
学校意见	负责人签字：　　年　月　日				

附件2：

×××学校教师企业实践考核表

姓　名		学科			所在专业部	
实践时间				实践岗位		
企业全称						
实践内容	（包含企业、岗位介绍，实践过程情况）					
实践企业意见		企业（盖公章）： 负责人签字：　　年　月　日				
专业部审核意见		负责人签字：　　年　月　日				
学校考核意见		学校（盖公章）： 负责人签字：　　年　月　日				

提升师资电商实操能力的教师企业实践方案

2017年12月，《国务院办公厅关于深化产教融合的若干意见》（国办发〔2017〕95号）强调，"强化企业重要主体作用""推进产教融合人才培养改革""促进产教供需双向对接""完善政策支持体系"。当前电子商务专业在人才培养方面存在诸多问题，如课程设置不合理，缺乏创业、就业导向机制，创业资源缺乏，师资队伍能力结构不匹配，以及软、硬件设施环境不过关等。针对当前电商人才培养及创业教育发展面临的新形势，我们在广泛调研各大院校与企业对电商实操能力培训需求并征询校企专家领导意见的基础上，规划了一系列具有针对性的师资能力提升方面的培训项目，旨在帮助每一位参与的教师成为实操型的创业导师。本次教师能力提升研究班具有以下特点：

1.本期培训按电商核心技能设计，全部由实操经验丰富的卖家大咖传授课程内容。

2.改变传统偏理论的培训内容，让参与的老师有机会接触由学校提供的实操店铺，并可在培训结束后接入学校持续经营。

3.可加入我们构建的校企资源联盟服务平台，帮助解决实操店铺所需的一手货源，并提供一件代发，品牌授权，销售网络分享，以及创业过程中的资金扶持、电商产业园区孵化器对接等一系列服务内容。

4.可参与学校提供的"大师成长终身计划"，选择匹配的卖家大咖对选定的店铺进行一对一的全程指导。

一、培训时间

××××年××月××日—××月××日。

二、培训对象

陈××、李××、蒋××、彭××、邱××。

三、组织机构

主办单位：×××电子商务有限公司。

承办单位：×××网络科技有限公司。

协办单位：×××网络科技有限公司。

四、培训内容

1.课程特色与专业特色相结合，提升学校电商专业水平。

本期培训不单是讲述专业技术，更是从整个电商专业发展，学校电商专业建设方面进行，不仅有利于教师专业水平的提升，更有利于学校电商专业的建设与发展，并对学校以后的发展有非常大的帮助。

2. 知名电商实战专家培训。

电商企业实战专家现场实战式培训教学、业界精英联袂执教，涵盖多个实际操作平台，邀请电商企业、业界精英分享研究成果和经营经验，丰富、综合国内电商教学改革理念、管理知识、管理方法和实操技能。

3. 培训内容紧贴行业动态，以实战操练为主。

采用课堂的经典讲授、互动式的案例研讨、小组讨论、现场实战操练等相结合的培养模式和多媒体教学手段。实现理论学习、导师讲解、项目模拟、实战演练、资源共享。

4. 顾问式指导，以学会友，打造校企产教融合。

采用一对一教改指导和实战操练，并多维度、多领域推荐国内高级电商人脉圈，建立优秀的人脉网络，以学会友，强势资源对接，产、学、研合作，打造校企产教融合，实现互利共赢。

5. 加强学术交流与合作，提升科研水平和教学水平。

参加培训的教师，均可加入与课堂讲师共同交流的微信群、QQ 群，开展国内电商相关内容的调查研究、课题立项、实践应用、教学研究和学术交流等。

五、培训费用及付款方式

本期培训费：3 000 元 / 人（含住宿费、餐饮费）。参加培训的教师往返交通费用自理。

支付方式：报到时以刷卡方式缴纳培训费；或者由学校提前通过电汇方式缴纳培训费，办妥电汇手续（汇款时请注明培训班名称），确保开班前到账，并在报到时出具银行电汇单复印件后开具发票。

账户名称：××××电子商务有限公司。

开户银行：××银行×××支行。

银行账号：5799×××××××××。

六、地点

报到地点：×××电子商务有限公司。

地址：×××市×××大道×××号。

×××学校

××××年××月××日

关于遴选电子商务专业教师到企业实践的通知

为搭建一支合理的电子商务专业"双导师"师资队伍，缓解电子商务专业发展中师资紧缺的矛盾，完成电子商务专业现代学徒制建设任务，现决定在电子商务专业部遴选 10 名教师到企业参加电子商务专业培训，请符合条件的教师积极报名。

一、申报条件

1. 忠诚党的教育事业，热爱职业教育事业，具有良好的师德师风和敬业精神，治学严谨，教书育人，为人师表，遵纪守法，业务能力强，在本职工作中表现突出，任现职内年度考核均达到合格及以上等级。

2. 培训对象具有本科及以上学历和中等职业学校教师或高级中学教师资格。

3. 年龄要求：男性 50 岁以下，女性 45 岁以下。

4. 承诺参加培训后承担电子商务专业课教学工作，承担部分电子商务现代学徒制建设任务，组织团队开展电子商务运营工作。

二、遴选时间及程序

教师于 20×× 年 ×× 月 ×× 日前向专业部提交申请书（附件 1）；专业部遴选／确定培训对象向学校报备；学校于 20×× 年 ×× 月 ×× 日前确定参培对象。

三、培训时间及地点

20×× 年 ×× 月 ×× 日—×× 月 ×× 日在 ×××× 电子商务有限公司参加培训。

四、注意事项

1. 培训期间，由企业及带队组长进行检查、考勤；培训结束后，培训教师上交培训笔记、培训心得，由企业颁发企业实践证明。

2. 培训期间，学校报销往返差旅费，企业提供住宿安排，学校按《出差管理办法》补助误餐费及加班费。

3. 企业实践期间，严格按照企业的工作要求，按照企业对员工的要求，进行企业实践和工作。

××× 学校

×××× 年 ×× 月 ×× 日

企业导师聘任及管理办法

企业导师是我校教师队伍的重要组成部分,为了进一步规范企业导师聘任和管理工作,建设"双师"结构合理的教学团队,根据相关学校经验,结合工作实际,特制定本办法。

一、适用范围

本办法中的企业导师是指学校从相关行业、企业聘请,兼职担任特定专业课或者实习指导课教学任务的专业技术人员、高技能人才。

二、聘任基本原则

1. 企业导师队伍的专业结构应与学校专业设置相适应。

2. 能填补我校专业建设和课程教学的不足,有一定的教学能力。

3. 能促进校企合作,满足工学结合等教学模式实践和提高教学质量的需要。

三、聘任条件

1. 热爱祖国、热爱教育事业,拥护党的路线、方针、政策,遵纪守法,具有良好的职业道德,学风端正,身心健康,有参与教育教学工作的积极性和责任心。

2. 具有中级以上专业技术职务或高级工及以上职业资格,或者是在本行业享有较高声誉、具有丰富实践经验和特殊技能的能工巧匠、非物质文化遗产国家级或省级传人。

3. 具有5年以上本行业工作经历,取得相应的资格证书。

四、主要职责

1. 参与学校专业建设,参与制定专业建设规划、人才培养方案、课程标准,参与教材编写及实训基地建设等。

2. 参与学校教学工作(包括理论教学、实践教学和顶岗实习带教)。

3. 进行专题讲座、技术培训、专业技能培训。

五、聘用程序

1. 通过对口合作的企事业单位选派企业导师,专业部与企事业单位签订协议,并纳入专业部人员管理,同时报教科室备案。

2. 面向社会聘请企业导师,按照公开、公平、择优的原则,严格遵循考察、遴选和聘用程序。基本程序是:

①专业部根据教学需要，每学期末确定下学期企业导师聘用计划，报教科室初审，分管校领导审核后实施。

②专业部对应聘人员进行资格审查、能力考核，确定企业导师名单，报教科室备案。

③学校人事办与企业导师签订《企业导师聘用合同书》，一式两份。

④专业部负责企业导师工作的管理与考核，聘用期结束后将工作情况或考核情况提交教科室备案。

六、聘任管理

1.聘用协议应明确双方的权利与义务，包括工作时间、工作方式、工作任务、工作报酬、劳动保护等内容。协议期限应根据教学安排和课程需要，经双方协商确定，一般不少于一学期。

2.企业导师聘用实行"谁聘用、谁负责"的原则。专业部负责企业导师聘期日常管理，对受聘教师上岗前的教学能力进行培训，建立聘用教师业务档案。

3.考核与监督。专业部与企业联系与沟通，共同建立一个简明有效的企业导师工作考核机制，定期对企业导师进行考核。专业部对企业导师的教学工作和教学质量进行检查与评估，其结论与专业部的考核成绩一起作为续聘、解聘的依据，并将结果提交教科室备案。

4.学校人事办与企业导师签订《企业导师聘用合同书》，一式两份。

5.续聘。考核合格且工作需要的企业导师可以续聘。

6.解聘。出现下列情况之一者，学校有权解聘。

（1）调离所在单位。

（2）拒不承担学校安排的教学任务，或因各种原因不能完成聘期任务，或不能为人师表、造成不良影响。

（3）教学效果不佳，学生反映强烈或出现严重的教学事故。

（4）因违法违纪而受到处分。

（5）经考核不合格。

七、经济待遇

根据企业导师参与专业建设、承担教学任务、专题讲座等实际情况，按协议薪酬执行。

八、其他

本办法由学校校委会负责解释，从发布之日起执行。

×××学校

××××年××月××日

附件1：企业导师聘用合同书

编号：

企业导师聘用合同书

甲　方：＿＿＿＿＿＿＿＿＿＿＿＿＿＿＿

乙　方：＿＿＿＿＿＿＿＿＿＿＿＿＿＿＿

签订日期：　　年　月　日

劳动合同书

编号：

甲方（用人单位）名称：＿＿＿＿＿＿＿＿＿＿＿＿

单位地址：＿＿＿＿＿＿＿＿＿＿＿＿＿＿＿＿　　邮编：＿＿＿＿＿＿

电话及传真：＿＿＿＿＿＿＿＿＿　　邮箱：＿＿＿＿＿＿＿＿＿＿＿

法定代表人（或主要负责人）：＿＿＿＿＿　　联系电话：＿＿＿＿＿＿＿＿＿

乙方（劳动者）姓名：＿＿＿＿＿＿＿＿＿＿

性别：＿＿＿＿＿　　　　出生日期：＿＿＿＿年＿＿月＿＿日

户籍类型：（城镇、农村）＿＿＿＿＿　　身份证号码：＿＿＿＿＿＿＿＿＿＿

身份证地址：＿＿＿＿＿＿＿＿＿＿＿＿＿　　邮政编码：＿＿＿＿＿＿＿＿

现居住地址：＿＿＿＿＿＿＿＿＿＿＿＿＿　　邮政编码：＿＿＿＿＿＿＿＿

联系电话：＿＿＿＿＿＿＿＿＿＿

根据《中华人民共和国劳动法》《中华人民共和国劳动合同法》等法律法规的规定，×××学校（以下简称甲方）同意聘用　　　　　　（以下简称乙方）。甲乙双方按照合法、公平、平等自愿、协商一致、诚实信用的原则，自愿签订本合同，共同遵守本合同所列条款。

一、劳动合同期限

第一条　经双方协商一致，签订本合同，合同期限　　年：自　　年　月　日起至　　年　月　日止。

二、工作岗位和工作内容

第二条　根据甲方工作需要，乙方同意在×××（部门）电商创业导师岗位上工作。

（1）遴选和带领学生开展电子商务创业创新活动，主要针对学生的创业意向和个人特点开展全网销售创业活动。

（2）教导学生使用网络营销工具分析电商大数据，提高学生创业的成效。初期电商运营、直播营销项目年营收在 500 000 元以上。

（3）教导学生建立创业方案，分析电商产品大数据，辅导创业大赛，开展产品开发和营销。

第三条　乙方应按照甲方的要求，同意担任此项工作并按照甲方的有关规定和相应岗位职责履行义务，服从甲方管理人员的安排（详见附件：《×××××学校外聘人员管理制度（试行）》）。

三、工作时间和休息休假

第四条　乙方工作时间执行学校按照市教委发布的校历和区教委有关规定以及学校实际情况制定的作息制度。在符合国家有关法规规定的劳动时间基础上，根据每个岗位的工作特点，每天的具体工作时间可按一定弹性工作时间执行。

第五条　乙方在合同期内根据甲方的工作安排，有享受国家规定的休息、休假的权利。

四、劳动报酬

第六条　乙方受甲方聘用期间，乙方完成甲方安排的工作后，甲方对乙方按月支付劳动报酬，其组成分为基本工资、职级津贴、考核津贴、教师在校教龄津贴、奖励津贴、超工作量津贴、加班津贴等。

（1）基本津贴为人民币 3 000 元/月（大写：叁仟元整/月）。

（2）基本工资标准不低于上年全市职工最低工资水平，如有调整，按人社部门文件执行。

第七条　如因甲方工作需要，乙方所承担的工作时间超过甲方核定工作时间的部分，参照甲方加班津贴发放标准计算。

第八条 合同期内，乙方因事、因病请假，当月的工资、津贴按乙方当月上班的实际天数计发劳动报酬。

第九条 甲方在乙方完成当月核定工作任务后15日内，足额支付乙方工资及其他报酬，如遇节假日或休息日，延后在最近的工作日支付。

五、劳动纪律和规章制度

第十条 甲方根据国家有关法规、政策制定本单位的各项规章制度，建立健全各项考核制度，加强岗位管理。

第十一条 甲方依法制定的各项规章制度应及时向乙方公示，告知乙方。

第十二条 乙方在合同期内，必须严格遵守甲方的关于创客空间的各项规章制度，服从甲方创客团队建设、创业创新绩效，执行劳动安全卫生规程，遵守劳动纪律和职业道德，凡违规、违纪操作引发的事故，由乙方自己承担相应的经济损失和法律责任。

第十三条 在合同期内，甲方有权根据国家法律、法规和本单位的规章制度对乙方进行奖惩。

甲方（盖章）：　　　　　　　　　　　　　乙方（签字并盖手印）：

部门经办人（签字或盖章）：

法定代表人（签字或盖章）：

年　月　日　　　　　　　　　　　　　　　年　月　日

附件2：劳动合同书

劳动合同书

甲方（单位）全称：_____

经济类型：_____ 法定代表人：_____

登记注册地：_____

_____

实际经营地：_____

乙方（职工）姓名：_____ 性别：_____

身份证号码：_____

户籍所在地：_____

实际居住地：_____

×××市劳动和社会保障局监制

根据《中华人民共和国劳动合同法》和有关法律法规规定，甲乙双方经平等协商，自愿签订本合同，共同遵守本合同所列条款。

一、劳动合同期限

甲乙双方约定采用下列第（　）种方式确定劳动合同期限。

1. 固定期限：自　　年　月　日起至　　年　月　日止，其中试用期　　个月。

2. 无固定期限：自　　年　月　日起至法定终止条件出现时止，其中试用期　　个月。

3. 以完成一定工作任务为期限，自　　年　月　日起至完成工作任务时止（该工作任务为甲方事先确定并且完成目标是确切具体的）。

二、工作任务和工作地点

1. 工作任务：乙方同意根据甲方工作需要，安排在　　　　　岗位（工种）从事工作。

2. 乙方的工作地点或工作区域为　　　　　　　。

乙方的具体岗位职责和工作要求按甲方制定的相关标准执行。

三、工作时间和休息休假

1. 工作时间：乙方的岗位（工种）实行（标准、综合计算、不定时）工时工作制。其中，标准工时工作制度每天工作不超过8小时，每周工作不超过40小时，每周　　为休息日。

实行综合计算工时工作制或不定时工时工作制的，应当由甲方报劳动保障行政部门批准。

2. 甲方依据国家和省的相关规定，保证乙方享有法定节假日、年休假、婚假、产假、探亲假、丧假、病假等休息、休假权利。

3. 甲方因生产经营需要，经与工会和乙方协商，安排乙方延长工作时间或在节假日加班时，依法支付加班工资；安排在休息日加班时，安排乙方同等时间补休，如不能安排补休，依法支付加班工资。

4. 乙方休息、休假期间的工资支付或扣减办法按国家、省及本单位依法制定的相关规定执行。

四、劳动报酬

1. 甲方于每月　　日前以货币形式足额支付乙方工资。

2. 乙方试用期的工资标准为　　元／月。

3. 乙方试用期满后，月工资为　　元／月＋业绩提成。合同履行期间，甲方按照政府发布的工资指导线要求，根据本单位每年经济效益增长情况和本地区、行业的职工平均工资水平等因素，通过工资集体协商形式，适时增加乙方工资。

五、社会保险

1. 自劳动关系建立之日起，甲乙双方应当依法参加社会保险，按时足额缴纳各项社会保险费，其中乙方应缴纳的社会保险费用由甲方代扣、代缴。

2. 甲方应当每年至少一次向本单位职工代表大会或在本单位住所的显著位置，公布本单位和个人全年社会保险费缴纳情况，并接受乙方监督。

3. 乙方因工负伤或患职业病，甲方应当负责及时救治，并按规定为乙方申请工伤认定和劳动能力鉴定，保障乙方依法享受工伤保险待遇。

4. 乙方患病或非因工负伤，甲方保证其享受国家和省规定的医疗期和相应的待遇。

六、劳动保护、劳动条件和职业危害保护

1. 甲方必须执行国家关于特种作业、女职工和未成年工特殊保护的规定。甲方安排乙方的工作属于（不属于）国家规定的有毒、有害、特别繁重或者其他特种作业。乙方从事有职业危害作业的，甲方应当定期为乙方进行健康检查。

2. 甲方应当为乙方提供符合国家规定的劳动安全卫生条件及必要的劳动防护用品。乙方应当严格执行国家和甲方规定的劳动安全规程和标准。

3. 甲方应当对乙方进行劳动安全卫生教育和培训，乙方应当严格遵守甲方的劳动安全规章制度，严禁违章作业，防止发生劳动过程中的事故，减少职业危害。

七、其他约定条款

（双方约定的培训和服务期、保密和竞业限制协议为本合同的附件）

本合同的解除或终止，应当按照法定的条件、程序和经济补偿规定标准执行。

双方依法解除或终止本合同的，甲方应当自解除或终止本合同之日起15日内，办理完毕乙方档案和社会保险关系转移等手续；甲方依法应当支付的经济补偿金等相关费用，在乙方履行完交接手续时支付。

双方因履行本合同发生争议，可以依法向调解机构申请调解，或者依法申请劳动争议仲裁，向人民法院起诉。

本合同未尽事宜，或与法律法规相抵触的，依照法律法规执行。

本合同一式两份，经双方签字盖章生效，双方各执一份。

甲方：（盖章）   乙方：（签字）

法定代表人、负责人

或委托代理人：（签名）

年　月　日   年　月　日

师徒团队考核方案

为营造一个良好的"百大"学习氛围及更好地提高学生的学习质量，特制定以下管理规定。

一、绩效考核

（一）考核规则

1. 上课期间根据学生 1 次考试（期中和期末）的综合得分，分别进行 3-6-1 规则的末位淘汰。

2. 综合得分 = 平时表现得分（50%）+ 考试成绩得分（50%）。

（二）考核标准

1. 平时表现：实行扣分制，总分 100 分制。

具体扣分标准见"二、学习纪律"。

2. 考试成绩（总分 100 分）：

（1）标准：

卷面成绩 X/ 分	$X < 60$	$60 \leq X < 70$	$70 \leq X < 80$	$80 \leq X < 90$	$90 \leq X < 100$	$X=100$
考试得分成绩	F	E	D	C	B	A

（2）末位淘汰后未达考核标准：

①考试得分等级为 F，给予记过处分，并允许补考一次；

②考试得分等级为 E，给予补考一次；

③补考得分低于 80 分，立刻予以淘汰；

④累计两次记过处分，立刻予以清退。

（3）生死线标准：表现得分 80 分，考试得分 90 分（只适用于末位学生）。

①末位学生只要有一个条件不符合，直接被淘汰；

②末位学生高于此标准，由校方与云客公司协商淘汰或给予"免死金牌"。

二、学习纪律

1. 上课不得迟到、早退，违者按相关标准扣分。

迟到时间 Y / 分钟	$Y \leqslant 5$	$5 < Y \leqslant 30$	$Y > 30$
扣分情况 / 分	5	10	15

注：上午上课时间为 8:30—12:00；下午上课时间为 1:30—6:00，若有调整以班主任通知为准。

2. 周报必须在每周六晚上 10 点前准时完成并发送，迟发扣 5 分 / 次，未发扣 10 分 / 次。

注：延迟 12 小时内发出，视为"迟发"，延迟 12 小时后发出，视为"未发"。

3. 上课、活动及会议期间，禁止使用手机（手机处于静音或关闭状态），意外情况需要紧急使用手机的必须得到班主任的同意，违者扣 5 分 / 次。

4. 遵守课堂纪律，上课时间禁止随意走动、聊天、睡觉等行为，违者扣 5 分 / 次。

5. 上课期间服从班主任或讲师管理，违者扣 10 分 / 次。

6. 在众创空间内必须佩戴工卡，违者扣 5 分 / 次。

7. 上课期间学生必须在 22:30 前回到自己的宿舍就寝，违者视情节及后果严重程度，给予扣分、记过或直接清退处分。

8. 上课期间未经讲师允许，禁止拍照、录音和摄像。

9. 上课期间校方统一安排住宿，男女不得混居一室，违者将视情节及后果严重程度给予记过或直接清退处分。

10. 若出现考试作弊，酗酒滋事，打架斗殴，在众创空间电脑上玩游戏或浏览黄色 / 反动网站，擅自携带众创空间物品离开等现象，一律根据本方案和《创客手册》予以处分。

11. 不许在上课期间谈恋爱，一经发现，立刻予以清退。

12. 禁止擅自携带违禁品、危险品及其他对众创空间正常学习、工作秩序造成破坏的物品进入学习、工作区，一经发现，立刻予以清退。

13. 非"百大"同学留宿，事先未向班主任请假而彻夜不归者，一旦发现，立刻予以清退。

本制度未尽事宜，×××网络技术有限公司拥有最终解释权，本规定于××××年××月××日起执行。

×××网络技术有限公司　×××学校

××××年××月

现代学徒制师徒协议

甲方（师傅）：

乙方（学徒）：

为了更好地落实现代学徒制试点项目，切实提高学徒的专业技能、岗位实践能力，本着公平、自愿的原则，甲乙双方经协商一致，达成如下协议。

一、培训内容

1. 公司企业文化、规章制度、公司发展历史等基本情况介绍，本部门组织架构、主要工作职责等。

2. 乙方岗位的工作性质、操作规程、工作职责、注意事项及与其他岗位的协作关系。

3. 乙方岗位的具体工作内容和工作技能以及本行业职业道德与安全知识。

二、甲方义务

1. 工作态度端正，思想品德良好，责任心强。

2. 负责传授具体理论知识，讲解实际操作流程，负责指导和解答技术上的问题，及时发现和纠正乙方在工作中的质量隐患。

3. 负责对乙方进行安全生产指导，纠正乙方在操作过程中的安全隐患，避免安全事故，对乙方的安全负责，强化安全培训。

4. 负责对乙方进行纪律、制度方面的指导，发现问题，及时指正。

5. 负责指导乙方岗位工作流程与注意事项。

6. 制订详细的教学计划，定期对乙方进行考核。

三、乙方义务

1. 遵守公司各项规章制度，勤学苦干，虚心学习，尊重甲方，服从甲方的安排。

2. 严格按技术规范和操作程序施工作业，保证生产安全；遇到不懂的地方第一时间向甲方请教，不得野蛮操作。

3. 主动和甲方谈心，学习甲方严谨的工作态度和认真刻苦的敬业精神，不断提高自己的职业道德水准和自身素质。

4. 服从甲方的实训安排，按甲方要求完成制订的工作及培训任务。

5 每天定时以邮件的形式向甲方汇报工作。

四、考核

1. 甲方发现乙方在上班期间消极怠工、不听指挥、不愿学习专业技能时，及时进行思想教育，如多次教育无果，则可提出终止本协议；乙方出现旷工、违反规章制度及迟到早退现象，甲方及时指正并向上级反映。

2. 乙方在做学徒期间向甲方请教时，发现甲方消极教学、及时向上级反映，经调查属实，对甲方进行思想教育；如累犯则取消师傅资格并终止本协议。

五、奖惩

1. 乙方出现旷工、迟到早退、违反规章制度等现象，甲方应及时指正并向上级反映；如发现甲方疏于管理或者包庇纵容，一次罚款 50 元。

2. 乙方在做学徒期间不按照甲方要求进行操作从而导致安全、质量事故，甲方承担 30% 连带责任，经调查，若是甲方没有传授技能或者没有提醒、强调引起，则甲方承担全部责任。

六、有效日期

协议有效期限为：_____ 年 ___ 月 ___ 日至 _____ 年 ___ 月 ___ 日。

七、其他

1. 本协议未尽事宜由双方另行及时协商解决，补充协议或条款作为本协议一部分，与本协议具有同等法律效力。

2. 本协议一式两份，由甲乙双方各执一份，经双方签字或盖章后生效。

3. 本协议生效后，对甲乙双方具有同等法律约束。

甲方：   乙方：

日期：_____ 年 ___ 月 ___ 日   日期：_____ 年 ___ 月 ___ 日

班级管理机制篇

现代学徒制班级弹性学制试行管理办法

为深化学校教育教学改革，推进管理制度创新，完善现有教学评价制度，为学生营造一个突出特长、个性发展创造的有益学习环境，充分调动学生的学习主动性和积极性，逐步推行弹性学制，特制定本办法。

一、实施弹性学制的指导思想

弹性学制的实施是以中共中央、国务院《关于深化教育改革全面推行素质教育的决定》为指导思想，根据创造条件实施学分制和弹性学制的精神，积极进行制度创新，建立适应学生发展需要的教学组织和管理制度，进一步推动课程体系的改革，全面推行素质教育，充分调动学生的学习主动性，满足学习社会化、终身化和个性化发展的需要，增强办学活力，使我校学生满足企业对人才选择的要求。

二、实施弹性学制的原则

弹性学制是在学分制的基础上演进而来的，是学分制的另类发展和表现。弹性学制的最大特点是学习时间的伸缩性（即可提前毕业，也可滞后毕业）、学习过程的灵活性（即可按学校正常班级学习、工学交替、分阶段完成），以及学习内容和学习方式的选择性（学习内容有学校课程和企业课程之分，学习方式有校内和企业之别），其最终目标是构建各类教育相互沟通、衔接的"立交桥"，以满足企业对人才选择的个性化、多样化要求。实行弹性学制，有利于推进学生个性的全面发展，充分调动学生的学习积极性；有利于遵循教育规律，因材施教，满足经济建设和社会发展对人才多样化的需求；有利于提高职业教育的自身活力。

三、实施弹性学制的基本思路

本管理办法采取学分制与学年制相结合的管理思路。

获得毕业证书的标准学习年限为 3 年，结合现代学徒制班级的学分制，对在规定学制期限内未完成教学计划规定的学习任务者，允许延长学习期限，即在标准学习年限基础上，可推后 1 ~ 3 年毕业。对学有余力，提前取得规定学分并达到毕业条件的学生，允许其提前毕业，但提前时间最多 1 年（对提前毕业学生的毕业资格必须严格审查）。

学生在校或者在企业期间可通过多种途径来获得学分，如规定课程的学习、在校期间的品行表现、参加企业实践、参加岗位培训、参加技能鉴定、参加各类比赛获奖、参加社团活动和校外实习等均可获得学分。

四、具体替换办法参见《×××学校电子商务现代学徒制学分互换管理办法》。

五、弹性学制学生的毕业条件

1. 有正式学籍。

2. 通过学生行为规范综合考核合格或操行评分达到要求。

3. 按照学校规定取得相应的职业技能等级证书。

4. 在标准的学习年限和弹性学年内，完成本专业学分制实施性教学计划规定的所有课程，达到最低总学分。

满足以上4项条件，并符合《×××学籍管理办法》规定的学生，准予毕业。

×××企业   ×××学校

2019 年 9 月   2019 年 9 月

现代学徒制班主任工作职责（试行）

现代学徒制试点班级按照遴选机制，校、企、生三方互选建立。班主任工作以学校班主任工作职责为大原则，对接企业班级实际来完成。班主任考核以学校《班主任工作考核方案》为准绳，加入项目替代机制考核来完成。在制订本方案之前，替代项目以专业部各班级考核项目的平均分为考核分。

一、替代项目责任与考核办法

（一）课间操管理（等同于现代学徒制责任人课间操到班级管理学生）（5分）

1. 职责

（1）周末学生管理与普通班级周末学生管理职责一致，上学期间的请假流程参照学校统一请假流程执行。

（2）课间操跑操时间（与学校出操时间同步），相关班级责任人到现代学徒制班级管理学生，观察学生动态，查看学生个人风貌，帮助学生解决生活中或者学习上遇到困难，协调企业与学生之间的相关事务。

2. 考核办法

（1）考核标准以班主任到位情况进行衡量，加、减分办法参照跑操管理办法执行。

（2）考核人：×××

（二）班风、学风（等同于现代学徒制班级责任人与企业管理人员沟通）（15分）

1. 职责

（1）及时传达企业的需求，将相关需求报送相关职能部门。

（2）把学校的具体要求传达给企业，并监督企业执行。

（3）如果出现校企不一致的情况，比如"双十一"期间加班等作息时间问题，应及时告知家长，上报学校，起到友好沟通传达的桥梁纽带作用。

（4）按时、按质地上交学生的就业、资助等材料，确保学生档案等信息的完整性。

（5）积极做好学生的思想团建辅导，参加学校的各项大型活动，比如文化建设、运动会等；

（6）做好家、校、企沟通，让学生的在校表现得到企业的认可和家长的支持。

2.考核办法

（1）考核以班主任与企业沟通记载情况和工作衔接情况为依据。加、减分办法参照班风、学风加减分办法执行。

（2）考核人：×××

二、本方案的实施

本方案在 2018—2019 学年度上期第 17 周开始实施，未尽事宜专业部、班主任、教导处、德育处、就业办等部门协调修改实施。

×××学校

2018 年 12 月 29 日

学生学员管理机制篇

现代学徒制电子商务专业校企联合招生遴选办法

为贯彻落实《国务院常务会议部署加快发展现代职业教育》及教育部"关于加快发展现代学徒制人才培养模式"系列会议精神，全面提高学生的综合素质，根据×××教委相关规定，结合我校实际情况，特制定现代学徒制电子商务专业校企联合招生遴选办法。

一、招生专业及计划

序号	专业	计划数 / 人
1	电子商务	40

二、招生宣传

1. 通过学校招生老师到各初级中学校进行实地宣传。

2. 校内宣传：学校负责教学方面的宣传，包含办学条件、专业优势、师资力量、专业课程等，企业负责企业方面的宣传，包含企业文化、企业发展史、学徒制企业推进介绍、岗位介绍、企业工作环境及福利条件等。

三、学生报名

学生在招生办公室或招生老师处报名。

四、考试

考试成绩总分为 100 分，占总成绩的 50%。

考试内容包括打字测试、客服测试、PS 图像处理与制作测试。

1. 打字测试

根据打字考核题目进行测试，测试时间为 10 分钟，根据速度和正确率进行评分。

2. 客服测试

根据客服考核题目进行测试，根据正确率进行评分。

3.PS 图像处理与制作测试

利用 Photoshop 软件完成图形、图像的制作，根据与样图的相似度评分。

五、面试

主要由企业人员组成的面试员与考生交流，考核考生的职业道德、敬业精神、责任意识、自我控制能力、团队合作等职业素质，确认是否具备现代学徒制培养的基础能力。面试成绩总分为 100 分，占总成绩的 50%。

面试内容：

1. 学徒必须遵守现代学徒制人才培养模式中要求的主要职责

（1）学徒应按照学校和企业共同制订的培养方案，积极参加学习和实习。

（2）自觉遵守学校和企业的规章制度，履行相应的职责，在企业实习期间遵守安全制度。

（3）学生在学徒制期间需要听从领导、师傅的安排。

（4）学生要积极参加学校安排的核心课程学习，若考核不合格则不能按时领取毕业证。

2. 企业对学生的要求

（1）要自信，要坚定自己一定能成功。有这样的自信：用心学习、勤于思考，就能够做到，办法总比问题多。

（2）要认同企业文化及理念，要有正确的价值观。

（3）在企业里找准自己的位置。自己的发展要与企业的发展目标一致。

六、学员签约

根据学生总成绩（考试成绩＋面试成绩）从高到低进行排序，若总成绩相同，以面试成绩高者优先录，取前 40 位录取，然后与学员签订四方协议。

×××学校　　　　　　　　　　　　×××技术有限公司

××××年××月　　　　　　　　　××××年××月

现代学徒制学员岗位训练管理细则（试行）

为了加强现代学徒制电子商务专业班级学生岗位训练期间的管理，保证学生训练质量，根据《教育部关于开展现代学徒制试点工作的意见》（教职成〔2014〕9号）和《重庆市教育委员会关于开展中职学校现代学徒制试点工作的通知》（渝教职成发〔2016〕26号）的有关要求，结合学校现代学徒制试点项目实际，特制定本管理细则。

一、遵守各项规章制度

全体学徒学生必须以企业员工标准要求自己，遵守企业各项规章制度，服从企业领导和师傅的安排，认真学习技术，顺利完成企业的学习任务。

二、上课时的管理

全体学徒严格执行学校（或企业）的统一信号，按学生的上课时间（或企业的工作时间）到安排的地点准时训练。做到不迟到、不早退、不旷课（不旷工），迟到者扣2分，早退者扣2分，旷工者扣5分。

三、晚自习的管理

学生必须按时上晚自习，如果企业规定了晚自习的时间，则按企业规定的时间上晚自习；如果企业没有规定，则按学校规定的晚自习时间上晚自习。迟到、早退、旷课的处理同上课时的一致。

四、训练期间的纪律要求

学生工作期间不得使用手机，否则每人次扣2分(工作需要除外)。训练期间徒弟必须完成师傅指定的训练任务，未完成训练任务的，每人次扣5分。

五、训练期间的安全要求

训练期间务必注意安全，在师傅指导下正确使用工具，如发现打闹、串岗等安全问题，每人次扣10分。

六、训练期间尊重导师

学生在训练期间必须尊重每一位师傅，如有问题可向班主任或企业经理反映，严禁与师傅发生口角等，如发生，每人次扣 10 分。

七、训练期间的卫生要求

维护好训练场地及寝室的卫生。学生必须按时打扫教室、宿舍卫生，卫生不合格者，每次扣 2 分。

八、训练期间的考核

根据学徒平时的表现，结合学校的学生考核方案，每学期对学生的表现进行评价，评选出优秀学徒。

九、训练期间的处罚

学徒在训练期间，对于严重违反纪律的人员，给予纪律处分，并退出训练。

除以上条例外，在训练期间遇到特殊情况将做调整。

  ×××学校   ×××技术有限公司

  ××××年××月   ××××年××月

现代学徒制电子商务专业学生岗位晋升机制

第一章 总则

一、目的

为培养学生识岗、跟岗、顶岗的意识，提升学生的学习及训练兴趣，满足企业和学生个人发展需求，提高企业和学生的核心竞争力，促使学生在跟岗与顶岗期间岗位晋升通道通畅，特制定本机制。

二、范围

本机制适用于×××职业教育中心现代学徒制电子商务专业全体学生。

三、基本原则

1. 业绩和素质并重的原则。晋升需综合考虑员工的个人能力、工作业绩以及个人素质。

2. 逐级晋升与越级晋升相结合的原则。员工一般逐级晋升，为企业做出突出贡献或有特殊才干者，可以越级晋升。

3. 纵向晋升与横向晋升相结合的原则。员工可以沿一条通道晋升，也可以随着发展方向的变化调整晋升通道。

4. 能升能降的原则。根据绩效考核结果，员工职位可升可降。

四、晋升需具备的条件

1. 具备较高岗位的技能。

2. 具备相关工作经验和资历。

3. 具备良好的在职工作表现和较好的个人素质。

4. 达到岗位所需的相关考核要求。

5. 具备较强的适应性和潜力。

五、晋升权限的界定

中级及以上运营师需要由企业相关部门审核后确定。

第二章 员工职业晋升通道

一、纵向发展通道

S 级（Study 学习期）、P 级（Practice 实习期）、D 级（Develop 发展期）。

二、横向发展通道

视觉设计、网店运营、电商客服、电商直播、物流管理。

第三章 员工晋升管理

一、满足以下条件的学徒具备岗位晋升资格

1.在本岗位的绩效考核中成绩突出。

2.达到岗位晋升时间及要求。

3.经考核，符合岗位所需的综合素质与能力要求。

二、晋升办理程序

1.确定拟提升职位：企业定期发布岗位晋升的职务类别、数量及具体要求。

2.推荐合适人选：

（1）推荐：由导师推荐，由导师填写"岗位晋升推荐表"并初步审查。

（2）自荐：由学徒自荐，本人觉得自己达到岗位晋升要求的，本人填写"晋升申请表"后，由导师组织学徒参与岗位晋升。

（4）决定人选：由企业组织相关人员开展岗位晋升会决定。

第四章 岗位转换

一、岗位轮换的对象

1.在同一岗位中达到最高级的学徒。

2.自己不适合此岗位，且在原岗位上认真学习的学徒。

二、办理程序

1.不同企业的岗位转换，根据企业的入驻及招新情况，在企业招收新学徒时提出申请。

2.同一企业的岗位转换，学徒提交岗位转换申请，由企业导师审核通过后到新岗位工作。

×××学校　　　　　　　　　　　　　×××技术有限公司

××××年××月　　　　　　　　　　××××年××月

学生综合素质评价考核办法

为改善和加强学生的思想道德教育，全面考查其政治思想、道德品质，促进学生全面发展，特制定学生综合素质评价考核办法。

一、考核原则

1.有利于促使学生坚持四项基本原则，有利于学生树立科学的世界观和正确的人生观，树立共产主义远大理想，有利于培养学生良好品德，促使学生健康成长。

2.坚持实事求是，肯定成绩，指出差距，以事实为依据，以考核标准为准绳，力求评语恰当，等级恰当。

3.把考核过程变成教育过程，引导学生正确运用批评和自我批评，正确评价自己和他人。

二、考核标准

1.考核分四等：优秀、良好、合格、不合格。

2.优秀标准：

（1）热爱祖国，热爱中国共产党，要求进步，积极向上。

（2）学习目的明确，勤奋刻苦，遵守纪律，全期无旷课，学习成绩优良或有明显进步，无不及格学科。

（3）认真遵守《中学生守则》《中学生日常行为规范》以及学校的各项规章制度。

（4）关心集体，团结同学，乐于助人，不闹无原则纠纷；尊敬教师和长辈，对人有礼貌；爱护公物，热爱劳动。

（5）积极参加各项文娱体育活动，坚持早操、课间操和课外体育活动。

以上条件基本做到，兼有下列突出表现之一者，也可评优。

（1）关键时刻舍己救人；

（2）同坏人、坏事斗争，表现突出；

（3）拾金不昧事迹典型、突出；

（4）其他特殊表现效果显著。

符合上述条件的学生，思想品德评为优秀。

3.良好标准：基本达到优秀标准的学生，思想品德评为良好。

4.合格标准：符合下列条件之一的学生，思想品德评为合格。不完全符合下列某一条，经综合比较，基本符合几条中某些方面的学生，亦评为合格。

（1）全学期累计旷课 10 节以上。

（2）全学期中，规定的集体活动有 2 次以上擅自缺席，或有 5 次以上迟到早退。

（3）集会、集体活动中起哄、喝倒彩或经常看书报、讲话，做与集会无关之事。

（4）不参加学校规定的劳动或班级组织的公益劳动（如搞清洁卫生、植树造林、建校劳动等），经教育有所改正。

（5）有侮辱他人、骂人等错误，经教育有所认识。

（6）有妨碍公共秩序的行为，在公共场所衣冠不整，举止失体，不讲清洁卫生，被褥、蚊帐不清洁。

（7）看黄色录像、书刊，听黄色音乐，经教育改变不大，影响身心健康。

（8）据《×××职业教育中心学生违纪处分办法》被学校给予严重警告、警告处分。

5. 不合格标准：据《×××职业教育中心学生违纪处分办法》给予记过及以上处分的学生，思想品德评为不合格。

三、考核办法

1. 每学年第一学期初评，学年总评。

2. 学期结束前一个月进行自评，全体学生认真作书面总结，并据考核标准，自我评出等级。

3. 在自评的基础上进行小组、班委、团支委评议。小组评议认定其表现，班委、团支委给出等级评定建议。

4. 每学年结束前，在小组、班委、团支委评议基础上，由班主任听取科任教师及各方面意见，对学生全面分析，综合其实际表现，写出评语，提出与之相应的等级，并将此考评结果报德育处审查。

5. 每学年结束，将考核情况及学生成绩通知家长。

×××学校

××××年××月××日

学生德育量化管理实施细则

为了形成良好的教育教学秩序，规范学生行为习惯，客观公正地评价学生操行，为班级学生管理工作考核提供可靠依据，特制定本管理实施细则。

一、奖励加分办法

学校倡导鼓励先进，彰显优良品质，树立校园正气，对下列行为涉及的当事学生给予奖励加分。

1. 及时报告、检举、揭发违纪、违法行为，视情况奖励 2 ~ 5 分。

2. 同违法犯罪作斗争，视情况奖励 8 ~ 20 分。

3. 舍己救人、为学校争得荣誉，视情况奖励 10 ~ 20 分。

4. 拾金不昧，经查证属实，视情况奖励 2 ~ 5 分。

5. 积极主动参加健康有益的社会性活动或难度、强度较大的公益性劳动，视情况奖励 2 ~ 3 分。

6. 参加各种竞赛、论文发表、发明创造等获奖，县级奖励 5 分，省部级奖励 10 分，国家级奖励 20 分。

7. 被评为"三好学生""优秀学生干部""优秀团员""优秀团干部""文明寝室"等，县级奖励 3 分，省部级奖励 10 分，国家级奖励 15 分。

8. 所在寝室被评为"文明寝室"，奖励 6 分。

9. 所在班级被评为"先进班集体"，校级奖励 4 分，县级奖励 8 分，省部级奖励 12 分，国家级奖励 20 分。

10. 为学校教育教学、后勤保障工作提出合理化建议，视情况奖励 2 ~ 5 分。

二、扣分办法

1. 女生染发、怪发、佩戴首饰；男生留长发、染发、怪发、佩戴首饰，视情况每项扣 1 ~ 3 分，并限期改正。

2. 乱倒脏水或扔废弃物，视情况每次扣 1 ~ 3 分。

3. 吸烟或喝酒，视情况每次扣 1 ~ 5 分。

4. 说脏话，视情况每次扣 1 分。

5. 打架斗殴，视情节每次扣 10 ~ 20 分。

6. 打牌视情节每次扣 1 ~ 2 分；赌博或变相赌博，视情节扣 3 ~ 15 分。

7. 偷盗，视情节扣 5 ~ 20 分。

8. 携带或私藏管制刀具，视情节扣 10 ~ 20 分。

9. 看色情书刊、电影录像，视情节扣 2 ~ 10 分。

10. 进营业性舞厅、电子游戏室、校外网吧、酒吧、音乐茶座等不适宜中学生活动场所，视情节每次扣 3 ~ 30 分。

11. 拾得他人东西不交还，视情节扣 1 ~ 3 分。

12. 对教职工无理顶撞，不服从教育，视情节扣 1 ~ 10 分。

13. 不尊重他人人格，取、叫侮辱性绰号，视情节扣 1 ~ 3 分。

14. 随意进入他人寝室或不经允许动用他人物品，视情节扣 1 ~ 3 分。

15. 私拆他人信件或偷看他人日记，视情节扣 2 ~ 10 分。

16. 晚上熄灯后讲话或照亮以及做一些影响他人的事，视情节扣 1 ~ 3 分。

17. 私自翻越围墙或擅自闯出校门，视情节扣 5 ~ 20 分。

18. 违反学校规定，擅自在外住宿，视情节扣 5 ~ 20 分。

19. 谈情说爱，不听教导的，视情节扣 5 ~ 20 分。

20. 不交作业或不按时交作业的，视情节扣 1 分。

21. 上课（包括自习课、两操、集会以及其他集体活动）迟到或早退，扣 1 分；缺席，扣 2 分。

22. 考试作弊，视情节扣 5 ~ 20 分。

23. 在黑板、墙壁、课桌、宣传栏等乱刻乱画或损坏公物，视情节扣 1 ~ 10 分。

24. 不节约用水、用电或不爱惜粮食，乱倒饭菜，视情节扣 2 ~ 5 分。

25. 不按规定整理好自己床上用品及其他生活用品，视情节扣 2 ~ 4 分。

26. 不服从安排，逃避打扫卫生或卫生打扫不彻底，视情节扣 2 ~ 4 分。

27. 抢劫、敲诈勒索，视情节扣 20 ~ 40 分。

28. 寻衅滋事，视情节扣 10 ~ 20 分。

29. 对到危险地方形成危险威胁或实施危险行为，视情节扣 5 ~ 20 分。

30. 对多次或多项违纪的同学可加重扣分。

三、操作办法

1. 此细则由德育处、值周老师、班主任或相关人员具体实施，认真作好记录，各班每周进行一次小结，每学月进行一次大总结，期末进行综合评定，向全班学生公布评比情况。

2. 在期末综合评比中，得分较高的个人，作为评定先进个人的主要依据。

3. 凡在总结中，学生扣分较多的，视情况上报材料到学校作如下处理：

（1）扣分为 20 ~ 29 分者，全校点名批评；

（2）扣分为 30 ~ 50 分者，给予警告处分；

（3）扣分为 51 ~ 70 分者，给予记过处分；

（4）扣分为 71 ~ 90 分者，给予留校察看处分；

（5）扣分为 91 分以上，给予开除处分。

（6）学生其他违纪行为按《学生违纪处分办法》处理。

（7）学生所有奖励分与扣分，以学期为单位可以正负抵消。

（8）对学生得分较低的技能班学生，学校延缓时间或不推荐实习。

4. 量化管理分数作为学生年度操行等级评定的依据。

本《实施细则》自 ×××× 年 ×× 月 ×× 日起执行。

×××学校

×××× 年 ×× 月 ×× 日

现代学徒制电子商务专业导师评学制度

现代学徒制是校企联合育人的人才培养过程，在整个人才培养过程中，评价机制显得尤为重要，为了保证现代学徒制人才培养质量，增强学生的学习主动性，提高学生的学习积极性，提升学生的学习效果，特制定本评学制度。

导师从学习态度、学习过程、学习效果3个方面对学生进行评价，整个评价活动改变了以前唯成绩为依据的评价方式，增加了学生学习过程的评价，可从多维度对学生进行评价。

评学活动以项目为单位，每个项目结束后评价一次，由企业导师完成，每学期评价的平均分作为学生的综合评学结果，评学结果按从高到低进行排名，作为学校评优评先、推荐就业的参考条件。

评学具体内容见《现代学徒制导师评学细则》。

    ×××学校   ×××技术有限公司

    ××××年××月××日   ××××年××月××日

电子商务现代学徒制导师评学质量评价表（导师用表）

班　级		评价时间				
课　程		授课教师				
评价项目	评价内容	优 9～10分	良 8～8.9分	中 7～7.9分	及格 6～6.9分	差 5.9分以下
学习态度	按时到指定地点上课					
	上课过程中不做与课堂无关的事情，如吃东西、玩手机等					
学习过程	认真听讲，紧跟老师的节奏					
	积极举手发言，能够大胆提出与别人不同的看法，并清楚表达自己的意见和观点					
	善于与他人合作，虚心听取别人的意见					
	能和小组成员合作完成任务					
学习效果	能按照老师要求完成任务					
	能根据多种方法完成当天任务					
	能利用当天知识举一反三地完成相似任务					
	能帮助同学一起完成任务					
对学生的总体评价						

案例篇

"自嗨锅"数字经济产业学院试点运行
——AI 数据标注产教融合实训方案

为了落实中共中央办公厅、国务院办公厅《关于推动现代职业教育高质量发展的意见》和《教育部 重庆市人民政府 关于推动重庆职业教育高质量发展 促进技能型社会建设的意见》的文件精神，推动校企共建共管产业学院和中国特色学徒制试点，结合学校专业人才培养方案，特制定"自嗨锅"数字经济产业学院试点运行方案。

一、目的

1. 探索中职产业学院实体化长效运营方式。
2. 实践校园学徒制工学交替产教融合模式。

二、时间

第一批：2021 年 11 月 22 日—2021 年 12 月 31 日。

三、地点

蚁聚九龙电商众创公社——"自嗨锅"数字经济产业学院。

四、工作小组

组长：×××、×××（数字链企业总经理）。
组员：×××、×××、×××、×××、×××、×××、×××。

五、试点班级

第一批：××级×班（大数据），××级×班（电子商务）。

六、时间安排

时间	事项
08：15—10：00	学校文化课
10：30—12：00	理论与实训
14：00—17：30	理论与实训
19：00—20：00	理论与实训
20：00—20：30	晚会

注：星期一到星期四的08：15—10：00（上午两节课），星期五全天安排语文、数学、英语、历史、思想政治课。其余时间开展实训实践。

七、总结提炼

对校企合作、工学结合过程中的机制、方法、模式进行提炼，促进校园学徒制人才培养模式完善，进一步探索"半周双轮换"工学交替机制，力争形成教改成果。

AI数据服务学生实训奖励实施方案

为促进重庆市九龙坡职教中心AI数据服务产教融合学生实训项目的顺利运营，调动学生的积极性，提升实训效率，按时、高质完成实训任务，本着"奖优罚劣"的原则，特制定本次实训奖励方案。

一、项目情况

项目名称：行人2D框+17关键点。

项目编号：NO. JLPZJ-202111-1。

项目类型：图片类标注。

项目说明：利用数据标注工具对图片中的行人进行拉框和17个骨骼关键点的打点标注。

项目周期：1～2个月。

二、奖励对象

考核合格的参训学员。

三、学生奖励

1. 达标奖

学生实训期间，根据个人任务完成情况进行评分，按综合成绩进行评级，期末结束时综合考核按"C合格、B良好、A优秀"3个等级进行奖励。

等级	综合考核	奖励标准/（元·期$^{-1}$）
A	优秀	600
B	良好	400
C	合格	200

2. 冠军奖

冠军奖是在基础培训技能考核合格后，实训项目正式开始团队PK，按日/周/月的个人和团队冠军进行奖励，在例会上现场发放。

冠军	对象	金额/元
日冠军	个人	50
	小组	100
周冠军	个人	100
	小组	300
月冠军	个人	400
	团队（大队）	1 000

3. 优胜奖

优胜奖是对综合评比排名前 10% 的学生的奖励，实训期间对学生进行综合评分，项目结束后统一发放。

奖项	排名等级	奖金 / 元	备注
综合排名优胜奖学金	第 1 名	1 000	考核 B 等及以上才能参与奖学金评选
	第 2 名	900	
	第 3 名	800	
	第 4 名	700	
	第 5 名	600	
	第 6 名	500	
	第 7 名	400	
	第 8 名	300	
	第 9 名	200	
	第 10 名	100	

该实训项目的奖励方案，需学生签字确认后，正式实施。

"自嗨锅"数字经济产业学院试点运行

——自热锅电商运营产教融合实训方案

为了落实中共中央办公厅、国务院办公厅《关于推动现代职业教育高质量发展的意见》和《教育部 重庆市人民政府关于推动重庆职业教育高质量发展促进技能型社会建设的意见》的文件精神，推动校企共建共管产业学院和中国特色学徒制试点，结合学校专业人才培养方案，特制定"自嗨锅"数字经济产业学院试点运行方案。

一、目的

1. 探索中职产业学院实体化长效运营方式。
2. 实践校园学徒制工学交替产教融合模式。

二、时间

2021 年 11 月 22 日—2022 年 1 月 10 日。

三、地点

蚁聚九龙电商众创公社——"自嗨锅"数字经济产业学院。

四、工作小组

组长：×××、×××。

组员：×××、×××、×××、×××、×××、×××、×××。

五、试点班级

电商直播现代学徒制试点班——全员参与。

六、时间安排

运营人员安排时间表

第一组	上班时间	8：00—13：00	13：00—18：00	18：00—23：00
	上班人员	杜芊芊（走读）	黄福梅	陈宇林
第二组	上班时间	8：00—13：00	13：00—18：00	18：00—23：00
	上班人员	张玉（走读）	张桂荣（走读）	谭雨彤
运营店长：周美涛（8：00—20：30）				

直播人员安排时间表

抖音组	上班时间	8：30—12：30	14：30—18：30	19：00—23：00
	上班人员	周缘缘（走读）	孙钰琳	郑鸥
美蒂奇组	上班时间	8：30—12：30	14：30—18：30	19：00—23：00
	上班人员	杜欣雨（走读）	朱智杰	禹娜
臻好吃组	上班时间	8：30—12：30	14：30—18：30	19：00—23：00
	上班人员	李春莲（走读）	陈静莉（走读）	向茂莉

注：学生全员参与，企业定向培养为技术骨干，企业安排就业。

七、总结提炼

对校企合作、工学结合过程中的机制、方法、模式进行提炼，促进校园学徒制人才培养模式完善，进一步探索"半周双轮换"工学交替机制，力争形成教改成果。

工业机器人现代学徒制学生校企共育多阶段工学交替培养方案

一、实践目标

（一）基础目标

1. 熟练掌握六轴工业机器人的操作编程。
2. 熟练掌握六轴工业机器人的离线编程。

（二）拓展目标

熟练掌握六轴工业机器人视觉识别系统。

二、实践分组与时间安排

现代学徒制班级学生到企业工学交替学习培训及实践带队老师安排

批次及质时间段		所带学生	带队时间安排	带队老师	计算时间
一批一周	5月24—28日	时逢庆班12名同学	5月24日8:00—5月25日8:00	徐俨	一天
			5月25日8:00—5月26日8:00	徐俨	一天
			5月26日8:00—5月27日8:00	徐俨	一天
			5月27日8:00—5月28日15:30	徐俨	两天
一批二周	5月31—6月4日	时逢庆班12名同学	5月31日8:00—6月1日8:00	时逢庆	一天
			6月1日8:00—6月2日8:00	周南海	一天
			6月2日8:00—6月3日8:00	王智弘	一天
			6月3日8:00—6月4日15:30	晏明	两天
二批一周	6月15—18日	周南海班10名同学	6月15日8:00—6月16日8:00	周南海	一天
			6月16日8:00—6月17日8:00	王智弘	一天
			6月17日8:00—6月18日15:30	晏明	两天
二批二周	6月21—25日	周南海班10名同学	6月21日8:00—6月22日8:00	时逢庆	一天
			6月22日8:00—6月23日8:00	周南海	一天
			6月23日8:00—6月24日8:00	王智弘	一天
			6月24日8:00—6月25日15:30	晏明	两天

三、培训内容

授课时间		授课内容
第1天	上午	①开班仪式； ②工业机器人基础讲解
	下午	①工业机器手动运行讲解； ②工业机器人工具坐标、工件坐标标定
第2天	上午	工业机器人手动运行示教实操
	下午	①机器人自动示教编程讲解； ②工业机器人运动指令、寄存器指令
第3天	上午	①机器人IO信号输入输出、末端执行器讲解； ②机器人自动示教实操
	下午	搬运和喷漆编程与操作讲解
第4天	上午	搬运和喷漆编程实操
	下午	机床上、下料和码垛编程与操作讲解
第5天	上午	机床上、下料和码垛实操
	下午	工业机器人离线编程讲解与实操
第6天	上午	工业机器人离线编程实操
	下午	第一轮：编程与实操考核
第7天	上午	机器人技术应用赛项平台介绍
	下午	视觉相机功能介绍，软件操作演示（模板标定、通信参数配置）
第8天	上午	硬件接线原理讲解，硬件接线示范
	下午	视觉硬件接线分组实操
第9天	上午	视觉硬件接线分组实操
	下午	相机硬件调节实操：模板讲解，手动测试拍照演示，识别工件颜色、形状、位置演示
第10天	上午	相机硬件调节实操：模板讲解，手动测试拍照演示，识别工件颜色、形状、位置演示
	下午	第二轮：编程与实操考核

×××学校

航空旅游部旅游专业学生现代学徒制学生产教融合实践方案

根据《国家职业教育改革实施方案》，结合《重庆市教育委员会 重庆市财政局 关于开展 2020 年中等职业教育双基地建设项目申报工作的通知》（渝教职成函〔2020〕3 号）文件精神，职业院校与企业的深度合作是利用职业院校与企业不同的教育资源和教育环境，培养能适应市场经济发展、适合企业发展需要的高技能型人才，特制定本方案。

一、组织机构

1. 领导小组

组长：×××（学校校长）、×××（公司董事长）

成员：×××、×××、×××、×××、×××、×××（企业教学负责人）、×××、×××、×××

2. 工作小组

组长：×××（专业部长）、×××（企业教学负责人）

成员：基地工作人员、专业部相关人员

二、实习对象

高一、高二年级旅游服务专业学生（详见附表）

三、实习安排

每周按理论和实践交替轮换，具体安排见每学期实习轮转表。

四、实习管理

学生在旅游服务与管理专业双基地实习期间，由企业师傅进行教育教学管理，班主任协助管理，专业部和教导处对实习课程质量进行监督。

×××学校

2021 年 5 月 28 日

附件 1：2020—2021 学年下期旅游双基地实习学生名单

序号	班级	班主任	学生姓名	学生联系电话	小组划分
1	2020 级春航旅 5 班	刘祖亮	周星星	××××××××××	A 组学员
2	2020 级春航旅 5 班	刘祖亮	胡丹丹	××××××××××	A 组学员
3	2020 级春航旅 5 班	刘祖亮	徐洁	××××××××××	A 组学员
4	2020 级春航旅 5 班	刘祖亮	王宇	××××××××××	B 组学员
5	2020 级春航旅 6 班	龚元	杜嘉欣	××××××××××	B 组学员
6	2020 级春航旅 6 班	龚元	罗强	××××××××××	C 组学员
7	2020 级春航旅 6 班	龚元	廖红春	××××××××××	C 组学员

附件 2：2020—2021 学年下期航空旅游部学生双基地实习轮转表

第十四周						
每日实习时间段	周一	周二	周三	周四	周五	周日
早班 09：30—14：00	A 组学员	A 组学员	A 组学员	A 组学员	A 组学员	—
晚班 14：00—19：00	B 组学员	B 组学员	B 组学员	B 组学员	B 组学员	B 组学员
西点 08：15—12：00	C 组学员	C 组学员	C 组学员	C 组学员	C 组学员	
西点 13：00—18：00	—	—	—	—	—	C 组学员

第十五周						
每日实习时间段	周一	周二	周三	周四	周五	周日
早班 09：30—14：00	B 组学员	B 组学员	B 组学员	B 组学员	B 组学员	—
晚班 14：00—19：00	A 组学员	A 组学员	A 组学员	A 组学员	A 组学员	A 组学员
西点 08：15—12：00	C 组学员	C 组学员	C 组学员	C 组学员	C 组学员	
西点 13：00—18：00	—	—	—	—	—	C 组学员

第十六周						
每日实习时间段	周一	周二	周三	周四	周五	周日
早班 09：30—14：00	A 组学员	A 组学员	A 组学员	A 组学员	A 组学员	—
晚班 14：00—19：00	B 组学员	B 组学员	B 组学员	B 组学员	B 组学员	B 组学员
西点 08：15—12：00	C 组学员	C 组学员	C 组学员	C 组学员	C 组学员	
西点 13：00—18：00	—	—	—	—	—	C 组学员

第十七周						
每日实习时间段	周一	周二	周三	周四	周五	周日
早班 09：30—14：00	B 组学员	B 组学员	B 组学员	B 组学员	B 组学员	—
晚班 14：00—19：00	A 组学员	A 组学员	A 组学员	A 组学员	A 组学员	A 组学员
西点 08：15—12：00	C 组学员	C 组学员	C 组学员	C 组学员	C 组学员	
西点 13：00—18：00	—	—	—	—	—	C 组学员

学习计划（含理论和实操）（14—17周）

第十四周
1. "树心"双基地制度培训
2. "树心"企业文化培训
3. "树心"安全制度培训
4. "树心"学员晋升途径培训
5. "树心"岗位职责
第十五周
1. 咖啡服务基础训练——咖啡师的职责
2. 咖啡服务基础训练——咖啡厅对客服务模式
3. 咖啡服务基础训练——咖啡厅对客服务规范
4. 咖啡服务管理制度训练——吧台服务员规章
5. 咖啡服务管理制度训练——吧台设备管理制度
6. 咖啡服务管理制度训练——吧台考勤制度
7. 咖啡服务管理制度训练——吧台轮班制度
8. 咖啡服务管理制度训练——吧台卫生标准制度
第十六周
1. 经典意式咖啡制作技能训练——卡布奇诺咖啡
2. 经典意式咖啡制作技能训练——拿铁咖啡
3. 经典意式咖啡制作技能训练——焦糖玛奇朵
4. 经典意式咖啡制作技能训练——摩卡咖啡
5. 特调咖啡制作技能训练——海盗、蓝色夏威夷、小紫夜、红展望
6. 饮品制作技能训练——奶茶系列
7. 饮品制作技能训练——果茶系列
8. 饮品制作技能训练——鲜果苏打系列
9. 饮品制作技能训练——酸奶西米露系列
10. 饮品制作技能训练——优格系列
11. 饮品制作技能训练——波波冰系列
第十七周
1. 西点制作技能训练——蛋糕类（蛋糕盒子、蛋糕卷等）
2. 西点制作技能训练——法式甜点类（水果慕斯、提拉米苏等）
3. 西点制作技能训练——面包类（三明治、比萨等）
4. 期末学生技能考核

汽车运用与维修专业学生现代学徒制产教融合实践实训方案

根据《国家职业教育改革实施方案》，结合《重庆市教育委员会 重庆市财政局 关于开展 2019 年中等职业教育双基地建设项目申报工作的通知》（渝教职成函〔2019〕6 号）文件精神，职业院校与企业的深度合作是利用职业院校与企业不同的教育资源和教育环境，培养能适应市场经济发展、适合企业发展需要的高技能型人才，特制定本方案。

一、组织机构

1. 领导小组

组长：×××（学校校长）、×××（公司总经理）

成员：×××、×××、×××、×××、×××（企业项目负责人）、×××、×××、×××

2. 工作小组

组长：×××（专业部长）、×××（企业项目负责人）

成员：基地工作人员、专业部相关人员

二、实习对象

高一、高二年级现代学徒制班级学生。

三、实习安排

每周按理论和实践交替轮换，具体安排见每学期实习轮转表。

四、实习管理

学生在汽车双基地实习期间，由企业师傅进行教育教学管理，任课教师跟班管理及企业实践，专业部和教导处对课题质量进行监督。

×××学校

2021 年 3 月 24 日

附件1：2020—2021学年下期汽车部学生双基地实习轮转表

第五周					
周一	周二	周三（上午）	周三（下午）	周四	周五
2019级秋汽车2班（胡宏江）	2019级秋汽车2班（胡宏江）	2019级秋汽车2班（胡宏江）	2020级汽车6班（李中彬）	2020级汽车6班（李中彬）	2020级汽车6班（李中彬）
第六周					
周一	周二	周三（上午）	周三（下午）	周四	周五
2020级汽车6班（李中彬）	2020级汽车6班（李中彬）	2020级汽车6班（李中彬）	2019级秋汽车2班（胡宏江）	2019级秋汽车2班（胡宏江）	2019级秋汽车2班（胡宏江）
第七周					
周一	周二	周三（上午）	周三（下午）	周四	周五
2019级秋汽车2班（胡宏江）	2019级秋汽车2班（胡宏江）	2019级秋汽车2班（胡宏江）	2020级汽车6班（李中彬）	2020级汽车6班（李中彬）	2020级汽车6班（李中彬）
第八周					
周一	周二	周三（上午）	周三（下午）	周四	周五
2020级汽车6班（李中彬）	2020级汽车6班（李中彬）	2020级汽车6班（李中彬）	2019级秋汽车2班（胡宏江）	2019级秋汽车2班（胡宏江）	2019级秋汽车2班（胡宏江）
第九周					
周一	周二	周三（上午）	周三（下午）	周四	周五
2019级秋汽车2班（胡宏江）	2019级秋汽车2班（胡宏江）	2019级秋汽车2班（胡宏江）	2020级汽车6班（李中彬）	2020级汽车6班（李中彬）	2020级汽车6班（李中彬）
第十周					
周一	周二	周三（上午）	周三（下午）	周四	周五
2020级汽车6班（李中彬）	2020级汽车6班（李中彬）	2020级汽车6班（李中彬）	2019级秋汽车2班（胡宏江）	2019级秋汽车2班（胡宏江）	2019级秋汽车2班（胡宏江）
第十一周					
周一	周二	周三（上午）	周三（下午）	周四	周五
2019级秋汽车2班（胡宏江）	2019级秋汽车2班（胡宏江）	2019级秋汽车2班（胡宏江）	2020级汽车6班（李中彬）	2020级汽车6班（李中彬）	2020级汽车6班（李中彬）
第十二周					
周一	周二	周三（上午）	周三（下午）	周四	周五
2020级汽车6班（李中彬）	2020级汽车6班（李中彬）	2020级汽车6班（李中彬）	2019级秋汽车2班（胡宏江）	2019级秋汽车2班（胡宏江）	2019级秋汽车2班（胡宏江）
第十三周					
周一	周二	周三（上午）	周三（下午）	周四	周五
2019级秋汽车2班（胡宏江）	2019级秋汽车2班（胡宏江）	2019级秋汽车2班（胡宏江）	2020级汽车6班（李中彬）	2020级汽车6班（李中彬）	2020级汽车6班（李中彬）

第十四周					
周一	周二	周三（上午）	周三（下午）	周四	周五
2019 级秋汽车 2 班（胡宏江）	2019 级秋汽车 2 班（胡宏江）	2019 级秋汽车 2 班（胡宏江）	2020 级汽车 6 班（李中彬）	2020 级汽车 6 班（李中彬）	2020 级汽车 6 班（李中彬）
第十五周					
周一	周二	周三（上午）	周三（下午）	周四	周五
2020 级汽车 6 班（李中彬）	2020 级汽车 6 班（李中彬）	2020 级汽车 6 班（李中彬）	2019 级秋汽车 2 班（胡宏江）	2019 级秋汽车 2 班（胡宏江）	2019 级秋汽车 2 班（胡宏江）
第十六周					
周一	周二	周三（上午）	周三（下午）	周四	周五
2019 级秋汽车 2 班（胡宏江）	2019 级秋汽车 2 班（胡宏江）	2019 级秋汽车 2 班（胡宏江）	2020 级汽车 6 班（李中彬）	2020 级汽车 6 班（李中彬）	2020 级汽车 6 班（李中彬）

附件 2：2020—2021 学年下期汽车部学生双基地实习内容

序号	时间	实习内容	备注
1	第五周	了解汽车美容的概念及作用；熟悉汽车清洁用品及设备	
2	第六周	汽车外表面清洗；汽车整体结构认识	
3	第七周	汽车室内除尘；汽车发动机结构	
4	第八周	汽车室内护理；汽车底盘结构	
5	第九周	汽车室内净化；汽车车身结构	
6	第十周	汽车室内净化；汽车电气结构	
7	第十一周	汽车发动机清洗；举升机的操作	
8	第十二周	汽车机油的更换	
9	第十三周	汽车刹车盘的检测与更换	
10	第十四周	汽车刹车盘的检测与更换	
11	第十五周	实习考核	

参考文献

［1］徐国庆.基于知识关系的高职学校专业群建设策略探究［J］.现代教育管理，2019（7）：92-96.

［2］田静，石伟平.走向共生：高职专业群课程体系的问题反思与重构路径［J］.职业技术教育，2020，41（20）：45-49.

［3］袁纯清.共生理论：兼论小型经济［M］.北京：经济科学出版社，1998.

［4］杜建刚，孟朝月，刘宇萌.产业集群生态圈对集群品牌价值的影响研究：基于74个茶叶集群的经验数据［J］.软科学，2021，35（3）：29-34，48.

［5］杨四耕.富有中国气派的课程理论之典范："陈侠原理"的方法论特征与现实意义［J］.中国教育科学（中英文），2020，3（6）：96-107.

［6］姜大源.论行动体系及其特征：关于职业教育课程体系的思考［J］.教育发展研究，2002，22（12）：70-75.

［7］陈俊兰.职业教育现代学徒制研究［M］.长沙：湖南大学出版社，2014.